Ruhl
Brauner Alltag

für Kirsten

1 *«Reichsparteitag des Sieges». Jungvolk in den Straßen von Nürnberg. Am 30. Januar 1933 ernannte Reichspräsident Paul von Hindenburg den «Führer» der Nationalsozialistischen Deutschen Arbeiterpartei Adolf Hitler zum Reichskanzler. Innerhalb von einem halben Jahr veränderte die «braune Revolution» Deutschland. Am 1. September 1933 feierten die Nationalsozialisten ihren Sieg.*

Klaus-Jörg Ruhl

Brauner Alltag

1933–1939 in Deutschland

Droste Verlag Düsseldorf

Fotonachweis:
Zeitgeschichtliche Quellen und: Stadtarchiv Frankfurt 4, 8, 16, 17, 19, 23, 24, 28, 30, 32, 36, 37, 39, 43, 45, 58, 60, 64, 78, 80, 117, 119, 123, 127, Stadtarchiv Stuttgart 13, 14, 22, 113, 115, 120, 121, Hauptstadtarchiv Stuttgart 85, 109, 134, 135, Stadtarchiv Ulm 12, 21, 137, Stadtarchiv Heilbronn 71.

Sonderausgabe für Gondrom Verlag GmbH & Co.KG, Bindlach 1990

Schutzumschlag- und Buchgestaltung: Helmut Schwanen
Lithos: Droste Repro, Düsseldorf
Druck: Zumbrink Druck GmbH, Bad Salzuflen
ISBN 3-8112-0658-3

Inhalt

Berliner Ausgabe
33. Ausg. • 46. Jahrg. • Einzelpreis 15 Pf.

Berliner Ausgabe
Berlin, Donnerstag, 2. Februar 1933

Freiheit und Brot!

VÖLKISCHER BEOBACHTER

Herausgeber Adolf Hitler

Kampfblatt der national-sozialistischen Bewegung Großdeutschlands

Reichskanzler Hitler an die deutsche Nation

Aufruf der Reichsregierung zur gemeinsamen Wiederaufbauarbeit von Staat und Volk – Reichstag aufgelöst – Neuwahlen am 5. März

Berlin, 1. Februar.

Aufruf an das deutsche Volk

Die versprochene Gleichheit und Brüderlichkeit erhielten wir nicht, aber die Freiheit haben wir verloren

in Einigkeit und Treue für des Reiches Rettung

zwei großen Vierjahresplänen

Binnen 4 Jahren muß der deutsche Bauer der Verelendung entrissen sein

Binnen 4 Jahren muß die Arbeitslosigkeit endgültig überwunden sein

Drei SS.-Männer, ein SA.-Mann und ein Parteigenosse von Marxisten ermordet!

12 Tote allein in diesem Jahr! Ihr Blut bleibt nicht ungesühnt!

2 *Aufruf der «Regierung der nationalen Erhebung» vom 1. Februar 1933. Kaum im Amt, ließ Hitler den Reichstag auflösen und Neuwahlen auf den 5. März festlegen: Die dritte Reichstagswahl innerhalb eines Jahres. Die Nationalsozialisten versprachen sich davon die absolute Mehrheit im Reichstag, um ihre politischen Ziele durchsetzen zu können.*

1. Die braune Revolution

Montag, der 30. Januar 1933. Der Rhein war zugefroren, aber die Kälte, die seit Wochen über dem Deutschen Reich lag, hatte etwas nachgelassen. Dafür breitete sich eine Grippeepidemie aus, die täglich zahlreiche Tote forderte. In der letzten Januarwoche starben in Wuppertal 250 Personen, das waren 50 Prozent mehr als in normalen Zeiten.
Aber normal waren die Zeiten schon lang nicht mehr. Seit drei Jahren herrschte die Weltwirtschaftskrise. Deutschland war besonders hart betroffen: Mehr als 6 Millionen Menschen waren arbeitslos. Mancher Deutsche war drei Jahre und länger erwerbslos oder hatte nur hin und wieder Arbeit gefunden. Besonders unglücklich waren die Jugendlichen dran: Sie hatten eben das Alter erreicht, in dem sie normalerweise auf ihrer ersten Arbeitsstelle begonnen hätten, doch es gab keine Arbeitsplätze, und es sah so aus, als würde sich der Zustand in absehbarer Zeit nicht ändern.

6 Millionen Arbeitslose
Die Entwicklung im Januar
Berlin, 9. Februar. Die Entwicklung des Arbeitsmarktes wurde durch den strengen Frost, der während der zweiten Januarhälfte in den meisten Teilen des Reiches herrschte, ungünstig beeinflußt. Trotzdem blieben die Zahlen der bei den Arbeitsämtern gemeldeten Arbeitslosen mit rund 6014000 nach einer Zunahme von rund 48000 Ende Januar hinter der entsprechenden Zahl des Vorjahres zurück. Die Kurve, die zur Zeit dicht vor ihrem jahreszeitlichen Höhepunkt angelangt sein dürfte, hat sich also weiterhin verflacht.
Für die Unterstützungseinrichtungen des Reiches und der Reichsanstalt hat sich die wachsende Belastung des Arbeitsmarktes in der vorigen Berichtszeit erst jetzt, nach Ablauf der Wartezeiten, ausgewirkt. In der Arbeitslosenversicherung werden Ende Januar rund 953000, in der Krisenversorgung rund 1419000 Hauptunterstützungsempfänger gezählt. Die Zahl der anerkannten Wohlfahrtserwerbslosen belief sich Ende Januar auf rund 2427000. Im Freiwilligen Arbeitsdienst wurden trotz planmäßiger Beendigung oder durch Frost erzwungener Unterbrechung zahlreicher Maßnahmen Ende Januar noch immer 175000 Dienstwillige beschäftigt. Zur gleichen Zeit waren schon mehr als 100000 Jugendliche von dem Notwerk der deutschen Jugend erfaßt. Die Zahl der Jugendlichen, die an den beruflichen Bildungsmaßnahmen der Reichsanstalt teilnahmen, geht weit darüber hinaus.
Frankfurter Zeitung vom 10. Februar 1933

Die Präsidialkabinette unter Brüning, Papen und Schleicher hatten mit Notverordnungen ihre Möglichkeiten weitgehend ausgeschöpft, die Wirtschaft wieder anzukurbeln und das Massenelend zu beseitigen. Als letzter Hoffnungsschimmer blieb vielen Deutschen nur noch Adolf Hitler und die Nationalsozialisten. Seit ihrem sensationellen Wahlsieg im

3 *Fackelzug in der Wilhelmstraße in Berlin am 30. Januar 1933. Während SA-Truppen stundenlang am neuernannten Reichskanzler Hitler vorbeimarschierten, gab es in zahlreichen Städten des Deutschen Reiches Tote und Verletzte bei Demonstrationen gegen die Berufung Hitlers.*

Herbst 1930 hatten sich die Nationalsozialisten in breiten Bevölkerungskreisen den Ruf erworben, zugleich achtbar und radikal zu sein. Man hielt sie für patriotisch, antisozialistisch und religiös. Sie erfreuten sich auch der Gunst vieler Konservativen. Gleichzeitig erschienen die Nationalsozialisten energisch, entschlossen und vor allem bereit, radikale Mittel zur Überwindung der wirtschaftlichen Notlage einzusetzen. Die gewöhnlichen Maßnahmen hatten sich als ausreichend für Wohlfahrtsleistungen erwiesen, doch nur extreme Methoden konnten die Krise beenden, und nur die Nationalsozialisten hielt man für extrem genug.

Seit Jahren drängte Hitler an die Macht. Obgleich die Nationalsozialistische Deutsche Arbeiterpartei (NSDAP) seit 1930 die größte Reichstagsfraktion stellte, war ihr die Regierungsverantwortung bislang verwehrt worden. Vor zwei Tagen nun, am 28. Januar, war General Schleicher als Reichskanzler zurückgetreten. Noch nie war die NSDAP ihrem Ziel so nahe wie jetzt. Wer aber das Rennen machen würde – Papen oder Hitler –, das war bis zuletzt ungewiß. Denn die Kürung des Reichskanzlers fand unter Ausschluß der Öffentlichkeit statt.

Zuerst waren es nur Vermutungen, Gerüchte. In den 12-Uhr-Nachrichten wurde es dann offiziell bekanntgegeben: Hitler war von Reichspräsident Hindenburg zum Reichskanzler ernannt worden. Die Neuigkeit verbreitete sich in Windeseile. Überall – in Betrieben, in Büros, auf Straßen – fanden sich Menschen zusammen, die das Für und Wider der Berufung Hitlers diskutierten. Die meisten Deutschen hatten kaum eine Ahnung, was die Nationalsozialisten wirklich tun würden. Das martialische Gerede und die wüsten Drohungen der nationalsozialistischen Führer wurden allgemein als Propagandageschwätz abgetan. Selbst viele Juden kamen nicht auf den Gedanken, daß die Nationalsozialisten das, was sie sagten, wirklich ernst meinten. Das lag nicht an der mangelnden Unterrichtung. Jeder, der regelmäßig nationalsozalistische Versammlungen besuchte oder die Broschüren oder auch nur die an die Wände geschriebenen Schlagworte las, konnte sich mit der vulgären und gewalttätigen Seite der NSDAP vertraut machen. Man beruhigte sich jedoch meist mit der Feststellung, daß die Nationalsozialisten, einmal in der Regierungsverantwortung, sich schon abschleifen würden.

4 *Der Wahlkampf hat begonnen. Der «Kampfbund Schwarz-Weiß-Rot» wirbt mit dem deutschnationalen Reichsminister Alfred Hugenberg, dem Parteilosen Franz von Papen und dem «Stahlhelm»-Führer Franz Seldte, das Zentrum mit dem ehemaligen Reichskanzler Heinrich Brüning und die Nationalsozialisten mit Reichskanzler Adolf Hitler.*

Während die Nationalsozialisten ihre Vorbereitungen für die abendlichen Siegesfeiern trafen und das Reichskabinett in seiner ersten Sitzung die Auflösung des Reichstags und Neuwahlen beschloß, kam es vielerorts vor sozialdemokratischen und kommunistischen Zeitungsverlagen und Gewerkschaftseinrichtungen zu spontanen Demonstrationen gegen die neue Regierung. In den Abendstunden bildeten sich in Mannheim in den Straßen und an den Straßenecken Sprechchöre, die sich gegen

Scharfe Worte aus München
München, 30. Januar. Die Berufung Hitlers zum Kanzler nennt die «Bayerische Volkspartei – Korrespondenz» einen vollkommenen Bruch mit der bisherigen Linie der Politik des Reichspräsidenten. Das überaus Peinliche an dieser präsidialen Lösung, so erklärt die Korrespondenz, sei darin zu erblikken, daß nunmehr die Macht des Reichspräsidenten von einem Parteimann reinsten Wassers in Anspruch genommen werde, der nur ein Ziel kenne: Wenn irgend möglich, die Stellung seiner Partei zu einer ausgesprochenen Parteiherrschaft über den Staat aufzubauen. Es sei unvermeidlich, daß damit das Amt des Reichspräsidenten in eine Sphäre hineingezogen werde, in der es seinen autoritären Glanz immer mehr einbüßen werde. Darin sei die eigentliche Staatskrise zu erblicken, und was man jetzt erlebe, wirke nicht krisenheilend, sondern krisenvermehrend.

Frankfurter Zeitung
vom 31. Januar 1933

Hitler wandten und zum Streik aufforderten. Nationalsozialisten gingen mit Schulterriemen gegen die Sprechchöre vor. Kommunisten verteilten Flugblätter, auf denen zum Generalstreik aufgefordert wurde. Die SPD sprach sich am nächsten Tag dagegen aus: «Sozialdemokraten und freie Gewerkschaften stehen auf der Wacht. Ein Generalstreik nach Muster der Kommunisten ist eine billige politische Reklameangelegenheit. Für SPD und freie Gewerkschaften bleibt der Generalstreik ultima ratio».
Zur gleichen Zeit, als in Berlin tausende von SA-Männern durch die Wilhelmstraße an Hitler vorbeimarschierten, kam es bei einer ähnlichen Veranstaltung in Königsberg zu einer Schlägerei zwischen Nationalsozialisten auf der einen Seite und Kommunisten und Mitgliedern der sozialdemokratischen Selbstschutzorganisation «Reichsbanner Schwarz-Rot-Gold» auf der anderen. Schußwechsel zwischen Kommunisten und Nationalsozialisten verzeichneten die Polizeiberichte in Worms,

Das Frankfurter Straßenbild am Montag-Nachmittag
Die Ernennung Hitlers zum Reichskanzler wurde in Frankfurt während der Mittagsstunde sehr schnell bekannt. Begreiflicherweise hat dieses politische Ereignis die Anhänger der großen Parteien bald auf den Plan gerufen. Gegen 15.30 Uhr entstand am Eschenheimer Turm eine Schlägerei zwischen Nationalsozialisten und Mitgliedern der «Eisernen Front». Ein Nationalsozialist versuchte, einem Geldsammler der «Eisernen Front» die Sammelbüchse zu entreißen. Die streitenden Parteien wurden rasch durch ein Überfallkommando getrennt. In der Reineckstraße an der alten Markthalle, wo auch Nationalsozialisten und Mitglieder der «Eisernen Front» sowie Kommunisten aneinander gerieten, wurden bei der Schlägerei die Schaufensterscheiben eines Geschäftes zertrümmert. Hier wurden alle an den Streitigkeiten Beteiligten von der Polizei festgenommen. Im Laufe des Nachmittags sammelten sich auf dem Schillerplatz und auf der Zeil diskutierende Gruppen an, so daß schließlich der Verkehr gestört wurde. Bereitschaftswagen der Polizei durchfuhren die Hauptstraßen; verschiedentlich griffen die Beamten ein, und Widerspenstige wurden festgenommen. Insgesamt waren bis 20 Uhr zwölf Personen polizeilich sistiert worden. Weitere kommunistische Demonstrationen in der Innenstadt standen unter starkem polizeilichen Schutz. Ein Fackelzug der Nationalsozialisten marschierte nach 20 Uhr durch die Hauptgeschäftsstraßen, über Kaiserstraße, Schiebplatz, Zeil, Konstabler Wache nach Bornheim. Auch dieser Demonstrationszug war polizeilich stark gesichert; nennenswerte Zwischenfälle sind zur Stunde nicht bekannt geworden.

Frankfurter Zeitung
vom 31. Januar 1933

Düsseldorf, Halle und Schweinfurt. Die Zusammenstöße sollten auch in den nächsten Wochen noch anhalten. Der folgenschwerste ereignete sich in Berlin:

Schüsse aus den Häusern

Zwei Tote, zwei Schwerverletzte in Berlin

Berlin, 31. Januar. Im Anschluß an den nationalsozialistischen Demonstrationszug ist es gestern nacht zu einem folgenschweren Zusammenstoß in Charlottenburg gekommen. Ein SA-Sturmtrupp marschierte vom Fackelzug kommend unter dem Gesang rechtsradikaler Kampflieder durch die Wallstraße, deren Anwohner zum größten Teil aus Kommunisten bestehen. Der Zug war lediglich durch einen polizeilichen Begleiter, den Oberwachtmeister Zauritz, geschützt. Die nationalsozialistische Truppe wurde aus den Häusern mit Schmährufen überschüttet. Etwa in der Mitte der Straße fielen plötzlich aus Häusern und Torbogen Schüsse. Der Polizeiwachtmeister, der aus einem in der Nähe gelegenen Lokal weiteren polizeilichen Schutz herbeiholen wollte, wurde auf dem Weg dorthin von einer Kugel in die Brust getroffen. Er starb auf dem Transport nach dem Krankenhaus. Auch der Führer des SA-Trupps, Maikowski, wurde so schwer verletzt, daß er nach der Einlieferung in die Klinik starb.

Frankfurter Zeitung vom 1. Februar 1933

Für SA-Sturmführer Maikowski und Polizeioberwachtmeister Zauritz wurde ein Staatsbegräbnis angeordnet. Der nationalsozialistische preußische Innenminister Hermann Göring nahm den Vorfall zum Anlaß, alle öffentlichen Demonstrationen der kommunistischen Partei zu verbieten. Um Ruhe und Ordnung wieder herzustellen, ordnete er an, SS- und SA-Männer als stellvertretende Polizeibeamte einzustellen. Ihre Uniform blieb das nationalsozialistische Braunhemd mit weißer Armbinde und der Aufschrift «Hilfspolizei». Diese neue Polizei machte sich unverzüglich an die Arbeit, durchsuchte die Häuser der örtlichen KP-Führer und verhaftete jeden Kommunisten, dessen sie habhaft werden konnte. Auch Wohnungen von Sozialdemokraten wurden durchsucht.

Die ersten Maßnahmen der Nationalsozialisten waren darauf abgestellt, vor allem die Bewegungsfreiheit der Kommunisten und Sozialdemokraten einzuengen. Ein Vorgang, der von vielen Deutschen mit Befriedigung zur Kenntnis genommen wurde. Daß dabei auch ihre persönliche Freiheit eingeschränkt wurde, war ihnen zwar nicht gleichgültig, wurde aber in Anbetracht der Zeitumstände als eine vorübergehende Notwendigkeit in Kauf genommen. So wurde mit der Verordnung des Reichspräsidenten «zum Schutz des deutschen Volkes» vom 4. Februar die Versammlungs-, Rede- und Pressefreiheit eingeschränkt, und einen Tag nach dem Reichstagsbrand am 27. Februar erfolgte mit der «Verordnung zum Schutz von Volk und Staat» die Aufhebung wesentlicher Grundrechte der Verfassung. Systematisch wurden SPD und KPD daran gehindert, sich auf die bevorstehende Reichstagswahl vorzubereiten, während die Nationalsozialisten einen groß angelegten Wahlkampf führten. Der Rundfunk wurde verpflichtet, alle Wahlkampfreden Hitlers zu übertragen.

Hitlers erste Wahlrede

Der Reichskanzler hat im Sportpalast zu den Anhängern seiner Partei in Berlin gesprochen. Alle deutschen Sender mußten – Auflagenachricht der Regierung – die Wahlrede verbreiten mitsamt der Reportage, die Herr Dr. Goebbels als Einleitung dazu gab. Niemand wird Herrn Hitler die Gläubigkeit eines explosiven Fanatismus absprechen, und so mancher wird diesen Fanatismus noch durch den Rundfunk in der geradezu wilden Überbelastung der an sich starken Stimme des Kanzlers gespürt haben. Allein, verglichen mit dem Parteiführer Hitler, der dort sprach, war der Reichskanzler, der den Aufruf der Regierung verkündete, noch ein Mann mit einem konkreten Programm. Diesmal war es noch allgemeiner, diesmal ließ sich aus der Verkündung der letzten, der allerletzten Ziele und der Manifestation des eigenen, des «unbeugsamen, unbeirrbaren, des unbändigen» Willens noch weniger auf irgendeines der Mittel oder Wege schließen, auf denen dieses Ziel zu erreichen wäre. Ja, Herr Hitler erhob eben die Programmlosigkeit zum Programm: «Nicht für Ideen leben

5 *Der brennende Reichstag am 27. Februar 1933. Der holländische Kommunist Marinus van der Lubbe hatte ihn angezündet. Noch heute wird darüber gestritten, ob van der Lubbe ein Einzeltäter war oder ob die Nationalsozialisten mitgeholfen haben. Für die Nationalsozialisten kam der Reichstagsbrand auf jeden Fall gelegen. Jetzt konnten sie gegen Kommunisten und Sozialisten vorgehen: Noch in der Nacht erfolgten zahlreiche Verhaftungen.*

wir, nicht für fremde Theorien oder Parteiprogramme, sondern für das deutsche Volk». Und wenn die Gegner der Nationalsozialisten heute nach dem Programm der Bewegung fragten, dann frage er sie: «Wo war in den letzten vierzehn Jahren euer Programm? Habt ihr das, was ihr in Deutschland angerichtet habt, gewollt?» Und er verspricht seinen Zuhörern, daß er Ankläger und Mahner sein wolle, damit sich die Gegner ihrer Verantwortung erinnerten.

Die Rede des Parteiführers ist nicht nur allgemeiner, sondern auch unduldsamer als je. Die Geschichte der Republik erscheint als die Geschichte eines einzigen Verbrechens, «angestiftet» vom Marxismus. Es beginnt mit dem Munitionsarbeiterstreik im Kriege und endet bei der Arbeitslosigkeit oder Inflation. Wer aber soll glauben, es hätte der «Marxismus» im November 1918 die Herrschaft über ein reiches, sattes glückliches Volk angetreten? Wie leicht wird hier Geschichte gemacht, wenn nicht mit einem Wort von dem Hunger und der Not, von dem Blut oder den Brotkarten, von den furchtbaren materiellen Verlusten eines furchtbaren Krieges bis auf das fehlende Bettzeug für Verwundete in den Lazaretten die Rede war. Viele jedoch werden sich dieser Dinge und jener Tage erinnert haben, als Herr Hitler in seiner Geschichtsdarstellung im Rundfunk sie vergaß. Auch hätte der Kanzler Hitler schwerlich seine heutige Rede im Sportpalast mit ihrem glühenden Aufruf zu deutscher Einigkeit halten können, wenn nicht vor ihm die «Novemberparteien» aus Blut und Not und Zerrissenheit die deutsche Einheit gerettet hätten.

Herr Hitler spricht nicht davon. Er verspricht stattdessen, daß er unduldsam sein werde, daß er «ausrotten» wolle, er verspricht, daß er niemals einen Kompromiß mit seinen Gegnern schließen werde.

Herr Dr. Goebbels produzierte sich vorher als der geborene Superlativ: hinreißend – einzigartig – fieberhafte Spannung – fieberhaft wachsende Spannung – die Menschenmauern ballen sich – alles eine Masse Mensch, in der Menschen schon nicht mehr zu erkennen sind.

Frankfurter Zeitung
vom 12. Februar 1933

Der 5. März, der Wahlsonntag, verlief im ganzen Reich völlig ruhig. Überall flatterten Hakenkreuzfahnen. Nationalsozialisten brachten in ihren Autos die Wähler an die Urnen. Durch die Straßen marschierten SS- und SA-Verbände mit klingendem Spiel. Nach der Wahl gab es auf Anordnung des Vizekanzlers von Papen in ganz Preußen schulfrei zu Ehren des «nationalen Sieges». So glorios war der Sieg nun auch wieder nicht. Denn den Nationalsozialisten gelang kein wesentlicher Wählerzuwachs. KPD und SPD hatten ebenso wie das Zentrum ihre Wähler bei der Stange halten können – trotz der massiven Einschüchterung. Mit einem überwältigenden Wahlsieg hatten Hitler und die Seinen wohl auch nicht gerechnet, ihnen kam es letztlich nur darauf an, so viel Rückhalt unter der Bevölkerung zu finden, um ihren Willen ohne allzu ernste öffentliche Entrüstungsschreie durchzusetzen.

Vor den Märzwahlen waren die Nationalsozialisten noch recht zurückhaltend in der Verwirklichung ihrer Absichten gewesen, danach legten sie jede Scheu ab und begannen in einem atemberaubenden Tempo, Staat und Gesellschaft in ihrem Sinne umzugestalten, «gleichzuschalten». Ganz oben auf ihrer Prioritätenliste stand die «Säuberung» der Ministerien und Behörden, der Rathäuser und Kreisverwaltungen und die Besetzung der freigewordenen Stellen mit Parteigenossen. Das geschah nach ausgearbeiteten Plänen. Es wurde nicht verheimlicht, daß eine Säuberung stattfand, und jedermann war sich dessen durchaus bewußt. Von einer ersten Entlassungswelle im April waren vor allem Sozialdemokraten betroffen. Im Mai, Juni waren schließlich alle tatsächlichen oder auch nur vermeintlichen Gegner entfernt oder unter Aufsicht gebracht.

Nach der Säuberung der Rathäuser, auch der langjährige Oberbürgermeister von Köln, Konrad Adenauer, mußte gehen, machten sich die Nationalsozialisten daran, die Bevölkerung in den Griff zu bekommen. Das erfolgte mit Zuckerbrot und

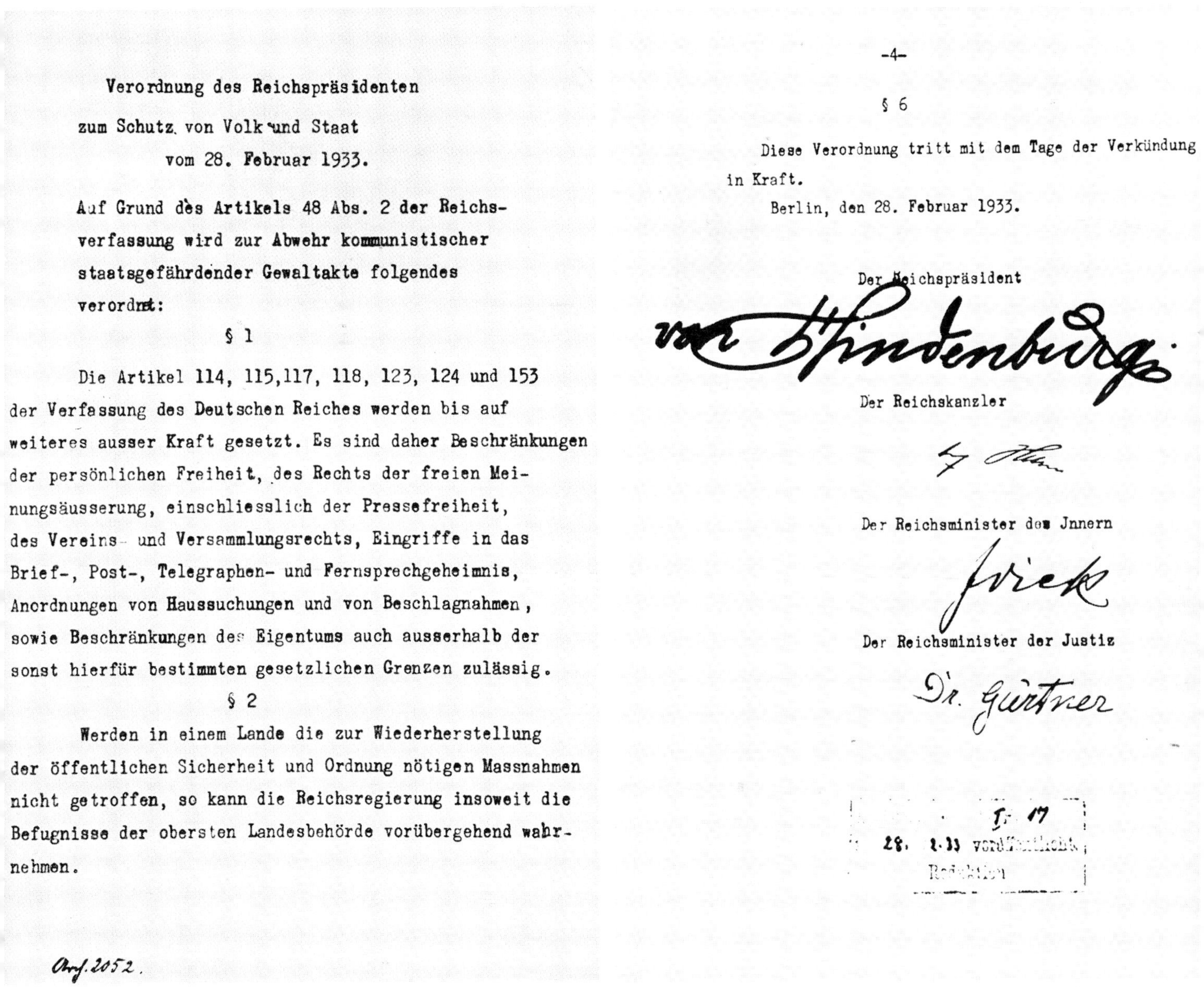

Verordnung des Reichspräsidenten

zum Schutz von Volk und Staat

vom 28. Februar 1933.

Auf Grund des Artikels 48 Abs. 2 der Reichsverfassung wird zur Abwehr kommunistischer staatsgefährdender Gewaltakte folgendes verordnet:

§ 1

Die Artikel 114, 115, 117, 118, 123, 124 und 153 der Verfassung des Deutschen Reiches werden bis auf weiteres ausser Kraft gesetzt. Es sind daher Beschränkungen der persönlichen Freiheit, des Rechts der freien Meinungsäusserung, einschliesslich der Pressefreiheit, des Vereins- und Versammlungsrechts, Eingriffe in das Brief-, Post-, Telegraphen- und Fernsprechgeheimnis, Anordnungen von Haussuchungen und von Beschlagnahmen, sowie Beschränkungen des Eigentums auch ausserhalb der sonst hierfür bestimmten gesetzlichen Grenzen zulässig.

§ 2

Werden in einem Lande die zur Wiederherstellung der öffentlichen Sicherheit und Ordnung nötigen Massnahmen nicht getroffen, so kann die Reichsregierung insoweit die Befugnisse der obersten Landesbehörde vorübergehend wahrnehmen.

Anl. 2052.

-4-

§ 6

Diese Verordnung tritt mit dem Tage der Verkündung in Kraft.

Berlin, den 28. Februar 1933.

Der Reichspräsident

von Hindenburg

Der Reichskanzler

Adolf Hitler

Der Reichsminister des Jnnern

Frick

Der Reichsminister der Justiz

Dr. Gürtner

I. 17
28. 2.33 veröffentlicht
Redaktion

6 *«Verordnung zum Schutz von Volk und Staat» vom 28. Februar 1933, mit der die demokratischen Grundrechte außer Kraft gesetzt wurden. Diese Anordnung sollte bis 1945 ihre Gültigkeit behalten und bald nicht nur gegen Kommunisten, sondern gegen alle Gegner der Nationalsozialisten Anwendung finden.*

Peitsche. Fein abgestufte Terrormaßnahmen wurden angewandt, um jeden Deutschen davon zu überzeugen, daß er keine Gnade von den Nationalsozialisten zu erwarten habe, wenn er sich nicht an die vorgegebenen Normen hielt. Es wäre den Nationalsozialisten ohne weiteres möglich gewesen, ein Terrorsystem ohne jede Rechtfertigung zu installieren. Doch das wäre zu riskant gewesen. Deshalb wurden Vorwände für die verschiedenen Unterdrückungsmaßnahmen geschaffen.

Es wurde etwa die Behauptung ausgegeben, die Kommunisten und Sozialdemokraten planten den Sturz der Regierung. Haussuchungen bei NS-Gegnern wurden mit tatsächlichen oder angeblichen

7 *Das Konzentrationslager in Oranienburg. Das erste Konzentrationslager wurde im März 1933 in Dachau eingerichtet. Vorher kamen die Verhafteten in sogenannte «Schutzhaftlager». Die Lager füllten sich schnell. Die Nationalsozialisten räumten jeden beiseite, der ihnen im Wege stand.*

Waffenfunden gerechtfertigt. Die Zeitungen bauschten die Waffenfunde noch auf. Gutgläubige Menschen mußten den Eindruck gewinnen, daß sich in ihren Städten wahre Waffenarsenale befänden. Und viele waren bereit, zu glauben, daß nur das energische Durchgreifen der Nationalsozialisten einen Bürgerkrieg verhindert habe.

Die Nationalsozialisten gingen gegen die Gegner des Regimes meist mit den gleichen Methoden vor. Zunächst einmal wurden sie wirtschaftlich geschädigt. Sie wurden von ihren Arbeitsplätzen entfernt und danach vor die Wahl gestellt, entweder keine Beschäftigung zu bekommen oder eine untergeordnete anzunehmen. Außerdem wurden sie von der Polizei mit Verhaftungen, Verhören und Haussuchungen gehetzt. Hinter diesen Maßnahmen stand die Drohung mit der Einweisung in ein KZ. Konzentrationslager entstanden schon im Frühjahr 1933: Zunächst als «wilde Lager». Seit 1934 wurden sie von der SS geleitet und planmäßig ausgebaut. Die allgemeine Ungewißheit verstärkte den Terror ungemein, denn niemand konnte wissen, ob die nächste Haussuchung nicht vielleicht einen Vorwand, wie unbegründet er auch sein mochte, zutage förderte. Dann kamen die kleinlichen Belästigungen: Aufforderungen, in die SA oder andere NS-Organisationen einzutreten, die Verleumdungen in öffentlichen Reden oder in der Presse.

All das spielte sich vor den Augen der Öffentlichkeit ab, um den Abschreckungseffekt zu erhöhen. Nicht alle Haussuchungen und Verhaftungen wurden in der Presse veröffentlicht, aber doch so viele, daß sich die Öffentlichkeit einen Eindruck von dem machen konnte, was da vor sich ging. In dieser Atmosphäre des Terrors gedieh das Denunziantentum. Da gab es etwa den Fall des Dr. K., der in einer Gesellschaft, nach einem Glas zuviel, die Leute damit unterhielt, daß er Hitlers Redeweise

8 *Wenige Tage nach den Reichstagswahlen am 5. März 1933 hält Hitler in Frankfurt/Main in der Festhalle eine Rede. Die Wahl war nicht zur vollsten Zufriedenheit der Nationalsozialisten ausgefallen. Trotz Terror und Wahlbeeinträchtigung hatten Kommunisten und Sozialdemokraten ebenso wie das Zentrum ihren Stimmenanteil halten können. Mehr als die Hälfte der wahlberechtigten deutschen Bevölkerung war in freien Wahlen durch Hitler nicht zu gewinnen.*

10 *SS-Männer werden als «Hilfspolizisten» verpflichtet. 50000 SA-und SS-Männer wurden im Februar und März als «Polizeihilfstruppe» eingestellt. Gleichzeitig wurde die Polizei von «Volksschädlingen» gesäubert.*

imitierte. Am nächsten Morgen denunzierte ihn die Gastgeberin bei der Partei. Dieser Vorfall sprach sich schnell herum und hatte seine Wirkung. Man wurde in seinen Äußerungen vorsichtiger. Spätestens im Juli merkten die Deutschen, daß sie nicht mehr in persönlicher Freiheit lebten, und daß die ganze Macht des Polizeistaates gegen sie eingesetzt werden konnte, wenn sie sich nicht den Gegebenheiten anpaßten.

Innerhalb von wenigen Monaten war die Republik vernichtet, ohne daß zu ihrer Verteidigung etwas getan worden wäre. Gewiß, das «Reichsbanner Schwarz-Rot-Gold» hatte Pläne für eine sofortige Mobilmachung ihrer Mitglieder. Aber nichts geschah, das Reichsbanner sah tatenlos zu, wie ihre Mitglieder verprügelt und eingesperrt wurden. Schließlich war es zu spät, das Reichsbanner wurde verboten.

9 *1000-Jahrfeier in Tangermünde. In den ersten Monaten des «Dritten Reiches» feierten die Deutschen ununterbrochen. Die Nationalsozialisten fanden immer neue Gelegenheiten, den Deutschen mit Fahnen, Marschkolonnen, Reden, Militärmusik und Fackelzügen zu imponieren. Mit der Zeit verlor aber auch das seinen Reiz.*

Der Hitler-Gruß

Der kommissarische Kölner Regierungspräsident hat eine Verfügung erlassen, in der es heißt, der Hitler-Gruß sei als Zeichen der Verbundenheit mit der nationalen Bewegung so tief in das Bewußtsein weiter Kreise der Bevölkerung eingedrungen, daß er, ursprünglich eine symbolische Handlung von politisch verbundenen Personen, heute gerade als Gruß des ganzen Volkes, insbesondere der jungen Generation, an die Nation und ihren Volkskanzler bezeichnet werden könne. Die Behörden als Vollstrecker des nationalen Willens müßten es sich angelegen sein lassen, dem entstandenen Grußbrauch Rechnung zu tragen und darüber hinaus für sein Eindringen in die Bevölkerung zu sorgen. *Kölnische Zeitung vom 25. Mai 1933*

Warum wehrten sich die bürgerlichen Parteien nicht? Warum sollten sie? Es ging doch alles legal zu oder hatte zumindest den Anschein von Legalität. In schneller Folge waren zwar eine Reihe quasi legaler Maßnahmen durchgeführt worden, von denen keine für sich allein genommen eine Revolution bedeutete, die jedoch in ihrer Gesamtheit Deutschland von einer Republik in eine Diktatur verwandelten. Wo sollte man da Grenzen ziehen? Als man merkte, was vor sich ging, war die «braune Revolution» eine vollendete Tatsache. Die politischen Organisationen der Republik waren zerschlagen, an einen organisierten Widerstand war nicht mehr zu denken.

Hinzu kam, daß viele Deutsche und auch viele Angehörige bürgerlicher Parteien sich der Demokratie weder verpflichtet fühlten noch sie begriffen. Das deutsche Bürgertum wünschte sich kaum eine nihilistische Diktatur, es war aber auch nicht in der Lage abzuschätzen, was der Nationalsozialismus bedeutete. Und – das war das Dilemma, in dem das Bürgertum steckte – es hatte keine lebensfähige Alternative zur nationalsozialistischen Diktatur.

Auf der einen Seite unternahmen die Nationalsozialisten alles, um ihre politischen Gegner zur Unterwerfung zu zwingen. Auf der anderen Seite verstärkten sie ihre Propagandabemühungen mit Massendemonstrationen der Freude und Begeisterung, um die Deutschen davon zu überzeugen, daß sie in eine neue Epoche der Geschichte einträten. Vor den Märzwahlen versprachen die Nationalsozialisten der Bevölkerung eine Revolution, den Anbeginn einer neuen Zeit. Alle Schwierigkeiten sollten behoben werden, ein Tausendjähriges Reich sollte entstehen. Die meisten Deutschen glaubten das, sie hofften, daß Hitler und die Nationalsozialisten ihre prekäre Lage verbessern könnten.

Die «braune Revolution» ließ sich natürlich nicht über Nacht verwirklichen. Auf keinen Fall durfte aber die angeheizte Begeisterung nachlassen. Denn die Revolution sollte in den Deutschen das Gefühl hervorrufen, daß etwas ganz besonderes im Gange wäre.

Als probates Propagandainstrument bot sich die Presse an. Mit ihren Terrormaßnahmen hatten die Nationalsozialisten bald dafür gesorgt, daß die örtlichen Presseorgane keinen Widerstand mehr leisteten. Die Blattmacher überlegten sich sehr genau, was sie druckten. Bis in die Anzeigen ging die

11 *Deckblatt der Sondernummer «Der Tag von Potsdam» der Illustrierten «Die Woche». Mit einem geschichtsträchtigen Zeremoniell versuchten die Nationalsozialisten am 21. März 1933 Konservative und Bürgertum von ihrer nationalen Sache zu überzeugen.*

Selbstzensur, wenn z. B. einem jüdischen Kaufmann das Werbeinserat verweigert wurde. Als ihre Abonnentenzahl allmählich zurückging, weil die Nationalsozialisten massiv für ihre Zeitungen warben, wurden viele Provinzblätter begeisterte Vorkämpfer des neuen Regimes.

Aber Pressepropaganda allein war nicht das Herzstück der nationalsozialistischen Propaganda. Massenanhängerschaft setzte aktive Beteiligung voraus. Einen Vorgeschmack von dem, was die Deutschen in den nächsten Monaten und Jahren zu erwarten hatten, boten die nationalsozialistischen Massendemonstrationen im Zeichen des Wahlsieges am 5. März. Der Wahlsonntag, auch gleichzeitig zum Gedenktag für die Gefallenen des Ersten Welt-

«Als die Nazis 1933 im März die Wahl gewonnen haben, zogen ihre Kampftruppen, die SA, am Montag auf die Rathäuser und haben ihre Nazifahnen aufgezogen. Dies wurde in Enzberg bekannt. Die Bürger sagten: ‹Das lassen wir uns nicht gefallen, die Verfassung ist noch in Kraft›. SPD, KPD und die Bürger warteten vor dem Rathaus, bis die SA erschien. Sie kamen, jedoch war das Rathaus von den Bürgern abgeriegelt. Die schwarz-rot-goldene Fahne wurde von einem Gemeinderat in den Tresor gebracht, und so wurde die Fahne in Enzberg nicht verbrannt. Die SA-Leute sangen, nachdem sie die Fahne aufgezogen haben, ihr Kampflied. Als sie abzogen und in ihre Busse stiegen, wurde von der Bevölkerung das Lied gesungen: ‹Brüder zur Sonne, zur Freiheit›».

Ein Augenzeuge

krieges bestimmt, war die Ouvertüre. Alle öffentlichen Gebäude mußten halbmast flaggen, und es wurde ausdrücklich angeordnet, daß die Kaiserliche, nicht die Weimarer Fahne gehißt wurde.
Am Morgen fanden sich uniformierte Abordnungen der Kriegervereine mit SA und Stahlhelm zu einem Gedenkgottesdienst zusammen. Einzelne Pastoren zeigten ganz offen ihre Sympathie für Hitler. Es folgten Massenversammlungen auf den Märkten, Reden wurden gehalten, das neue Deutschland, das nationalsozialistische Deutschland emphatisch gefeiert.
Der Fahnenschmuck war in den nächsten Tagen überreich, da die Nationalsozialisten aufriefen, zu Ehren des Wahlsieges drei Tage lang zu flaggen. Die Siegesfeiern waren über die ganze Woche verstreut, in kleineren Orten wurden sie auf das Wochenende verlegt. Wieder Aufmärsche, wieder geordnete Marschkolonnen, wieder Militärmärsche, wieder Reden vor den Rathäusern. Diesmal wurde als krönender Abschluß die schwarz-rot-goldene Fahne der Weimarer Republik verbrannt, die Menge sang dazu das Horst-Wessel-Lied «Die Fahne hoch! Die Reihen fest geschlossen!» Die gleiche Zeremonie erfolgte vor anderen öffentlichen Gebäuden. Als die Menge auseinanderging, war sie erschöpft von dieser Orgie der Symbolmanipulierung und der Reden.

Kaum war das «Dritte Reich» feierlich eingeführt, wurde der ganze Prozeß wiederholt, um der nationalen Zeremonie zu gedenken, die Hitler und Hindenburg am Dienstag, den 21. März, in der Potsdamer Garnisonskirche inszenierten. An diesem Tag waren sämtliche Dienststellen geschlossen. Die Geschäfte machten früher Feierabend, damit alle die Feier im Rundfunk hören konnten. Das Rundfunkprogramm der Reichssender war eine einzige Huldigung an Preußen, seine Geschichte, seine Könige, seine Musiker. In den Schulen wurden Radioapparate aufgestellt. Die Kinder hörten die Ereignisse in Potsdam, und die Lehrer erklärten ihnen, daß sie hier den Beginn einer neuen Epoche deutscher Geschichte unter dem Zeichen des völkischen Staatsgedankens miterlebten. Danach gab es schulfrei.
Die Städte waren wieder in Hakenkreuzfahnen gehüllt. Nach Anbruch der Dunkelheit gab es die obligatorischen Fackelzüge, an denen neben nationalsozialistischen Verbänden auch Sportvereine, vaterländische Vereinigungen und Feuerwehren teilnahmen. Auf größeren Plätzen wurden Reden gehalten, und die Einheit Deutschlands gerühmt. Zum Abschluß folgte das Deutschlandlied. Der «Tag von Potsdam» beeindruckte die Deutschen sehr, manch Zweifler ließ sich bekehren. Eine nationale Euphorie erfaßte die Deutschen, sie glaubten tatsächlich am Beginn einer neuen Epoche zu stehen.
Die Nationalsozialisten ließen die Deutschen kaum zu Atem kommen. Als nächste Massenfeier stand am 20. April Hitlers 44. Geburtstag auf dem Programm. An diesem Tag erhielten viele Ortschaften ihre «Adolf-Hitler-Straße». Der Tagesablauf war vorprogrammiert. Am Nachmittag gab es eine Abwechslung zu den schon obligatorischen Reden und Aufmärschen: Tanz und Volksbelustigung. Schließlich kam der 1. Mai, der «Feiertag der nationalen Arbeit». Die Nationalsozialisten zogen alle Register ihrer Propagandamaschinerie, um die Arbeiter für sich zu gewinnen. Am nächsten Tag, am 2. Mai, besetzten sie die Gewerkschaftshäuser, verhafteten die führenden Funktionäre und schlossen die führungslose Arbeiterschaft in der «Deutschen Arbeitsfront» (DAF) zusammen.

Deutschland feiert Hitlers Geburtstag
Im Schmuck der nationalen Flaggen – Glückwünsche und Ehrungen
Ganz Deutschland steht heute im Zeichen des 44. Geburtstages Adolf Hitlers, des ersten, den er als Kanzler des Deutschen Reiches verlebt. Die öffentlichen und privaten Gebäude zeigen reichen Flaggenschmuck in den Farben der nationalen Erhebung. Überall werden Feiern für den Kanzler veranstaltet, der an seinem Ehrentag nicht in der Reichshauptstadt weilt.
Das festliche Bild der Reichshauptstadt war durch den schwachen Regen, der in den Morgenstunden fiel, kaum beeinträchtigt worden. Berlin hatte einen Flaggenschmuck angelegt, der sich nur mit dem am Tage von Potsdam vergleichen läßt. Die Gotteshäuser hatten die Kirchenfahnen gehißt. Die öffentlichen Verkehrsmittel, viele Privatautos und auch zahlreiche Kraftdroschken trugen schwarz-weiß-rote und Hakenkreuzwimpel. Das Straßenbild wurde auch durch die 3000 Angehörigen der Hitler-Jugend bestimmt, die die Lieblingsblume des Reichskanzlers, das Edelweiß, zu wohltätigen Zwecken verkauften. Großer Andrang herrschte, wie auch gestern, an den Verteilungsstellen für die Hitlerspende. Den Auftakt des Tages für Berlin gab eine Flaggenparade vor dem Preußischen Innenministerium. Die SA und SS fanden sich zu einem Gottesdienst im Dom zusammen. Morgenfeiern wurden in der Staatsoper und in der Städtischen Oper veranstaltet. Verbände und Körperschaften, darunter auch die Industrie- und Handelskammer, hielten Feiern ab. Das Programm des Berliner Rundfunks war ganz auf die Bedeutung des Tages eingestellt. Zum ersten Mal brachte heute die Berliner Funkstunde ihr neues Pausenzeichen.

Berliner Lokal Anzeiger
vom 20. April 1933

Auch nach diesen Jubel- und Feiertagen erschöpfte sich keineswegs die Liste der propagandistischen Tätigkeiten der Nationalsozialisten. Kleine Veranstaltungen, die von nationalsozialistischen Unterorganisationen durchgeführt wurden, folgten: Feldmanöver der SS und SA, Militärmarschabende, Wehrsportveranstaltungen. Die NS-Jugendorganisationen waren an dem reibungslosen Ablauf der Veranstaltungen beteiligt. Der «Bund deutscher Mädel» (BDM) gab Elternabende, an denen er zeigte, was die Mädchen nützliches lernen, zum Beispiel Singen und Volkstanz. Es fanden Gautreffen der Hitlerjugend statt. Die Jungens machten tagsüber Märsche und Sportwettkämpfe. Die Nationalsozialisten setzten auch Theateraufführungen und Filme ein. Ein Film, für den sie besonders warben, hieß «Blutendes Deutschland».

Die Nationalsozialisten sprachen von der Einheit des Volkes, zitierten Johann Gottlieb Fichte und Friedrich Schiller und begannen, die Deutschen in gute und schlechte Bürger, in Volksgenossen und Volksschädlinge einzuteilen. Als Volksschädlinge galten Querulanten, Nichtangepaßte und Juden. Seit der Ernennung Hitlers zum Reichskanzler wurden die NS-Zeitungen nicht müde, jüdische Mitbürger zu verleumden. Ja, sie schreckten auch nicht davor zurück, Namen und Fotos von «arischen» Frauen und Männern zu veröffentlichen, die in jüdischen Geschäften einkauften. Mit dem Boykott der Juden am 1. April 1933 begann der Leidensweg der deutschen Juden, der für viele zehn Jahre später in den Gaskammern von Auschwitz endete. Der Boykott wurde offiziell mit angeblicher Greuelpropaganda des internationalen Judentums gegen das neue Regime in Deutschland begründet. Das eigentliche Ziel war die Isolierung der Juden.
Am Sonnabend, dem 1. April, begann der Boykott, der drei Tage andauerte. Jüdische Geschäfte wurden gekennzeichnet. SA-Männer bezogen vor den Eingängen Posten und verwehrten den Kauflustigen den Zutritt. An Schaufenstern, Littfaßsäulen und Mauern klebten Plakate mit der Aufschrift: «Wer beim Juden kauft, ist der Feind des Vaterlandes!». Tage nach dem Boykott zeigten sich die ersten Auswirkungen.
Geschäftsleute versahen, wenn auch zunächst noch sehr vereinzelt, ihre Schaufenster mit dem Schild: «Deutscher Kaufmann». Der nächste Schritt ließ dann nicht lange auf sich warten: In Gaststätten und Geschäftshäusern konnte man bald Schilder mit der Aufschrift «Juden nicht erwünscht!» lesen.

12 *Ein SA-Sturm in den Straßen von Ulm am 1. Mai 1933, dem «Tag der nationalen Arbeit». Die Arbeiterschaft, vor allem die sozialdemokratisch und kommunistisch organisierte, war nicht ohne weiteres bereit, ins Lager der Nationalsozialisten umzuschwenken. Am 2. Mai wurden die Gewerkschaftshäuser besetzt und die Freien Gewerkschaften verboten. Die Nationalsozialisten hofften, die Arbeiter in den Griff zu bekommen.*

13 *Deutsches Turnfest in Stuttgart am 25. Juli 1933. Freiübung im Stadion. Solche Massenveranstaltungen gehörten zum alltäglichen Ritual der nationalsozialistischen Diktatur. Der einzelne galt den Nationalsozialisten nichts, nur die Masse in ihrer Ausrichtung auf den «Führer».*

NS-Kurier

NS.-Kurier – im Staatstheater

Der 18. Oktober

Samstag, 1. April 1933

Schlagt die Volksfeinde!

Heraus zur Abwehraktion gegen die jüdischen Volksschädlinge

Am Rande

An den Frankfurter Gerichten wurde bereits der numerus clausus eingeführt.

Die englische Regierung hat es abgelehnt, sich in die innerdeutschen Verhältnisse einzumischen

Berlin verzeichnet einen neuen Skandal: Es wurde festgestellt, daß die „Berek" der KPD. 12 Millionen öffentliche Gelder zur Verfügung gestellt hat.

Die Anordnungen des Zentralkomitees zur Abwehr der jüdischen Greuel- und Boykotthetze sind ergangen.

Zum stellv. Gauleiter für den Gau Württemberg der NSDAP. wurde Pg. Friedrich Schmidt M. d. L. bestellt.

Der SPD.-Vorsitzende Wels hat seinen Austritt aus der II. Internationale erklärt.

Die württ. Regierung schafft Arbeit

Ausbau der Landeswasserversorgung beschlossen – Pensionen für die Volksstaatsminister gekürzt – Ministerialzulagen werden keine mehr bezahlt

Pg. Waldmann zum Staatsrat ernannt

Boykottiert die Juden

Anordnung II

Keine Gewaltakte

Eine Mahnung an die deutschen Frauen

14 *Aufruf der nationalsozialistischen Zeitung «NS-Kurier» zum Boykott gegen jüdische Geschäfte und Praxen. Der Boykott wurde als Abwehrmaßnahme gegen angebliche Greuelpropaganda des internationalen Judentums gegen die nationalsozialistische Regierung ausgegeben.*

Die Juden reagierten auf Boykott und Diskriminierung recht unterschiedlich. Einige ignorierten die ganze Angelegenheit, taten so, als wäre nichts geschehen. Bei Festen hängten sie ostentativ die kaiserliche Fahne aus dem Fenster. Die meisten zogen sich jedoch verstört aus dem gesellschaftlichen Leben zurück, erleichterten es damit den Nationalsozialisten, gegen sie vorzugehen. Die Deutschen waren in ihrer Mehrzahl betroffen, entsetzt. Ihr Verhältnis zu den Juden war im allgemeinen nicht das beste, aber sie verabscheuten die nationalsozialistischen Maßnahmen gegen die jüdischen Mitbürger. Die ständig wiederholten Hetztiraden blie-

15 *SA-Männer versperren den Zugang zu einem jüdischen Geschäft in Berlin. Die meisten Deutschen reagieren erschreckt und waren beschämt zugleich. Aber der nationalsozialistische Boykott und andere Diskriminierungsmaßnahmen blieben nicht ohne Wirkung auf die Bevölkerung. Die Deutschen begannen den Juden möglichst aus dem Weg zu gehen, um sich nicht selbst zu schaden.*

«Auf einmal ist wieder jemand vor dem Geschäft gestanden; vor dem Betrieb sind zwei Leute aufmarschiert und sind vielleicht einen Tag oder zwei dagestanden. Dann ist man eben aus- und eingegangen. Mit komischem Gefühl. Man hat nicht gewußt, was draus werden wird. Und vor den Läden sind sie gestanden, mit Transparenten ‹Kauft nicht beim Juden!›. Dann haben wir immer gesagt: ‹Das geht doch nicht, bei uns schaffen schließlich 180 Leute im Betrieb, wir sind doch angewiesen auf unsere Arbeit›. Weil wir ins Ausland geliefert haben, ist für uns das nicht so schlimm ausgefallen.»

Sekretärin

Sperre der Aufnahme jüdischer Schüler
an höheren städtischen Schulen in Braunschweig

Braunschweig, 12. April. Der Rat der Stadt hat beschlossen, jüdische Schüler und Schülerinnen von der Aufnahme in die städtischen höheren Schulen solange zurückzuweisen, bis der Prozentsatz der jüdischen Schüler und Schülerinnen dem Prozentsatz der jüdischen Einwohnerzahl gleichkommt. Jüdische Schüler und Schülerinnen, die ihr Klassenziel nicht erreichen, werden von der Schule entfernt. Schulgelderlasse und sonstige Vergünstigungen sollen jüdischen Schülern und Schülerinnen grundsätzlich nicht gewährt werden.

Frankfurter Zeitung
vom 14. April 1933

ben aber auf die Dauer nicht ohne Wirkung. Schon wenige Monate nach dem Boykott vom 1. April fand man sich mit der Diskriminierung der Juden und ihrer Ausschaltung aus dem öffentlichen Leben ab, ging ihnen schließlich aus dem Wege, wenn es möglich war, wollte mit ihnen nichts zu tun haben, da die Bekanntschaft mit «Volksschädlingen» ja nur Nachteile mit sich brachte.

Erklärung
Seit Jahren besteht in Augsburg und Umgebung das Gerücht, daß Herr Sanitätsrat Dr. Heinrich Baum und seine Frau jüdischer Abstammung sind. Bisher bestand für Herrn Sanitätsrat Dr. Baum kein Anlaß, dagegen offiziell Stellung zu nehmen. Aus Anlaß der von der deutschen Regierung eingeleiteten Abwehrmaßnahmen gebe ich hiermit im Auftrage des Herrn Sanitätsrats Dr. Baum auf Grund Prüfung des mir vorgelegten deutschen Geschlechterbuches, des Stammregisters der Familie Baum und einer Reihe von öffentlichen Urkunden bekannt, daß Herr Sanitätsrat Dr. Heinrich Baum in ununterbrochener Reihe einer sehr angesehenen, streng evangelischen westpreußischen Familie entstammt, deren Stammbaum bis zum Jahre 1645 zurückreicht. Auch Frau Sanitätsrat Dr. Baum kommt aus rein christlicher Familie, deren Angehörige durch zwei Generationen die höchsten Stellen am rumänischen Königshofe bekleidet haben.

Dr. Christoph Schramm
Justizrat
Augsburger Nachrichten
vom 23. April 1933

16 *Schmierereien an einem jüdischen Geschäft in Frankfurt/Main. Viele Juden ignorierten das nationalsozialistische Vorgehen, sie ließen sich nicht erschrecken. Andere zogen sich zurück und erleichterten den Nationalsozialisten damit das Vorgehen gegen sie.*

17 *Luftschutz-Plakat aus dem Jahre 1933. In einer Geheimrede erklärte Hitler bereits am 3. Februar 1933, also bereits wenige Tage nach seiner Berufung zum Reichskanzler, der Generalität seine außenpolitischen Ziele, die nur im Rahmen eines Krieges zu verwirklichen waren. Die deutsche Bevölkerung wurde schon früh auf die Möglichkeit eines kommenden Krieges eingestimmt.*

<u>Zweites Gesetz zur Gleichschaltung der Länder mit dem Reich.</u>

Vom 7. April 1933.

Die Reichsregierung hat das folgende Gesetz beschlossen, das hiermit verkündet wird :

§ 1

(1) Jn den deutschen Ländern, mit Ausnahme von Preussen, ernennt der Reichspräsident auf Vorschlag des Reichskanzlers Reichsstatthalter. Der Reichsstatthalter hat die Aufgabe, für die Beobachtung der vom Reichskanzler aufgestellten Richtlinien der Politik zu sorgen. Jhm stehen folgende Befugnisse der Landesgewalt zu :

1. Ernennung und Entlassung des Vorsitzenden der Landesregierung und auf dessen Vorschlag der übrigen Mitglieder der Landesregierung ;
2. Auflösung des Landtags und Anordnung der Neuwahl vorbehaltlich der Regelung des § 8 des Vorläufigen Gleichschaltungsgesetzes vom 31. März 1933 (Reichsgesetzbl. I S. 153) ;
3. Ausfertigung und Verkündung der Landesgesetze einschließlich der Gesetze, die von der Landesregierung gemäß § 1 des Vorläufigen Gleichschaltungsgesetzes vom 31. März 1933 (Reichsgesetzbl. I S. 153) beschlossen werden ; Art. 70 der Reichsverfassung vom 11. August 1919 findet sinngemäss Anwendung ;
4. Auf Vorschlag der Landesregierung Ernennung und Entlassung der unmittelbaren Staatsbeamten und Richter, soweit sie bisher durch die oberste Landesbehörde erfolgte ;
5. Das Begnadigungsrecht.

(2) Der Reichsstatthalter kann in den Sitzungen der Landesregierung den Vorsitz übernehmen.

(3)

§ 6

Dieses Gesetz tritt am Tage nach seiner Verkündung in Kra
Entgegenstehende Bestimmungen der Reichsverfassung vom 11. Au
1919 und der Landesverfassungen sind aufgehoben. Soweit Lande
verfassungen das Amt eines Staatspräsidenten vorsehen, treten
se Bestimmungen mit der Ernennung eines Reichsstatthalters ausser Kr

Berlin, den 7. April 1933.

Der Reichskanzler

Adolf Hitler

Der Reichsminister des Jnnern

Frick

Im Reichs Gesetzbl. Nr. 33 · 7.4.33 veröffentlicht.

19 *Der Fahneneid. Eingliederung von Jugendorganisationen in die Hitlerjugend in Frankfurt/Main im Sommer 1933.*

◁ 18 *Gesetz zur Gleichschaltung der Länder. Die folgenschwersten Maßnahmen für Staat und Gesellschaft waren die unter dem Begriff Gleichschaltung zusammengefaßten Aktionen zur Zerstörung und Neuorganisation des staatlichen, politischen und gesellschaftlichen Lebens. Von der Landesregierung über die Kommune bis zum Bienenzuchtverein wurde alles gleichgeschaltet und unter nationalsozialistische Kontrolle gestellt.*

20 *Gesetz gegen die Neubildung von Parteien vom 14. Juli 1933. Nachdem KPD und SPD verboten waren und die übrigen Parteien sich selbst aufgelöst hatten, ließ sich die NSDAP durch Gesetz ihre Alleinherrschaft bestätigen.* ▷

Gesetz gegen die Neubildung von Parteien.

Vom 14. Juli 1933.

Die Reichsregierung hat das folgende Gesetz beschlossen, das hiermit verkündet wird:

§ 1

In Deutschland besteht als einzige politische Partei die Nationalsozialistische Deutsche Arbeiterpartei.

§ 2

Wer es unternimmt, den organisatorischen Zusammenhalt einer anderen politischen Partei aufrecht zu erhalten oder eine neue politische Partei zu bilden, wird, sofern nicht die Tat nach anderen Vorschriften mit einer höheren Strafe bedroht ist, mit Zuchthaus bis zu drei Jahren oder mit Gefängnis von sechs Monaten bis zu drei Jahren bestraft.

Berlin, den 14. Juli 1933.

Der Reichskanzler

Der Reichsminister des Innern

Der Reichsminister der Justiz

Anl. 2084.

Die Juden wurden «ausgeschaltet», die Deutschen wurden «gleichgeschaltet». Die Gleichschaltung der Gesellschaft war das folgenschwerste Ereignis der «braunen Revolution» überhaupt. Die Nationalsozialisten vollzogen sie mit atemberaubender Geschwindigkeit. In einem ersten Schritt zerstörten sie die zwischenmenschlichen Beziehungen. Denn der einzelne galt ihnen nichts, nur die Masse in ihrer Ausrichtung auf den «Führer». Und wo konnte man die Deutschen am besten fassen? Als Mitglieder in Parteien, Verbänden, Vereinen und Clubs.
Kaum ein Deutscher, der nicht einem Verein, einer Partei, einer Gewerkschaft oder einer Handwerkerinnung angehörte. Die Nationalsozialisten lösten alle Verbände auf, wenn sie ausschließlich für priviligierte Schichten bestimmt waren oder vom politischen Gegner geführt wurden. Andere Vereine wurden miteinander verschmolzen, wieder andere verloren ihre Selbständigkeit und dämmerten dahin, bis sie eines Tages von der Bildfläche verschwanden. Schließlich übernahmen Nationalsozialisten die Leitung in den Vereinen.
Im April und Mai 1933 war die Gleichschaltung in vollem Gange, im Spätsommer gab es praktisch keine unabhängigen gesellschaftlichen Gruppen mehr. Die Weimarer Parteien wurden bis auf die NSDAP verboten oder lösten sich unter Druck auf, die Gewerkschaften wurden in der «Deutschen Arbeitsfront» zusammengeschlossen. Beamte, Angestellte, Bauern, Freiberufliche, Kleintierzüchter und Schachspieler unterstanden hinfort der Kontrolle. Theoretisch war das die vollkommenste Kontrolle, die man sich vorstellen konnte. Es gab aber noch genügend Lücken im System, wenn man aus religiösen, politischen oder ideellen Beweggründen die Vereinnahmung durch die Nationalsozialisten nicht mitmachen wollte. Und Nichtangepaßte, die sogenannten Volksschädlinge, gab es mehr, als den Nationalsozialisten lieb sein konnte. Die Nationalsozialisten versuchten sich auch an der Gleichschaltung der Kirchen – mit unterschiedlichem Erfolg. Die katholische Kirche hatte schon vor dem 30. Januar 1933 deutlich ihre Vorbehalte gegenüber der nationalsozialistischen Ideologie zum Ausdruck gebracht. Sie widersetzte sich von

21 *Reichsbischof Ludwig Müller. Als die Nationalsozialisten an die Macht kamen, versprachen sie den Protestanten eine «Wiederbelebung der Volkskirche». Die von ihnen ins Leben gerufene «Glaubensgemeinschaft Deutsche Christen» war das Trojanische Pferd, mit dem sie die Evangelische Kirche zur Gleichschaltung zwang. Den meisten Protestanten ging erst allmählich auf, worauf sie sich eingelassen hatten.*

Die Gleichschaltung der deutschen Jugendverbände

Berlin, 5. April. Die Hitlerjugend besetzte heute nachmittag unter Führung von Mitgliedern der Reichsjugendführung die Geschäftsstelle des Reichsausschusses der deutschen Jugendverbände in Berlin. Der Reichsführer der NSDAP Baldur von Schirach, M. d. R., übernimmt die Führung dieser Spitzenorganisation der deutschen Jugendverbände und hat zu seinem Stellvertreter das Mitglied der Reichsjugendführung, Referendar Rabersberg, bestellt, der gleichzeitig auch für den geschäftsführenden Ausschuß der Mittelstelle deutscher Jugend in Europa ausersehen wurde.

Frankfurter Zeitung vom 6. April 1933

Gegen die Arbeitslosigkeit

Zehn Forderungen:

1. Du sollst wissen, daß das Wohl Deines Volksgenossen Dein Wohl ist. Denke stets daran, daß **Gemeinnutz vor Eigennutz** gehen muß, und **handle** darnach.

2. Du sollst **nicht** als **Doppelverdiener** andere darben lassen, sondern denken, daß Du Angehöriger eines armen Volkes bist, in dem sich jeder einzelne einschränken muß, damit für den anderen etwas übrig bleibt.

3. Du sollst den **Bettel nicht unterstützen.** Verweise den Bettler an die zahlreichen Fürsorgestellen; gib übrige Pfennige der Spende zur Förderung der nationalen Arbeit.

4. Du sollst **jetzt Arbeit vergeben,** jetzt Hausreparaturen durchführen, jetzt Neuanschaffungen machen, jetzt Deinen Betrieb auf Neueinstellungen prüfen. Mit Deinem Geld kann der andere ebenfalls Aufträge vergeben und einer nach dem anderen das Rad der Wirtschaft andrehen.

5. Du sollst neben bezahlter Arbeit keine Unterstützung beziehen und niemand beschäftigen, der gleichzeitig Unterstützung bezieht. **Schwarzarbeit ist unehrliche Arbeit.**

6. Du sollst nicht nach der Stadt ziehen, wenn Du auf dem Lande wohnst. **Der Zug nach der Stadt verschlimmert** Deine eigene Lage und erhöht die Schwierigkeiten, in denen sich die Arbeitslosen der Stadt schon heute befinden.

7. Du sollst als junger Volksgenosse wissen, daß Arbeit als **Landhelfer** oder als **Arbeitsdienstler** Dich fördert. Auf dem Lande lernst Du zupacken, stählst Deinen Körper, schaust die Natur, bist dort, wo Deine Vorväter als gesunde Menschen saßen. Als Arbeitsdienstler dienst Du dem ganzen Volke.

8. Du sollst wissen, daß **jede Arbeit ehrt,** erst recht der Hände Fleiß. Darum scheue keine Arbeit. Es ist viel ehrenvoller, die geringste Arbeit zu leisten, als von der Arbeit anderer zu leben. Denke daran, daß der **Führer des deutschen Volkes Handarbeiter** war und stolz darauf ist. Darum greife dort zu, wohin man Dich stellt.

9. Du sollst für **gerechte Verteilung** der Arbeit sorgen. Die unparteiische Arbeitsvermittlungsstelle ist das **Arbeitsamt.** Es vermittelt Arbeitsuchende nach Können, Leistung und Eignung. Deshalb melde offene Stellen dorthin und, wenn Du Arbeit suchst, nimm die Vermittlung des Arbeitsamts in Anspruch.

10. Du sollst bedenken, daß Du ein **Deutscher bist,** ein Angehöriger des Volkes, das 4½ Jahre einig der Welt standhielt, das immer wieder für die Welt große Probleme löste und das jetzt wieder das Problem der Arbeitslosigkeit lösen wird, wenn jeder — **auch Du** — mit schwäbischer Zähigkeit im heutigen Kampf seinen Mann stellt.

Stuttgart, den 30. August 1933.

Strölin
Oberbürgermeister der Stadt Stuttgart.

Jaeck
Vorsitzender des Arbeitsamts Stuttgart.

22 *Aufruf der Stadt Stuttgart gegen die Arbeitslosigkeit. Staat, Länder und Gemeinden – seit Jahren bemühten sie sich vergeblich. Von den Nationalsozialisten erhofften sich viele eine Besserung der Wirtschaftsmisere.*

23 *Autobahnbau. Appell der Arbeiter am Main-Ufer in Frankfurt.* ▷

LOHENGRIN

Anbeginn dem nationalsozialistischen Begehren, Einfluß auf die kirchlichen Organisationen zu bekommen. Die Bischöfe hatten zwar dem Kirchenvolk empfohlen, der neuen Regierung zu folgen. Die «Vertrauenserklärung» vom 28. März war aber mehr ein Zugeständnis an das veränderte Verhalten vieler Katholiken in der nationalen Aufbruchstimmung. Denn in der Sache blieb die Kirche hart: Sie pochte auf ihren Freiraum und bestand nach Abschluß des Reichskonkordats am 20. Juli 1933 auf der korrekten Einhaltung der ihr zugebilligten Bestimmungen.

Aus der Erklärung der Fuldaer Bischofskonferenz vom 28. März 1933

Die Oberhirten der Diözesen Deutschlands haben aus triftigen Gründen, die wiederholt dargelegt sind, ihrer pflichtmäßigen Sorge für Reinerhaltung des katholischen Glaubens und für Schutz der unantastbaren Aufgaben und Rechte der katholischen Kirche in den letzten Jahren gegenüber der nationalsozialistischen Bewegung eine ablehnende Haltung durch Verbote und Warnungen eingenommen, die solange und insoweit in Geltung bleiben sollten, wie diese Gründe fortbestehen.

Es ist nunmehr anzuerkennen, daß von dem höchsten Vertreter der Regierung, der zugleich autoritärer Führer jener Bewegung ist, öffentlich und feierlich Erklärungen gegeben sind, durch die der Unverletzlichkeit der katholischen Glaubenslehre und den unveränderlichen Aufgaben und Rechten der Kirche Rechnung getragen, sowie die vollinhaltliche Geltung der von den einzelnen deutschen Ländern mit der Kirche abgeschlossenen Staatsverträge durch die Reichsregierung ausdrücklich zugesichert wird. Ohne die in unseren früheren Maßnahmen liegende Verurteilung bestimmter religiös-sittlicher Irrtümer aufzuheben, glaubt daher der Episkopat das Vertrauen hegen zu können, daß die vorbezeichneten allgemeinen Verbote und Warnungen nicht mehr als notwendig betrachtet zu werden brauchen.

Für die katholischen Christen, denen die Stimme ihrer Kirche heilig ist, bedarf es auch im gegenwärtigen Zeitpunkt keiner besonderen Mahnung zur Treue gegenüber der rechtmäßigen Obrigkeit und zur gewissenhaften Erfüllung der staatsbürgerlichen Pflichten unter grundsätzlicher Ablehnung allen rechtswidrigen oder umstürzlerischen Verhaltens.

Zunächst hielten sich die Nationalsozialisten auch gegenüber der katholischen Kirche zurück und konzentrierten sich auf die evangelische. Die Zersplitterung der evangelischen Kirche in einzelne Landeskirchen kam ihnen bei ihren Absichten ebenso zugute wie offene Sympathiekundgebungen zahlreicher Pastoren gegenüber Hitler. Hinzu kam eine seit Jahren andauernde Legitimationskrise: Zu Kaisers Zeiten war die evangelische Kirche Staatskirche gewesen, die Weimarer Republik hatte für sie keine solche Stellung vorgesehen. Die Nationalsozialisten versprachen nun die «Wiederbelebung der Volkskirche» und forderten zum Beitritt der schon 1932 von ihnen ins Leben gerufenen «Glaubensbewegung Deutsche Christen» auf. Die Deutschen Christen bezeichneten sich als nicht politische Bewegung, die von frommen Männern geführt werde, die nur zufällig Nationalsozialisten seien und ausschließlich daran interessiert seien, den Protestantismus zu erneuern und zu vereinheitlichen. Am 3. April 1933 forderten die Deutschen Christen offen die Gleichschaltung der Kirche mit dem nationalsozialistischen Staat:

«Die Kirche, will sie wirkliche Volkskirche sein, darf nicht bei den großen vaterländischen Ereignissen den uninteressierten Zuschauer spielen und so tun, als ginge sie das alles gar nichts an ... Wir fordern die sinngemäße Gleichschaltung der ... Kirche mit dem Volksstaat der nationalen Revolution und damit eine Reform der Evangelischen Kirche an Haupt und Gliedern ...»

Im Juli fanden Kirchenvorstandswahlen statt: Die Kandidaten der Deutschen Christen setzten sich fast ausnahmslos durch. Die evangelischen Christen, die die Deutschen Christen unterstützten, taten das in der Überzeugung, dem Protestantismus zu nützen. Erst allmählich gingen ihnen die Augen

24 *Eröffnung der ersten Reichsautobahnteilstrecke bei Frankfurt/Main durch Hitler am 19. Mai 1935. Der Wagen mit Hitler zerreißt gerade das über die Straße gespannte Band.*

auf, daß sie den Nationalsozialisten aufgesessen waren.

Die Nationalsozialisten waren mit dem Anspruch angetreten, die Wirtschaftsmisere zu beenden und den 6 Millionen Arbeitslosen Arbeit und Brot zu verschaffen. Wenn sie das Vertrauen ihrer Anhänger und Wähler erhalten wissen wollten, dann mußten sie Erfolge an der Wirtschaftsfront vorzuweisen haben. Zu ihrem Glück fanden sie in den Schreibtischen der zuständigen Ministerien Pläne für die Überwindung der Arbeitslosigkeit vor, entworfen von den vorhergehenden Regierungen. An Plänen hatte es ja in Deutschland nicht gefehlt, wohl aber an den Möglichkeiten, sie durchzusetzen. Nachdem der Reichstag ausgeschaltet und somit die öffentliche Kontrolle beseitigt worden war, und nachdem Reichsbankpräsident Schacht neue Methoden der Kreditschöpfung gefunden hatte, konnten die Pläne in die Tat umgesetzt werden. Dabei trugen auch die Nationalsozialisten durch ihre unorthodoxe Art, die Probleme anzupacken, und durch die Energie, mit der sie anfingen, zu dem Erfolg bei.

Das Allerheilmittel hieß: Arbeitsbeschaffungsprogramme. Solche Programme benötigten viel Geld. Das «Gesetz zur Minderung der Arbeitslosigkeit» vom 1. Juni 1933 ermächtigte den Reichsfinanzminister, Schatzanweisungen bis zum Betrag von 1 Milliarde auszugeben, insbesondere für die Instandsetzung von Gebäuden, für den Bau von Kleinsiedlungen, für die Anlage von Versorgungsbetrieben und Straßen.
Dann wurden die Arbeitslosen zur Arbeit gezwungen. Jeder, der verlangte, daß man ihm eine Beschäftigung entsprechend seiner Fähigkeiten und Erfahrungen zuteilte, wurde vor die Alternative gestellt: entweder Annahme der angebotenen Arbeit oder Verlust der Unterstützung. Die Arbeit war fast durchweg schwere körperliche Tätigkeit: Straßenbau, Torfstechen, Holzfällen. Denn das Gesetz vom 1. Juni bestimmte: «Alle Arbeiten sind durch menschliche Arbeitskraft auszuführen, soweit nicht maschinelle Hilfsmittel unerläßlich sind.»

Autobahnen für 180 Stundenkilometer
Generalinspekteur Dr. Todt über die Zukunft des Straßenbauwesens.
Konkurrenzkampf Schiene – Straße beendigt
Die führenden Männer des deutschen Straßenbaus tagten, wie angekündigt, gestern zum ersten Male, um über die großen gemeinsamen Probleme ihres Arbeitsgebietes zu beraten. Der Generalinspekteur des deutschen Straßenbauwesens, Dipl.-Ing. Dr. Todt, hatte neben Vertretern des Reichsver-

◁ 25 *Der Arbeitsdienst auf der Insel Neuwerk im Jahre 1934. Einen «Freiwilligen Arbeitsdienst» gab es schon vor 1933. Ziel von Hitlers Arbeitsdienst waren nicht nur Arbeitsbeschaffung, Landgewinnung und ähnliches, sondern vor allem die vormilitärische Ausbildung.*

26 *Der Bau von Stadtrandsiedlungen gehörte ebenso zum Arbeitsbeschaffungsprogramm wie das Renovieren von Altbauwohnungen.*

kehrsministeriums und des Reichspropagandaministeriums etwa 50 leitende Fachleute der Länder und der preußischen Provinzen zusammenberufen. In einem ausführlichen Referat machte Dr. Todt die Versammlung mit den auf die persönliche Initiative des Reichskanzlers Adolf Hitler zurückzuführenden Plänen bekannt.
Seit vielen Jahren wurde in den am deutschen Straßenbau interessierten Kreisen die Forderung erhoben, eine Zentralisierung des zersplitterten Straßenbauwesens im Interesse des möglichst einheitlichen und möglichst zweckmäßigen Ausbaus des deutschen Straßennetzes durchzuführen. Erst die nationalsozialistische Regierung war in der Lage, die bestehenden bürokratischen Hindernisse aus dem Wege zu räumen und eine aus volkswirtschaftlichen Gründen notwendige einheitliche Entwicklung einzuleiten.

In 10 Jahren: 180 st/km im Autoverkehr.
Dr. Todt legte die Fehler dar, die in den letzten Jahren und Jahrzehnten im Straßenbau gemacht worden sind und betonte, daß nunmehr nach den Lehrjahren der Versuche, die sicherlich ausgewertet werden könnten, die Meisterjahre des Erfolges kommen müßten. Die Verwaltung des gesamten Straßenwesens wird im vorgesehenen Reichsgesetz geregelt werden. Das Führerprinzip wird auch in diesem Gesetz verankert werden. In der Finanzierung des Straßenbaues muß eine Änderung insofern eintreten, als die Unterhaltspflicht von den Anliegern auf die Benutzer der Straße übergehen muß. Im Zeitalter des Kraftverkehrs muß die Allgemeinheit als Benutzer der Straße gelten. Auf technischem Gebiet muß die Frage der Tragfähigkeit des Straßenunterbaus größere Berücksichtigung finden. Planebene Beschaffung der Fahrbahn ist von besonderer Bedeutung, wenn man bedenkt, daß in etwa zehn Jahren mit Geschwindigkeiten von 180 Stundenkilometer zu rechnen sein wird.
Als Material werden auch in Zukunft je nach Sachlage Teer, Asphalt, Pflaster und Zement zu verwenden sein, wobei man den Interessen der verschiedenen Zweige der beteiligten deutschen Industrien gleichmäßig gerecht werden wird. In der Straßenbauforschung werden wir auch in Zukunft Spezialinstitute brauchen, aber zur Auswertung und Abwägung ihrer Ergebnisse muß eine neutrale Forschungsstelle geschaffen werden.

Autobahnen nicht teurer.
Dr. Todt legte dann die volkswirtschaftliche Bedeutung der Reichsautobahnen dar, die jeder erkennen müsse, dem das Mißverhältnis zwischen den Möglichkeiten des Automobils und den heutigen Straßen klargeworden sei. Die Entwicklung des Automobilwesens ziehe als notwendige Folgerung den Bau reiner Autobahnen nach sich. Bei Berücksichtigung der dadurch entstehenden Kosten sei zu bedenken, daß die ständige Ausbesserung und in Abständen von einigen Jahren immer wieder notwendig werdende Verbreiterung der alten Straßen mindestens die gleichen Kosten verursachen, ohne die großen Vorteile der Autobahnen herbeizuführen.

Reichsbahn bleibt Zentralverkehrsinstitut. Als besonderen Vorteil des Projekts der Reichsautobahnen bezeichnete Dr. Todt die Beendigung des Konkurrenzkampfes zwischen Schiene und Straße. Durch ihre Beteiligung am Kraftverkehr bleibe die Reichsbahn nach dem Willen des Reichskanzlers das Zentralverkehrsinstitut Deutschlands. Die Vorprojektierung der einzelnen Strekken des Autobahnnetzes solle vorläufig einer Gesellschaft überlassen werden, die sich in Erweiterung der bestehenden «Hafraba» bilden werde. Zum Schluß seiner Ausführungen betonte Dr. Todt, daß der Reichskanzler bei der Verwirklichung des Planes der Reichsautobahnen den Zweck verfolge, nicht Straßen zu bauen, die in zehn Jahren von der Entwicklung überholt sein würden, sondern den schon jetzt unzweifelhaft bestehenden Bedürfnissen künftiger Jahrzehnte Rechnung zu tragen. Adolf Hitler habe über 1300000 Kilometer auf deutschen Landstraßen zurückgelegt und somit genügend Gelegenheit gehabt, das deutsche Straßennetz und seine Mängel bis in alle Einzelheiten kennenzulernen. Jetzt habe der Führer den deutschen Straßenbau vor eine gewaltige Aufgabe gestellt, deren Lösung nur möglich sei bei tatfreudigem Einsatz aller Kräfte und dem einheitlichen Wollen, Wissen und Können der deutschen Straßenbauingenieure.

Berliner Lokal Anzeiger
vom 4. August 1933

Am 27. Juni wurde das «Unternehmen Autobahn» gegründet. Der Bau von Autobahnen wurde bald das Prestigeobjekt im Arbeitsbeschaffungsprogramm. Mit Hitlers Spatenstich am 23. September begannen die Arbeiten an dem ersten Autobahnteilstück, der Strecke Frankfurt-Darmstadt-Heidelberg. Andere Teilstrecken folgten und zehntausende von Arbeitern fanden Beschäftigung. Auch den arg gebeutelten Handwerkern wurde im Rahmen von Subventionsprogrammen geholfen. Die Arbeitslosenzahl fiel ständig, und ein Jahr nach der Berufung Hitlers zum Reichskanzler gab es rund 2 Millionen Arbeitslose weniger.

Eine weitere Maßnahme zur Bekämpfung der Arbeitslosigkeit war der «Arbeitsdienst». Wie die Arbeitsbeschaffungsmaßnahmen und die Beihilfe zur Instandsetzung von Häusern hatte er seinen Ursprung in der Weimarer Zeit, wurde aber mit mehr Energie durchgesetzt, als die Nationalsozialisten die Leitung übernahmen. Zunächst war es noch ein «Freiwilliger Arbeitsdienst». Die Nationalsozialisten gaben ihm sofort eine politische Ausrichtung. Seine Aufgabe sei «die Eingliederung des jungen Deutschland in das nationale Leben und die Wiedererweckung eines gesunden Wehrwillens». Der Arbeitsdienst, seit dem Reichsparteitag 1934 der NSDAP angeschlossen, holte sich junge Erwerbslose von den Straßenecken und führte mehrere Erhaltungsprojekte durch: Be- und Entwässerung, Erd- und Forstarbeiten, Bau von Straßen und Talsperren.
Neben der Arbeitsbeschaffung kümmerten sich die Nationalsozialisten auch um die Wohltätigkeit. Ein Teil davon geschah zwar nur zu Propagandazwekken. Die Sammlungen für das im Herbst 1933 ins Leben gerufene «Winterhilfswerk» der «Nationalsozialistischen Volkswohlfahrt» (NSV) erbrachten erhebliche Beträge. Dafür wurden auch, die ganze Bevölkerung erfassende, «WHW»-Aktionen gestartet, wie Lotterien, Bunte Abende, Eintopfessen, Haussammlungen. Gesammelt wurde nicht nur Geld, sondern praktisch alles, was man für den Lebensunterhalt brauchte. Die gesammelten Gegenstände wurden dann an Notleidende verteilt.

Großkampftag gegen Hunger und Kälte
Berlin, 21. September. Wie bereits angekündigt worden ist, wird am 1. Oktober nicht nur in den Privathaushaltungen, sondern auch in sämtlichen Hotels und Gaststätten im Deutschen Reich das Eintopfgericht zugunsten des Kampfes gegen Hunger und Kälte auf den Tisch kommen.
Das Hotel- und Gaststättengewerbe hat dieser nationalsozialistischen Gemeinschaftsaktion des deutschen Volkes weitestgehendes Verständnis entgegengebracht und sich tatbereit in den Dienst der guten Sache gestellt, trotzdem dem Gewerbe durch das Eintopf-

gericht beträchtliche Opfer auferlegt werden.
Das Eintopfgericht wird ab 1. Oktober zu einem der üblichen Preise verabreicht, wobei in jedem Fall der Mehrpreis des Eintopfgerichts über 50 Reichspfennig dem Winterhilfswerk (Postscheckkonto Berlin 77100) abgeliefert wird.
Die Verwirklichung des Volksgemeinschaftsgedankens verdient die Unterstützung des gesamten Volkes durch guten Besuch der Gaststätten am 1. Oktober, dem Großkampftag gegen Hunger und Kälte.

Bericht des Wolff'schen Telegraphenbüros vom 21. September 1933

Wer im Spätsommer 1933 nach mehrmonatigem Auslandsaufenthalt nach Deutschland zurückkehrte, spürte deutlich die Veränderungen, die sich in Deutschland und mit den Deutschen vollzogen hatten. Die Nationalsozialisten hatten Staat und Gesellschaft völlig umgekrempelt: Aus der Weimarer Demokratie war ein nationalsozialistischer «Führerstaat» geworden, und die deutsche Bevölkerung war auf dem Wege, in eine durchorganisierte Masse verwandelt zu werden. Wie reagierten nun die Deutschen auf die Einführung der Diktatur?

27 *Lotterien ...*

28 *Werbeaktion für die NS-Volkswohlfahrt. Im «Dritten Reich» wurde viel gesammelt, an die Hilfsbereitschaft der Mitmenschen appelliert. Vor dem Hintergrund der Weltwirtschaftskrise mit 6 Millionen Arbeitslosen keine schlechte Sache, aber die gesammelten Geldbeträge gelangten nicht immer an die Bedürftigen, sondern wurden für anderweitige Zwecke entfremdet.*

29 *... Sammelbüchsen und ...*

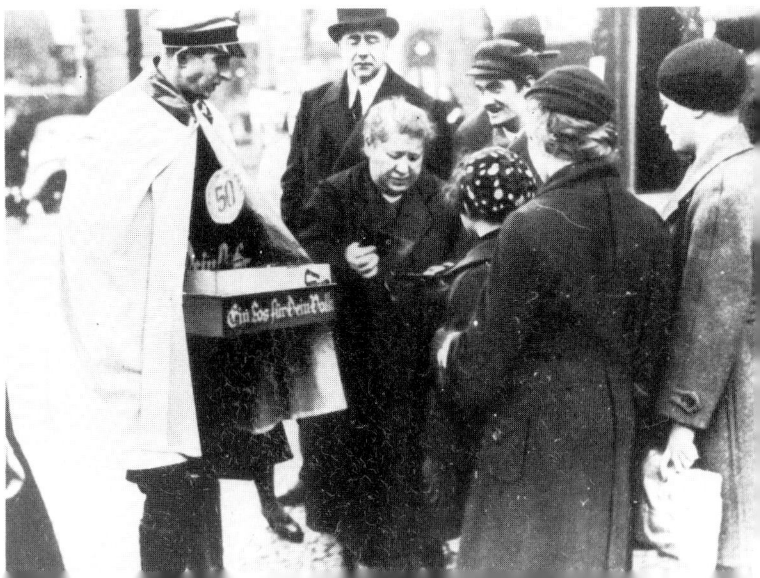

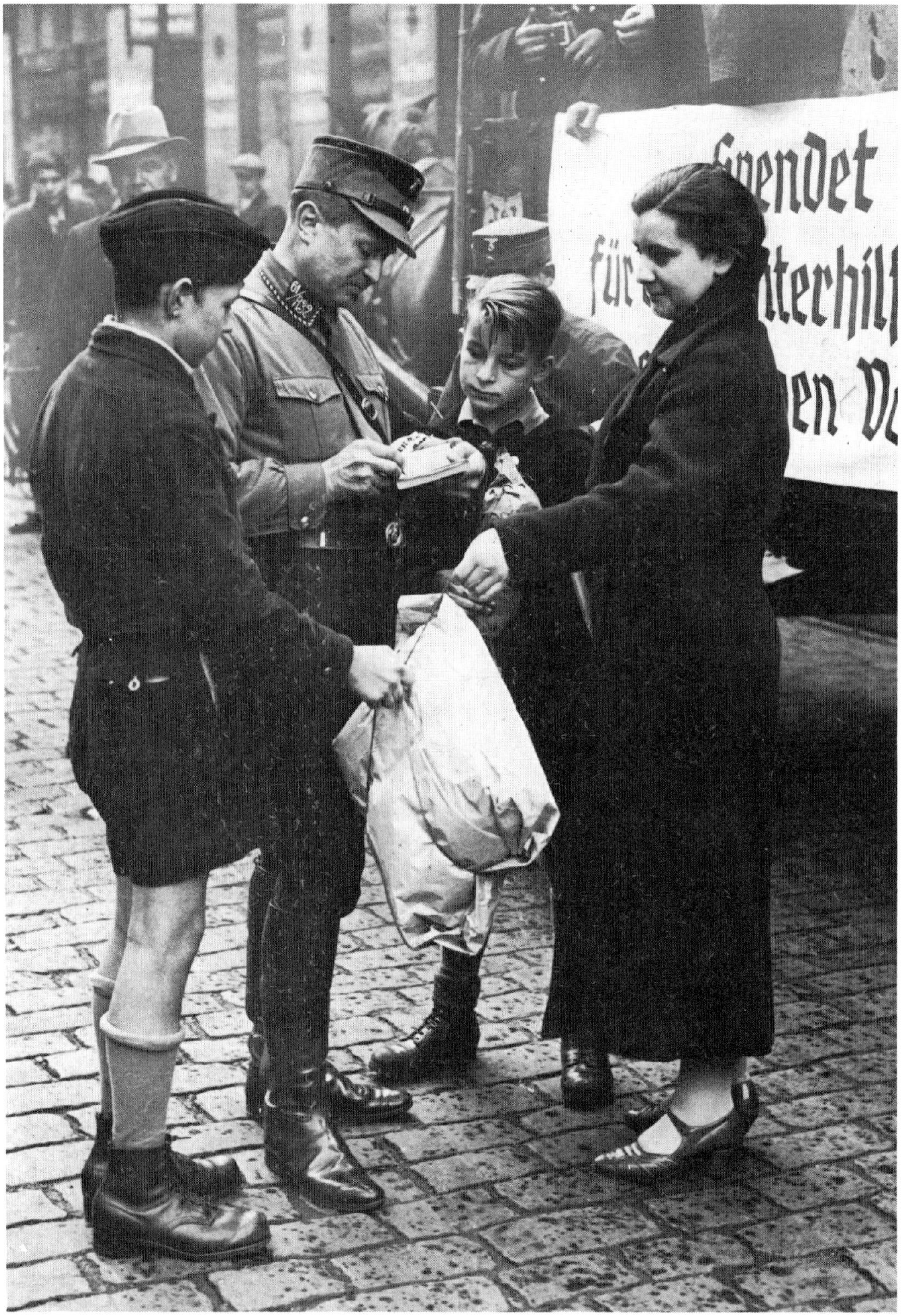

30 *... Straßensammlungen gehörten zum alltäglichen Bild im «Dritten Reich». Mit großem Aufwand wurde in den Medien für die NS-Volkswohlfahrt geworben. Es gehörte zur Pflicht eines jeden «Volksgenossen», sich an den Aktionen zu beteiligen oder sein Scherflein in die Sammelbüchse zu werfen.*

Da gab es einmal jene Menschen, die es wohl in jeder Gesellschaft, in jedem System gibt: Sie benutzten die «braune Revolution» zu ihrem eigenen Vorteil. Viele Menschen verspürten auch das Bedürfnis, sich und ihre Familie zu schützen, indem sie jetzt oder später in die NSDAP eintraten. Der Handwerksmeister trat ein, um keine Auftragseinbußen zu erleiden. Wieder andere hatten einfach Angst vor dem nationalsozialistischen Druck und Terror und glaubten sich als Parteimitglieder sicherer.
Der große Ansturm auf die Parteimitgliedschaft begann im Februar, kurz nach Hitlers Machtergreifung. Mitte März, nach dem Wahlsieg der Nationalsozialisten, folgte geradezu ein «run» auf die Anmeldestellen. Dieses große Umschwenken zur erfolgreichsten Partei wurde so deutlich, daß die alten Parteigenossen die neue Mitgliedergeneration als «Märzgefallene» bezeichnete. Schließlich verfügte die Parteileitung einen Aufnahmestop, um die eingegangenen Anträge erst einmal nachprüfen zu können.

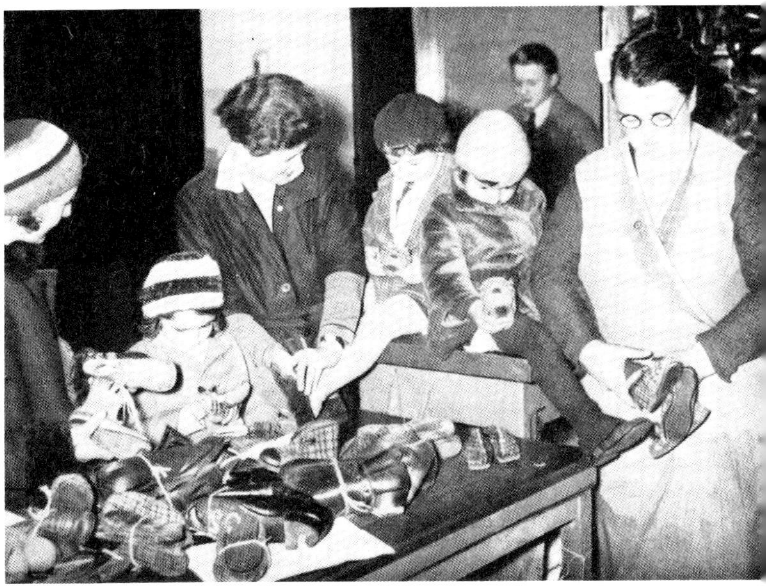

31 *Schuhverteilungsstelle der NS-Volkswohlfahrt.*

... Ein größerer Teil der Bevölkerung hat allzu schnell und offenkundig die Farbe gewechselt, um mit Sicherheit sagen zu können, daß sie aus innerster Überzeugung hinter der nationalen Regierung steht. Da Denunziantentum und Schutzhaft gefürchtet werden, ist es oft sehr schwierig, die wahre Einstellung kennenzulernen ...

Aus dem Halbmonatsbericht des Regierungspräsidenten von Schwaben vom 3. August 1933

32 *Öffentliches Eintopfessen der NS-Volkswohlfahrt in Frankfurt/Main. Einmal im Monat war Eintopfsonntag: zu Hause und in den Gaststätten. Als Eintopfgerichte waren zugelassen: Löffelerbsen mit Einlage, Nudelsuppe mit Rindfleisch und Gemüsekost mit Fleischeinlage.*

Keineswegs alle neuen Mitglieder waren eingetreten, weil sie sich den Ideen des Nationalsozialismus verpflichtet fühlten. Viele betrachteten die Mitgliedschaft in der NSDAP als unerläßliche Vorbedingung für ihr persönliches Weiterkommen. Wieder andere traten ein, weil es Nachbarn oder Verwandte taten. Viele Leute wurden von den Familienmitgliedern, der Frau oder dem Sohn, dazu gedrängt. Es gab sogar Idealisten, die glaubten, durch einen Beitritt die «braune Revolution» in gemäßigte Bahnen lenken zu können.

Aber alle, ob Opportunisten, Idealisten, Überzeugte und Karrieristen, saßen in der Falle, wenn sie die Eintrittserklärung unterschrieben und das rote Mitgliedsbuch in den Händen hatten. Hinfort unterstanden sie der Parteidisziplin und mußten alles mitmachen. Die Parteiorganisationen überwachten die Mitglieder sehr genau. Und sie machten mit. In der Mehrzahl eher lustlos, sie taten gerade soviel, um nicht aus der Partei ausgeschlossen zu werden, was einem beruflichen und gesellschaftlichen Absturz gleichgekommen wäre.
Aber auch die Deutschen, die nicht gleich um Aufnahme in die Partei ersuchten, wurden von den Vorstellungen und Schlagwörtern der «braunen Revolution» angesprochen. Konservative und Liberale, Bauern und Handwerker, aber auch Arbeiter, gingen den Nationalsozialisten auf den Leim, wenn diese von nationaler Ehre, Volksgemeinschaft und Einheit der Deutschen redeten. In einer nationalistischen Epoche war der Gedanke der nationalen Ehre und ihrer Wiederbelebung von ganz besonderer Anziehungskraft, und der Begriff Volksgemeinschaft übte eine Faszination aus, weil er endlich den als störend empfundenen Klassengegensatz zu beenden schien. Vor allem im Bürgertum fühlte man sich von der Vorstellung einer klassenlosen Gesellschaft angezogen. Seit dem Aufstieg der Sozialdemokratie bangten viele aus dem Bürgertum um ihre Existenz, fühlten sich bedroht. Die sozialistischen Bestrebungen von gesellschaftlicher Gleichheit legte das Bürgertum als Gleichmacherei von Emporkömmlingen aus. Die nationalsozialistische Volksgemeinschaft hielten viele hingegen für angemessen, entsprach sie doch ihren emotionalen Bedürfnissen nach Sicherheit und Anerkennung.
Es gab natürlich auch vieles, was den Deutschen zweifelhaft erschien, ja, sie beunruhigte. Konservative konnten sich nicht damit abfinden, im Gesellschaftsgefüge herabgestuft zu werden. Andere wurden wiederum von den Terrormaßnahmen der Nationalsozialisten, den Verhaftungen und Haussuchungen, von dem Vorgehen gegen jede Opposition und gegen die Juden angewidert. Doch die wohl meisten Deutschen fanden, da sie sich nicht mehr wehren konnten, für beinahe alles eine Erklärung, eine moralische Rechtfertigung.
Warum sich über die Zerschlagung der SPD aufregen? Diese Emporkömmlinge waren doch selbst daran schuld! Haussuchungen und Verhaftungen waren natürlich nicht schön. Aber hatte man denn nicht Waffen gefunden? Das deutete doch eindeutig darauf hin, daß die Marxisten einen gewaltsamen Umsturz vorbereiteten. Die Weimarer Parteien verschwanden. Na und? Die Weimarer Parteien waren doch nicht in der Lage gewesen, die innenpolitischen Probleme zu meistern. Bedauerlich war nur, daß es kein Vereinsleben mehr so wie früher gab. Die Neuorganisation war jetzt natürlich viel förderlicher für die nationale Einheit und den wirtschaftlichen Wiederaufstieg. Der Boykott gegen die Juden war schlimm. Aber wo gehobelt wird, da fallen Späne. Jede Revolution hat ihre Exzesse, das wird sich schon alles wieder legen. Und übrigens: Haben die Nationalsozialisten nicht großartige Erfolge zu verzeichnen? Es geht doch aufwärts mit Deutschland.
So oder ähnlich mochten die Deutschen gedacht haben. Zu viele Dinge waren so rasch geschehen, daß sie erst eine Zeit brauchten, um Bilanz zu ziehen, was mit ihnen und um sie herum vorgegangen war. Aber dann, als sie erkannten, worauf sie sich eingelassen hatten, war eine Umkehr nicht mehr möglich.

Im Spätsommer 1933 verlangsamte sich das halsbrecherische Tempo der «braunen Revolution», am 7. Juli erklärte sie Hitler für beendet. Die Diktatur hatte Gleise gefunden, in denen sie sich einlief. Der größte Teil des Abreißens und Neuaufbauens war beendet. Jetzt begann die Zeit, das neue System zum Funktionieren zu bringen.

2. Freude, Zucht, Glaube

> «Ihr seid das kommende Deutschland! Müßt lernen, was wir von ihm einst erhoffen. Ihr seid noch jung. Ihr habt noch nicht die trennenden Einflüsse des Lebens kennengelernt. Ihr könnt euch noch so unter- und miteinander verbinden, daß euch das spätere Leben niemals mehr zu trennen vermag. Ihr müßt in eure jungen Herzen nicht den Eigendünkel, Überheblichkeit, Klassenauffassung, Unterschiede von reich und arm hineinlassen.
> Ihr müßt euch vielmehr aus eurer Jugend bewahren, was ihr besitzt, das große Gefühl der Kameradschaft und der Zusammengehörigkeit. Wenn ihr das nicht preisgeben werdet, wird keine Welt es euch zu nehmen vermögen, und ihr werdet dann einmal sein ein Volk, genau so fest gefügt, wie ihr es jetzt seid, als deutsche Jugend, als unsere ganze Hoffnung, als unseres Volkes Zuversicht und unser Glaube!»
> *Adolf Hitler vor Hitlerjungen auf dem Reichsparteitag 1933*

1. September 1933. Die Nationalsozialisten feierten ihren Sieg. Drei Tage lang war Nürnberg der Mittelpunkt des Reiches. Die Stadt glich während dieser Tage einem großen Heerlager. 250 Sonderzüge waren erforderlich gewesen, um 400000 Parteimitglieder nach Nürnberg zu bringen. In unbenutzten Hallen, Fabriken und Schulen hatte man die Massen untergebracht. SA und Hitlerjugend kampierten in Zeltlagern. 3600 Journalisten aus Deutschland und dem Ausland waren angereist, um von dem Spektakel zu berichten. 1000 Ehrengäste – Diplomaten, Vertreter ausländischer Organisationen, Wirtschaftsmanager, Reichswehroffiziere, persönliche Gäste Hitlers – hatten es sich nicht nehmen lassen, dabei zu sein.

Offiziell begann der «Reichsparteitag des Sieges» am 31. August kurz vor 20 Uhr mit der Ankunft Hitlers in Nürnberg. Er kam mit seinem Gefolge aus München und wurde auf seiner Fahrt durch die Stadt von der wartenden Menge jubelnd begrüßt. Bei seinem Besuch im Rathaus überreichte ihm Bürgermeister Liebel ein Gastgeschenk: Dürers «Ritter, Tod und Teufel».
Am 1. September fand die Eröffnung des Reichsparteitages in der Kongreßhalle statt. Die Parteimitglieder empfingen Hitler mit Ovationen. Feierlich wurden die Parteifahnen in die Halle getragen und hinter der Rednertribüne aufgestellt. Die Veranstaltung wurde eingeleitet mit der Ouvertüre zu Richard Wagners «Meistersingern», Hitlers Lieblingsoper. Dann erhoben sich die Anwesenden von ihren Plätzen und sangen das «Niederländische Dankgebet». Im Anschluß daran wurde die «Blutfahne» von einem behelmten Fahnenträger an den Rand der Bühne getragen, und zu gedämpftem Trommelwirbel verlas Ernst Röhm, Stabschef der SA, die Namen der Nationalsozialisten, die in Saal- und Straßenschlachten gegen ihre politischen Gegner ihr Leben gelassen hatten. Es war eine lange Liste, aber die Menge lauschte im Stehen und verharrte in Schweigen.
Es folgte dann eine kurze Eröffnungsansprache durch den Kundgebungsleiter Rudolf Hess. Anschließend wurde ein Vertreter des italienischen Faschismus vorgestellt, der Grüße von Mussolini überbrachte. Höhepunkt der Veranstaltung war Hitlers Aufruf an die Parteimitglieder, der von Julius Streicher, dem Gauleiter von Franken, verlesen wurde. Es war ein Sammelsurium von Beschimpfungen gegen Marxisten und Juden, gegen Parlamentarismus und Kapitalismus und vagen Vorschlägen zur Lösung des Arbeitslosenproblems.
Am folgenden Tag fanden zwei Massenveranstaltungen im Freien statt. Am Morgen versammelten sich die Politischen Leiter auf der Zeppelinwiese zu einer großen Parade, an der insgesamt 160000 Par-

teiführer und Gefolgsleute teilnahmen. Die uniformierten Parteigenossen auf dem Paradefeld und die 100000 Zuschauer auf den Tribünen empfingen Hitler mit ohrenbetäubendem Applaus.

«Um 6 Uhr mußten wir schon zu dem großen Treffen im Stadion aufbrechen. Vier Stunden lang mußten wir auf der Rednertribüne spielen, um die wartenden und sich ordnenden Formationen zu unterhalten. Es war ein überwältigender Anblick, von dieser hohen Plattform aus zu beobachten, wie sich das weite Stadion langsam und systematisch mit Hunderttausenden uniformierter Männer und Frauen füllte. Auf dem Platz selbst sammelten sich nur uniformierte Gruppen, während die riesige Menge der Zivilisten sich an den Rändern drängten. Schließlich erschien Hitler mit seinem Stab. Er nahm etwa zwei Meter von uns entfernt Platz. Dabei machte ich an diesem seltsamen Menschen eine interessante Beobachtung. Während er vor uns saß (es war inzwischen ca. 9 Uhr und eher frostig als warm), konnte ich sehen, daß Hitler zu schwitzen begann. Er starrte auf die Menge, die er zwar sehen, aber die ihn nicht sehen konnte. Langsam begann sich der Rücken seines Hemdes dunkel zu färben, der dunkle Fleck wurde immer größer, bis schließlich der ganze Rücken durchnäßt war. Als er endlich aufstand, schien er sich wieder unter Kontrolle zu haben. Wir spielten die «Kreuzritter-Fanfare», und er begann mit seiner Rede.»

Ein Augenzeuge

Am Nachmittag fand im Stadion ein Treffen der Hitlerjugend statt. Die Arena war bis auf den letzten Platz besetzt. In Reih und Glied waren die Hitlerjungen angetreten. Jeder trug einen Tornister mit einer gerollten Decke auf dem Rücken, außerdem am Gürtel ein Fahrtenmesser, auf dessen Klinge die Worte «Blut und Ehre» eingraviert waren. Als Hitler erschien, dauerte die begeisterte Begrüßung durch seine jugendliche Gefolgschaft länger als zehn Minuten; erst dann konnte er sich verständlich machen. Hitler redete über «Kameradschaft» und «Zugehörigkeit», von «Volksgemeinschaft» und von der «Jugend als der Zukunft des Volkes». 60000 Hitlerjungen unterbrachen ihn immer wieder mit frenetischem Beifall.

In der Morgendämmerung des letzten Tages sammelten sich die Angehörigen der SA zu ihrer abschließenden Kundgebung. Viele Gruppen waren sogar schon um 3 Uhr an der befohlenen Stelle. Kurz nach 8 Uhr begann sich der Zug in Richtung auf die Luitpold-Arena in Bewegung zu setzen, während sämtliche Kirchenglocken Nürnbergs läuteten. Um 10 Uhr erschien Hitler, legte am Kriegerdenkmal einen Kranz nieder und hielt eine kurze Ansprache.
Am Nachmittag nahm Hitler auf dem Nürnberger Marktplatz den Vorbeimarsch der SA ab. Tribünen für annähernd 10000 Zuschauer waren aufgebaut worden. Hitler stand im offenen Wagen, neben ihm Ernst Röhm, für den es der letzte Parteitag sein sollte. Im Juni des folgenden Jahres wurde er zusammen mit anderen SA-Männern ermordet – angeblich wollte er gegen Hitler putschen.
Zwei Stunden später folgte noch eine Rede Hitlers. Damit schloß der Reichsparteitag. Fünf weitere sollten bis zum Kriegsausbruch folgen. Jedesmal noch pompöser und noch raffinierter auf Massenwirkung angelegt. Kaum ein Teilnehmer, der nicht beeindruckt nach Hause zurückfuhr. Die Strapazen waren bald vergessen: Man konnte ja sagen, man war dabeigewesen. Den Daheimgebliebenen vermittelten Rundfunk, Presse und Wochenschau und schließlich Leni Riefenstahls Parteitagsfilm «Der Sieg des Glaubens» einen Eindruck von dem Geschehen.

33 *«Reichsparteitag des Sieges». Anfang September 1933 feierten die Nationalsozialisten ihren Sieg über Parteien und Demokratie. Hunderttausende kamen nach Nürnberg, um an dem Spektakel teilzunehmen. Auf dem Marktplatz wurde eine Tribüne für 10000 Zuschauer errichtet, die Ehrengästen, verdienten Parteigenossen und der Parteiprominenz vorbehalten war.*

34 *SA-Abteilungen auf dem Marsch durch Nürnberg. Bis 1938 war Nürnberg, die «Stadt der Reichsparteitage», jedes Jahr im September das Mekka der Nationalsozialisten. Die Parteitage standen immer unter einem Slogan, der sich von herausragenden politischen Ereignissen ableitete. 1935 lautete er «Parteitag der Freiheit», als die allgemeine Wehrpflicht eingeführt worden war, und 1938 «Parteitag Großdeutschland», als Österreich dem Reich «eingegliedert» wurde.*

35 *Fahneneinmarsch beim Reichsparteitagsappell der «Politischen Leiter». Mit ihrer Hilfe reichte der Einfluß der Partei über Gau, Ortsgruppe, Zelle, Block bis in jedes Haus und jede Wohnung.*

60000 Hitlerjungen waren vor Hitler in Nürnberg angetreten: 60000 von 1,5 Millionen Hitlerjungen. Ein Jahr zuvor, Ende 1932, als fast 12 von 44 Millionen stimmberechtigten Deutschen der NSDAP ihre Stimme gaben, hatte die Hitlerjugend (HJ) noch nicht einmal 100000 Jugendliche an sich binden können. Es gab aber 6 Millionen Jugendliche in den verschiedenen Jugendverbänden. Wer in Deutschland herrschen will, hatte Hitler in «Mein Kampf» geschrieben, der muß die deutsche Jugend hinter sich haben.
Gleich nach der Machtergreifung machten sich die Nationalsozialisten daran, die Jugend für sich zu gewinnen, sie an sich zu binden. Am 3. April 1933 besetzten 50 Hitlerjungen in Berlin das Büro des «Reichsausschusses der Jugendbewegung», die Zentrale der deutschen Jugendorganisationen: 18 Monate später waren mit Ausnahme der katholischen Jugendgruppen die gesamte Bündische Jugend, die Pfadfindergruppen und die evangelischen Jugendgruppen aufgelöst, viele ihrer Führer der HJ einverleibt. Bei Ausbruch des Krieges war praktisch jeder Deutsche zwischen zehn und achtzehn Jahren Angehöriger der HJ, durch Gesetz dazu verpflichtet.

«Zu Beginn des Jahres 1933 existierten in K. Gruppen fast aller Bünde ... zusammen umfaßten wir etwa 150 Jungen, hatten ein gemeinsames Heim ... Als wir am 1. Mai 1933 aufgefordert wurden, an der Mai-Demonstration teilzunehmen, marschierten etwa vierhundert Jungen und hundert Mädel der bündischen Jugend in K. in einheitlich weißer Festtracht mit. Pfingsten 1933 machten wir zusammen mit dem DPB [Deutscher Pfadfinder Bund] und der Deutschen Freischar ein Lager. Am zweiten Tag unseres Lagers erfuhren wir vom Verbot des Großdeutschen Bundes, dem Freischar und DPB ja angehörten. Diese beiden Gruppen beschlossen daraufhin ihre Auflösung. Unsere Gruppe fuhr sofort im Gewalttramp nach Hause, räumte nachts unser Heim aus – als am Morgen um sechs Uhr alle Heime der bündischen Jugend von der HJ besetzt wurden, fand diese unser Heim restlos ausgeräumt vor» ...

Ein Augenzeuge

Vor 1933 hatten Elternhaus, Schule, Kirche und Staat die Kinder und Jugendlichen erzogen, jetzt versuchte die Partei diese Stelle einzunehmen. Die Aufgabe, die deutsche Jugend in nationalsozialistischem Sinne zu erziehen, lag in den Händen des Reichsjugendführers Baldur von Schirach, dessen Vollmachten ständig erweitert wurden: Am 1. Dezember 1936 erhielt er einen gesetzlichen allgemeinen staatlichen Erziehungsauftrag. Elternhaus und Schule konnten auf diese Weise von der Mitwirkung weitgehend ausgeschaltet werden. Schirach richtete die HJ auf Hitler aus, er war ihr Idol, ihr

Bekenntnis zum Führer

Wir hörten oftmals deiner Stimme Klang
und lauschten stumm und falteten die Hände,
da jedes Wort in unsre Seelen drang.
Wir wissen alle: Einmal kommt das Ende,
das uns befreien wird aus Not und Zwang.
Was ist ein Jahr der Zeitenwende!
Was ist da ein Gesetz, das hemmen will –
Der reine Glaube, den du uns gegeben,
durchpulst bestimmend unser junges Leben.
Mein Führer, du allein bist Weg und Ziel!

Baldur von Schirach

36 *Reichsjugendführer Baldur von Schirach. Er war für die Erziehung der deutschen Jugend in der Hitlerjugend verantwortlich. Seine Befugnisse wurden ständig ausgeweitet – auf Kosten von Elternhaus und Schule. Schirach sorgte dafür, daß die HJ auf Hitler ausgerichtet wurde.*

37 *«Zeltlager der 100000» Hitlerjungen, die sich im Jahre 1934 im Huthpark in Frankfurt trafen.*

38 *Essensausgabe in einem Jungvolk-Lager.*

Übervater. An Blasphemie grenzten Schirachs Ausführungen, wenn er der HJ Hitler als Gott der Deutschen hinstellte: «Wer Adolf Hitler, dem Führer dient, dient Deutschland, und wer Deutschland dient, dient Gott».

Nach dem Grundsatz Hitlers: «Jugend muß von Jugend geführt werden», wurde die Leitung der Gesamtorganisation jüngeren Menschen überlassen, die aber ihren Befehlsbereich nach einheitlichen Dienstvorschriften zu leiten hatten. Es blieb ihnen kaum eine Möglichkeit, ihre Aufgaben persönlich und individuell zu gestalten, weil sie ihren Parteivorgesetzten zu unbedingtem Gehorsam verpflichtet waren und die ihnen unterstellten Jungen und Mädchen in erster Linie zur «Gefolgschaft» zu erziehen hatten.

Hitler betrachtete die Jugend als sein persönliches Instrument, über dessen Verwendungszweck er allein bestimmen wollte. Die HJ hatte Abordnungen aus allen Gauen zu den Parteitagen zu schicken und in Kundgebungen, Aufmärschen und Tagungen der Person des «Führers» zu huldigen.

Im Jahre 1933 glichen die HJ-Einheiten noch unorganisierten Banden. Es kam wiederholt zu Schlägereien zwischen Hitlerjungen und den Neuzugängen aus den gleichgeschalteten Jugendorganisationen. Die Führung der HJ sah sich schließlich gezwungen, energische Gegenmaßnahmen zu ergreifen. Die Disziplin wurde gestrafft, Schulungskurse wurden eingerichtet und Höflichkeitsaktionen unternommen, bei denen die Hitlerjungen ermahnt wurden, gute Taten nach Art der Pfadfinder zu tun. Es gab nicht wenige Jungen, die mit Begeisterung in der HJ waren. Gemeinschaft und Kameradschaft fanden ebenso Anklang wie Uniformen, Drill, Geländespiel und Wanderungen. Die vielgepriesene Volksgemeinschaft, die Gleichheit der Volksgenossen, wurde auch in der HJ nicht Wirklichkeit. Namen noch 1933 die Lehrlinge die meisten höheren Ränge der HJ ein, so änderte sich das bald: In den folgenden Jahren traten mehr und mehr Oberschüler und Studenten an ihre Stelle.

39 *Zu den Pflichten der Pimpfe gehörte auch die Straßensammlung für das «Winterhilfswerk». Ein regelrechter Wettstreit entbrannte zwischen den einzelnen Jungschaften um die besten Sammelergebnisse.* ▷

Jungvolk
sammelt
Brot!

Folgt dem Befehl
des Führers
kt an eure
rmeren
sgenossen

40 *Reichstreffen der Motor-HJ im Harz im Jahre 1938. Die Motor-HJ war wie die Marine-HJ, das HJ-Segelfliegerkorps und der HJ-Streifendienst eine Eliteformation, in die nur «Führerpersönlichkeiten» und technisch versierte Jugendliche Aufnahme fanden.*

Der Eintritt in die HJ erfolgte im Alter von zehn Jahren als «Pimpf» in das «Jungvolk». Die Aufnahmeprüfung eines Pimpfs, nach der er seinen ersten Dolch erhielt, bestand im Aufsagen nationalsozialistischer Grundbegriffe, der sogenannten «Schwertworte», im Rezitieren aller Verse des Horst-Wessel-Liedes, im Kartenlesen und der Teilnahme an Geländeübungen und in der Beteiligung an Altpapier-, Schrott- und anderen Sammlungen. Dazu kamen sportliche Leistungsanforderungen: 60-m-Lauf in 12 Sekunden, Weitsprung von 2,75 m, Schlagballweitwurf von 25 m und Teilnahme an einem anderthalb Tage dauernden Geländemarsch. Während der Zeit im Jungvolk sollte dem Pimpf das Reparieren von Fahrrädern, die Verlegung von Fernsprechleitungen und der Umgang mit Luftgewehren und Kleinkaliberbüchsen beigebracht werden. Mit vierzehn Jahren trat der Pimpf in die eigentliche HJ ein. Die Masse der vierzehn- und achtzehnjährigen Hitlerjungen hatte bereits die Schule verlassen und befand sich in der Lehre. Viele waren bereits im Jungvolk gewesen, und vier Jahre eines anstrengenden Dienstes, des Exerzierens und ziemlich eintöniger Betätigungen hatten die anfängliche Begeisterung so ausgehöhlt, daß der herrschende Ton rauh war und manchmal an den Kasernenhof erinnerte.

«Ich habe festgestellt, daß die Zahl der Mitglieder des Jungvolks, der HJ und des BdM weder in einem vergleichbaren Verhältnis zu der allgemeinen Wirtschaftslage unseres Kreises steht noch dem heute unter allen Umständen notwendigen Einigkeitsgrundsatz der deutschen Nation entspricht. Ich nehme nun Bezug auf die vom Führer angesetzte Werbeaktion und verweise auf beiliegendes Flugblatt, das Sie sinngemäß bei der Werbung verwenden wollen. Ich übertrage Ihnen die Hauptaufgabe der Werbung deshalb, weil Sie als Lehrer und Erzieher das kostbarste Gut des deutschen Volkes zu verwalten haben, nämlich die deutsche Jugend. Um nun der Werbung den erforderlichen Erfolg zu garantieren, ordne ich hiermit an, daß die Werbung selbst auf dem Wege des Hausbesuchs zu erfolgen hat. Da, um des Reiches Bestand für die Ewigkeit zu sichern, die Grundlage der deutschen Einigkeit unter allen Umständen zunächst in der Jugend hergestellt werden muß, darf sich keiner ausschließen, es sei denn, daß er sich nicht zur deutschen Nation gezählt wissen will.»

Aus einem Brief des Kreisleiters der NSDAP von Saarburg an alle Schulleiter des Kreises vom 18. Mai 1935

Schulungsunterricht, Heimabende und Lagerleben gehörten zu dem täglichen Allerlei der HJ. In den Lagern wurde auf die peinlich genaue Einhaltung militärischer Formen und Verhaltensweisen, angefangen von der exakten Ausrichtung der Zelte bis hin zur Vorliebe für Wachdienste, Zapfenstreiche, Losungsworte, geachtet. Gelegentlich hatte das Soldatenspielen tödliche Folgen: In Grimma in Sachsen erschoß ein Posten einen zehnjährigen Pimpf, der das Losungswort nicht auswendig gelernt hatte. Beim polizeilichen Verhör erklärte der Vierzehnjährige, er hätte sich genötigt gesehen, seinen Revolver zu benutzen, als er sich einem in das Lager eingedrungenen Spion gegenüber sah.
In der HJ wurden die Kinder und Halbwüchsigen mit dem Umgang mit tödlichen Waffen vertraut gemacht. Fast eine Million Hitlerjungen nahmen 1938 an Schießwettbewerben teil, und bei Kriegsbeginn wurden Zehnjährige im Gebrauch von Übungshandgranaten unterwiesen. Dem Sport wurde eine beispiellose Bedeutung beigemessen. Über das ganze Jahr hin waren sportliche Wettkämpfe verteilt, an denen die Hitlerjungen teilzunehmen hatten.

Schlesien: In einer Beuthener Schule wurden die Kinder gefragt, wer noch nicht der Hitler-Jugend angehöre, wobei sich von 45 Kindern 3 meldeten. Als der Lehrer einen dieser Jungen befragte, warum er nicht in der Hitler-Jugend sei, gab er zur Antwort, dort sei es ja sowieso alles eine große Scheiße. Darauf wurde der Vater des Jungen, ein früherer kommunistischer Funktionär, herangeholt und befragt, ob der Junge in die Hitler-Jugend könne. Er überließ die Entscheidung dem Jungen selbst, und der Junge antwortete klipp und klar mit nein. Die Folge war, daß der Junge jetzt zwangsweise zur «nationalen Schulung» nach der Schulzeit abgeordnet ist und an drei Tagen in der Woche diese «nationale Erziehung» über sich ergehen lassen muß.

Deutschlandbericht der SPD vom Juni 1937

41 *Kleinkaliberschießen war ein Teil der vormilitärischen Ausbildung in der HJ. Fast eine Million Hitlerjungen beteiligten sich 1938 an Schießwettbewerben.*

Ein kerniger Ausspruch der HJ lautete: «Wir sind geboren, um für Deutschland zu sterben». Die Vorbereitung auf den Tod stand aber nun wirklich nicht im Mittelpunkt des HJ-Dienstes, sondern lebensbejahende Tätigkeiten jeglicher Art: Sportliche und musikalische Wettkämpfe, Sammelaktionen, Erntehilfen und Wanderungen. Daß Geländespiel und Schießen so ganz nebenbei auch eine vormilitärische Ausbildung war, war natürlich Absicht, auch wenn die HJ-Führung das energisch bestritt.

«Wir waren Hitler-Jungen, Kindersoldaten, längst ehe wir mit zehn Jahren für wert befunden wurden, das Braunhemd zu tragen. Schon vorher waren wir dauernd ‹im Einsatz›. Wir sammelten Altpapier und Altmetalle, suchten Heilkräuter, schwangen fürs Winterhilfswerk die Sammelbüchse, bastelten Spielzeug für Babies, führten zur Erheiterung der Soldatenfrauen politische Spielchen auf (‹In England wohnt ein alter Mann, der nie die Wahrheit sagen kann›), waren aufs ‹Dienen› vorbereitet, ehe wir als Pimpfe zwei- oder dreimal die Woche und oft auch noch am Sonntag zum ‹Dienst› befohlen wurden: ‹Du bist nichts, dein Volk ist alles!› Wenn andere von der Pimpfzeit schwärmen (als sei das Ganze nur ein Pfadfinderklub mit anderem Vorzeichen gewesen), so kann ich diese Begeisterung nicht teilen. Ich habe beklemmende Erinnerungen. In unserem Fähnlein bestanden die Jungvolk-Stunden fast nur aus ‹Ordnungsdienst›, das heißt aus sturem militärischem Drill. Auch wenn Sport oder Schießen oder Singen auf dem Plan stand, gab es erst immer ‹Ordnungsdienst›: endloses Exerzieren mit ‹Stillgestanden›, ‹Rührt euch›, ‹Links um›, ‹Rechts um›, ‹Ganze Abteilung – kehrt› – Kommandos, die ich noch heute im Schlaf beherrsche.»

Karl-Heinz Janßen, Jahrgang 1931

42 *Der Streifendienst der HJ im Einsatz. Während die allgemeine Kriminalität rapide abnahm, stieg die Jugendkriminalität seit 1937 ständig an. Der Streifendienst der HJ sollte dazu beitragen, die Jugendlichen vor schädlichen Einflüssen zu schützen. Die SS rekrutierte einen Teil ihres Nachwuchses aus dem Streifendienst.*

Es gab viele Jugendliche, die von der HJ genug hatten. Sie hatten etwas gegen Drill, Kriegsspielen und politische Schulung. Sie bildeten Cliquen, um sich dem Tanz, der Schallplattenmusik oder dem Gasthausbesuch zu widmen. In Hamburg flog während des Krieges ein aus vierhundert Mitgliedern bestehender «Swing Club» auf. Eine andere Form der Verweigerung war der Uniformboykott: Man machte «Fahrten» in einem Aufzug, den die erbosten HJ-Führer «Räuberzivil» nannten.
Der «Bund deutscher Mädel» (BdM) war das weibliche Gegenstück zur Hitlerjugend. Bis zum Alter von vierzehn Jahren hießen die Mädchen «Jungmädel», und im Alter von siebzehn bis einundzwanzig Jahren bildeten sie eine besondere freiwillige Organisation, die sich «Glaube und Schönheit» nannte. Zu den Pflichten der Jungmädel gehörte die regelmäßige Teilnahme an Heimabenden und Sporttreffen, an Fahrten und Lagerleben. Sie hatten Einzelheiten über den «Führer» und seine Gefolgschaft auswendig zu lernen, ebenso alle Verse des Deutschland- und des Horst-Wessel-Liedes, die hohen Feiertage der Nationalsozialisten und die Namen der Blutzeugen der HJ. Eine Umrißkarte von Deutschland mußten sie zeichnen können, die Bestimmungen des Versailler Vertrages

43 *Sportfest des «Bundes deutscher Mädel» in Frankfurt am Main im Jahre 1933. «Straff, aber nicht stramm – Herb, aber nicht derb». Unter diesem Motto wurde der Sport auch im BdM ganz groß geschrieben.*

«Großmutter kaufte mir den schwarzen Rock, die weiße Bluse, das schwarze Halstuch und den braunen Lederknoten, der das Halstuch festhielt. Die Ehrensymbole. Wir gaben die Halstücher und die Lederknoten ab, und sie wurden uns in einem großen Zeremoniell überreicht. Gehißte Fahnen, alle in Reih und Glied, Spielschar, Treueschwur. Sie hatten mich aufgenommen, aber für mich war das alles schon bedeutungslos. Ein großes Tamtam, eine Fassade, hinter die ich nicht sehen wollte. Ich ging noch zu einer Zusammenkunft, dann ging ich einfach nicht mehr hin. Keiner sagte etwas. Keiner kam und holte mich. Offensichtlich hatte 1940 sogar die Hitlerjugend Wichtigeres zu tun.»

Ilse Koehn, Jahrgang 1929

beherrschen und über das Auslandsdeutschtum Bescheid wissen. Außerdem hatten sie sich in Heimatgeschichte und in der Sagenwelt auszukennen.

«Unsere Lagergemeinschaft war ein verkleinertes Modell dessen, was ich mir unter Volksgemeinschaft vorstellte. Sie war ein vollkommen gelungenes Modell. Niemals vorher oder nachher habe ich eine so gute Gemeinschaft erlebt, auch dort nicht, wo die Zusammensetzung in jeder Beziehung homogener war. Unter uns gab es Bauernmädchen, Studentinnen, Arbeiterinnen, Verkäuferinnen, Friseusen, Schülerinnen, Büroangestellte usw. Geführt wurde das Lager von einer ostpreußischen Bauerntochter, die nie über ihre engere Heimat hinausgekommen war. Obwohl sie kaum je ein Fremdwort richtig aussprach, wäre niemand auf die Idee gekommen, sie auszulachen. Sie brachte uns dazu, daß jeder jeden in seiner Art gelten ließ, nachdem man die gegenseitigen Schwächen und Stärken erkannt hatte, und daß jeder sich bemühte, hilfsbereit und zuverlässig zu sein.
Daß ich dieses Modell einer Volksgemeinschaft damals mit so intensivem Glücksgefühl erlebt habe, hat einen Optimismus in mir entstehen lassen, an den ich mich bis 1945 eigensinnig klammerte. Gestützt auf diese Erfahrung glaubte ich allen Gegenbeweisen zum Trotz, daß der Musterfall unseres Lagers sich eines Tages ins Unendliche würde vergrößern lassen. Wenn noch nicht in der nächsten, so doch in einer künftigen Generation.»

Melita Maschmann, Jahrgang 1918

Auch von den Mädchen wurden sportliche Leistungen erwartet: Ein 60-m-Lauf in 12 Sekunden, ein Weitsprung von 2,50 m, ein Schlagballweitwurf von 20 m. Purzelbaumschlagen, Seilhüpfen und ein zweistündiger Übungsmarsch. Jedes Jungmädel hatte an Wochenendaufhalten in Jugendherbergen teilzunehmen, mit dem Bettenbau und dem vorschriftsmäßigen Packen der Ausrüstung Bescheid

44 *Ein BdM-«Fähnlein». In den Sommermonaten wurden Tages- und Wochenfahrten unternommen. Die sogenannten Grenzlandfahrten führten in die Grenzgebiete zu Polen, Österreich und der Tschechoslowakei. Hier sollten die Mädel mit eigenen Augen die «Unmenschlichkeit, die ein Volk teilt, die gleiches Blut trennt» kennenlernen.*

zu wissen und sich praktische Erfahrungen beim Säuberungs- und Küchendienst zu erwerben.
Im Alter von vierzehn Jahren wurde das Zugehörigkeitsgefühl zum Bund im allgemeinen etwas schwächer: Die Mädchen wurden zunehmend vom Beruf in Anspruch genommen und interessierten sich mehr für das andere Geschlecht. «Glaube und Schönheit» vermochte jedoch durch ein Programm, das Körperkultur, Gesundheitslehre und Haushaltskunde umfaßte, ein lebhaftes Echo bei den siebzehn bis einundzwanzig Jahre alten Mädchen auszulösen.

«Glaube und Schönheit» richtete auch sein besonderes Augenmerk auf das modische Bewußtsein und die allgemeine Schönheitspflege. Der Idealtyp des BdM entsprach den Vorstellungen des frühen 19. Jahrhunderts: Manchmal wurden Mädchen, die diesen Kodex verletzten, indem sie sich Dauerwellen machen ließen, anstatt Zöpfe oder eine Gretchenfrisur mit Zopfkranz zu tragen, die Haare zur Strafe feierlich abgeschnitten. Das Bild des deutschen Mädchens wurde durch weiße Bluse, dunkle Halstücher, beinahe knöchellange, blauschwarze Röcke und derbe Schuhe «verschönt». Für den Winter gab es zum Überzieher die kurze Kletterweste und statt der kurzen Söckchen wurden lange braune Strümpfe getragen.

Das Bild des BdM in der Öffentlichkeit war zwiespältig. Die typische Fotografie in der NS-Presse zeigte einen Kreis von blonden Mädchen, die einander die Hände reichten. Viele sahen jedoch den BdM in einem gänzlich anderen Licht und gaben schon seinen Initialen schmutzige Bedeutungen: «Bald deutsche Mutter – Bedarfsartikel deutscher Männer». Als 1936 annähernd 100000 Hitlerjungen und BdM-Mädchen am Reichsparteitag in Nürnberg teilnahmen, kehrten 900 Mädchen zwischen fünfzehn und achtzehn Jahren schwanger nach Hause zurück. Dieser Vorgang beeinträchtigte den Ruf des BdM erheblich.

Die HJ war für die Nationalsozialisten die zentrale Einrichtung zur Beeinflussung der Jugend. Der Schule maßen sie nicht diese Bedeutung bei. Es wurde zwar viel experimentiert, aber die «Revolution im Klassenzimmer» fand nicht statt.

Am dreigeteilten Weimarer Schulsystem mit Volksschule, Mittelschule und Oberschule wurde zunächst wenig geändert, sogar Lehrbücher und Lehrpläne blieben weiter in Gebrauch. Das Hauptaugenmerk der Nationalsozialisten galt den Lehrern. Erst wurden die jüdischen und kommunistischen Lehrer entlassen, dann die Lehrerschaft im NS-Lehrerbund (NSLB) gleichgeschaltet und schließlich in speziellen Schulungslagern mit den politischen und pädagogischen Vorstellungen des Regimes vertraut gemacht.

Die Schnelligkeit, mit der Lehrer, insbesondere Volksschullehrer, von denen viele vorher Sozialdemokraten gewesen waren, Parteiposten übernahmen, gab Anlaß zu der Scherzfrage, was die kürzeste meßbare Zeiteinheit sei. Die bezeichnende Antwort lautete: Die Zeit, die ein Volksschullehrer braucht, um seine politische Gesinnung zu ändern. Nicht alle Lehrer waren Konformisten. Es war nicht ungewöhnlich für einen Deutsch- oder Geschichtslehrer, mit ernster Miene ein besonderes Thema deutscher Literatur oder Geschichte gemäß den Weisungen des Nationalsozialismus zu interpretieren und gleich darauf mit anderer Betonung seine eigene Auslegung und damit die Absurdität der NS-Doktrin darzulegen. Im Laufe der Jahre entwickelte sich eine besondere Art der Doppelzüngigkeit, bei der jeder verstand, was gemeint war.

45 *BdM-Sportfest in Frankfurt am Main im Juni 1938. Höhepunkt des Sportjahres des BdM waren die alljährlich stattfindenden Untergau-Sportfeste.*

46 *Keulengymnastik auf dem Reichssportfest in Berlin anläßlich Hitlers 50. Geburtstag am 20. April 1938.*

Ein Kind erzählt: «Wenn der Lehrer den Saal betritt, müssen wir alle aufstehen und gemeinsam mit ‹Heil Hitler› grüßen. Wenn der Pfarrer kommt, sagen wir ‹Heil Hitler› und ‹Gelobet sei Jesus Christus›. Jeder Lehrer, der während des Unterrichts den Saal betritt, wird durch Aufstehen und ‹Heil Hitler› begrüßt. Auf der Straße begrüßen wir den Lehrer mit ‹Heil Hitler› und den Pfarrer mit ‹Grüß Gott›. Am Anfang und am Ende wird gebetet für den Führer. (Das Kind zitiert die schon durch die Presse bekannten Gebete.) Wenn ein Fest ist oder eine hohe Persönlichkeit kommt, werden wir von der Schule aus an den Platz geführt, wo uns dann der Lehrer das Zeichen gibt, wenn wir ‹Heil› oder ‹Sieg Heil› rufen müssen. Er verlangt, daß es immer frisch und laut geschieht und daß alle mitmachen.

Deutschlandbericht der SPD
vom März 1939

47 *Ende 1932 zählte der BdM noch nicht einmal 20000 Mitglieder. 1939 waren in der größten Mädchenorganisation der Welt 3,5 Millionen Mädchen zusammengefaßt. Die Neuaufnahme in den BdM erfolgte jeweils an Hitlers Geburtstag. Die zu leistende Eidesformel lautete: «Ich verspreche, in der Hitlerjugend allezeit meine Pflicht zu tun in Liebe und Treue zum Führer und zu meiner Fahne».*

48 *Eine «Mädelschaft» in einer Jugendherberge. Fahrten und Zeltlager waren für die Mädel, die zum größten Teil in der Lehre standen, die große Abwechslung. Bei den Fahrten mußten die Mädel unter 14 Jahren in Scheunen oder Jugendherbergen übernachten, während ihre älteren Kameradinnen in Zelten schliefen.*

«Unser Direktor war Nationalsozialist. Ein ‹alter Kämpfer›, der bald nach der Machtübernahme seine Chance erhielt. Er war nicht beliebt, aber auch nicht verhaßt. Er galt als ‹kleinkariert›, war borniert, aber wohlmeinend. So waren viele, die damals kleine Karriere machten.
Einmal stellte er mich, Obertertianer, und sagte: ‹Du bist doch Führer in der HJ, warum gehst du dann noch zum katholischen Religionsunterricht?› Ich ging nicht gern zum katholischen Religionsunterricht. Der war langweilig. Aber mich ärgerte die Anzapfung, und ich antwortete: ‹Herr Direktor, ich bin nun einmal katholisch, also bleibe ich dabei.› Da sagte er: ‹Da hast du recht. Man soll seiner Überzeugung treu bleiben.› Das war typisch für die Mentalität bürgerlich geprägter Nationalsozialisten, die über jeden Opportunismusverdacht erhaben sein wollten und in der Fortexistenz der Kirchen im Grunde ein moralisches Alibi fanden.
Und wo standen die Lehrer? Nur wenige waren überzeugte Nationalsozialisten, die meisten mehr oder weniger deutschnational gesinnt oder auch jugendbewegt. Die äußere Linke im Kollegium reichte nicht weiter als bis zu einem ehemaligen Angehörigen der Deutschen Volkspartei. Er gab sich kulturell emanzipiert, wußte aber Politik von Humanität behaglich zu trennen.
Er hat zum Beispiel noch 1936 im Unterricht gesagt: ‹Nun, Heine dürfen wir ja offiziell nicht zur Kenntnis nehmen, aber ‹*Belsazar*›, das ist ein so gutes Gedicht, das lernen wir jetzt.› Doch derselbe Lehrer hat auch mit genüßlicher Freude von den Praktiken der Faschisten in Italien erzählt, politische Gegner nachts aus den Betten zu holen, ihnen die Hosen zuzubinden, Rizinus einzuflößen und sie dann stundenlang herumzujagen. Ich fand das niederträchtig, sagte es auch. Er nannte es Gefühlsduselei, die von der harten Wirklichkeit der Politik nichts wisse.»

Hans-Günter Zmarzlik,
Jahrgang 1922

49 *Im Gegensatz zum harten Jungensport wurde im Mädelsport die rhythmische und gymnastische Übung bevorzugt.*

Ab 1937 erfolgte die Vereinheitlichung des Schulsystems. Konfessions- und Privatschulen wurden verboten, die Oberschule auf drei Grundformen beschränkt: die neusprachliche und naturwissenschaftliche Oberschule sowie das humanistische Gymnasium.
Der Volksschulbesuch begann im Alter von sechs Jahren und endete nach der 8. Klasse. Daran schloß sich der dreijährige Besuch der Berufsschule. Begabte Schüler wechselten nach vier Grundschuljahren entweder in die Mittelschule oder in die Oberschule. Dann gab es noch die Adolf-Hitler-Schule: eine parteieigene Eliteschule.

Die Zulassungsbedingungen für die Adolf-Hitler-Schule waren: Mitgliedschaft in der HJ, guter Gesundheitszustand, gute Leistungen im Turnen, rein «arische Abstammung» und Fürsprache durch den NS-Kreisleiter. Die Auswahl fand nach einer Probewoche statt, in der alle Bewerber Proben ihrer körperlichen Leistungsfähigkeit und Ausdauer abzulegen hatten und unter ständiger Beobachtung standen. Außerdem vergewisserten sich die Schulleiter der Zuverlässigkeit der Eltern durch persönliche Aussprachen. Das Schulgeld betrug 1200 Reichsmark im Jahr.

Der Lehrplan war der an Höheren Schulen übliche, aber mit politischer Schulung an Stelle von Religionsunterricht und mit einer besonderen Überbewertung der Sportarten Boxen, Geländeübungen, Rudern, Segeln, Segelfliegen, Schießen und Motorbootfahren. Der Unterricht wurde möglichst im Freien gegeben, und Diskussionen über Leitartikel aus dem Parteiblatt «Völkischer Beobachter» bildeten einen Teil des Tagespensums.

In seinem sechsten Schuljahr hatte jeder Adolf-Hitler-Schüler sechs bis acht Wochen einem Bauern zu helfen und im siebten Jahr ebenso lange in einer Fabrik oder in einem Bergwerk zu arbeiten. Die Klassen wurden Züge genannt, und der Tagesablauf gestaltete sich im Stil eines militärischen Lagers: Mit Küchendienst, Zapfenstreich, Gemeinschaftsappell.

Die Adolf-Hitler-Schüler waren nicht für die Universität bestimmt. Ihr eigentliches Ziel waren vielmehr die Ordensburgen, in denen die zukünftigen Führer ihren letzten Schliff erhalten sollten. Die Ordensburgen Sonthofen, Crössinsee und Vogelsang beherbergten je 1000 Studenten, die «Junker» genannt wurden, und dazu 500 Instruktoren, Verwaltungspersonal und Diener, die den Junkern in weißen, goldverzierten Uniformen aufwarteten.

Die Ordensburgen waren eindrucksvoll ausgestattet. Vogelsang rühmte sich der größten Turnhalle der Welt, in der alle Geräte aus dem Boden aufsteigen und wieder in ihm verschwinden konnten. In Sonthofen war der Speisesaal zweihundert Meter lang und konnte 1500 Personen fassen. Die Ordensburgbewerber waren Mitte der Zwanzig, sie hatten sechs Jahre an der Adolf-Hitler-Schule verbracht, zweieinhalb Jahre im Reichsarbeitsdienst und bei der Wehrmacht und vier Jahre beim Erwerb beruflicher Qualifikationen.

50 *Werbeplakat des «Nationalsozialistischen Deutschen Studentenbundes». Viele Studenten hatten sich schon vor 1933 dem Nationalsozialismus verschrieben, und auch danach stand das Gros der Studentenschaft dem Regime recht positiv gegenüber.*

Nicht nur in diesen Elite-NS-Schulen des Reiches hielten die Lehrer ihre Stunden im Frontalunterricht ab: Sie dozierten, lenkten, leiteten. Die Schüler waren weitgehend zur bloßen Aufnahme verurteilt. Der Unterricht war nicht unbedingt darauf angelegt, den Intellekt und den kritischen Verstand zu schulen. Die Jugend sollte, so stand es zumindest in den Richtlinien, zur «Volks- und Wehrgemeinschaft» sowie zum «hingebungsvollen Einsatz für den Führer» erzogen werden.

Schlesien: Die Haltung der höheren Schüler zum System ist sehr kritisch. In einer Schule wurden z. B. beim Abitur vier Themen für den deutschen Aufsatz zur Wahl gestellt. Die ersten beiden Themen bezogen sich auf die Ahnen- und Sippenforschung und auf die deutsche Geschichtsauffassung. Das dritte Thema behandelte die politische Kunst in der Dichtung und das vierte war ein allgemein biologisches Thema. In dieser Schule wurde von den Abiturienten fast ausnahmslos das dritte oder vierte Thema gewählt. Allgemein kann man feststellen, daß die große Mehrzahl rein nationalsozialistische Themen ablehnt. In einer anderen Schule haben von 48 Abiturienten nur zwei ein nationalsozialistisches Thema bearbeitet.

Deutschlandbericht der SPD vom Juni 1935

Ein Deutschaufsatz

«Die deutschen Familien arbeiten am Aufbau unseres Vaterlandes».

Vor 1933 war Deutschland klein und machtlos, denn es herrschte der Kommunismus. In der Regierung saßen die Kommunisten und Juden. Diese ließen das Vaterland verschulden. Daher kam es auch, daß es vor 1933 über 7,5 Millionen Arbeitslose gab. Als aber unser Führer 1933 die Macht übernahm, wurde es gleich anders. Er ließ Reichsautobahnen bauen. Allerdings haben die Arbeiter im Winter keine Arbeit, aber versorgt werden sie doch; durch den Vierjahresplan werden viele Fabriken wieder besetzt. In diesen wird Zellwolle und noch anderes hergestellt. Hermann Göring ruft alle Deutschen auf zum Sparen, darum heißt die Parole «Kampf dem Verderb». Wir Schulkinder müssen jede Woche einmal zu einzelnen Familien gehen und Altmetall, Knochen und Papier abholen. Dadurch können wir viele Devisen vom Ausland sparen. Für die Autoreifen wird jetzt kein Gummi mehr verwendet, denn diesen müssen wir ja aus Indien holen. Durch die Reichsautobahnstraßen können wir viel Gummi sparen: denn diese sind nicht so holperig als die Landstraßen. In der Führerrede am Sonntag, den 20. Februar, haben wir gesehen, wieviel es schon besser geworden ist. Wir wollen dem Ausland zeigen, daß wir nichts von ihm gebrauchen und auch nicht verhungern. Wenn wir unsere Kolonien wieder hätten aus Afrika, diese könnten uns sehr viel nützen. Auch im Winterhilfswerk wird vielen armen Volksgenossen geholfen, sie bekommen Kleider, Schuhe und Kartoffeln. Wenn wir alte Kleider haben oder Schuhe, so sollen wir sie dem Winterhilfswerk geben; denn das gehört auch mit zum Vierjahresplan.

Deutschlandbericht der SPD vom März 1939

Und noch ein weiteres sollte den Schülern vom ersten Tag ihres Schulbesuchs eingetrichtert werden: Es gibt Führer und Geführte, Befehlende und Befehlsempfänger, Elite und Durchschnitt. Wer wollte aber schon zum Durchschnitt gehören? In zahlreichen Klassen- und Schulwettbewerben wurden die Kinder und Jugendlichen zu Leistung und Einsatzwillen angestachelt. Bei diesem ständigen Ausleseverfahren ging der körperlich und seelisch Robuste als Sieger durchs Ziel. Der Sensible und geistig Rege blieb oft auf der Strecke. Genau das war es aber, was die Nationalsozialisten mit ihrer Pädagogik bezweckten. Hitler wollte Jungen haben, die «zäh wie Leder, hart wie Kruppstahl und schnell wie Windhunde» waren.

Der Stundenplan war auf das Heranzüchten kerngesunder Körper und auf die Erziehung des Charakters ausgerichtet. Sportunterricht wurde bis zu fünf Stunden in der Woche erteilt. Bei der Aufnahmeprüfung für die Oberschule war Sport Pflichtfach. Anhaltendes Versagen im Sport war Grund genug, Schüler von der Oberschule zu weisen. Die Turnlehrer rückten in der Prestigeskala der Lehrerschaft ganz nach oben. Allen Ernstes wurde angeregt, daß an allen Schulen der Turnlehrer automatisch auch stellvertretender Direktor sein sollte.

Zu den Fächern, die neben Sport eine Aufwertung erfuhren, gehörten Geschichte, Biologie und Deutsch. Im Deutschunterricht wurde den Schülern mehr noch als Schiller und Goethe «Deutschbewußtsein» und Verständnis für die «deutsche Volksseele» beigebracht. Besonderer Wert wurde auch auf die Eindeutschung von Fremdwörtern gelegt – etwa «Zeitunger» für Journalist oder «Zieher» für Lokomotive; Aufsätze hatten oft Propagandathesen wiederzukäuen.

Soll die Hitlerjugend Karl May lesen?
Auf einer Rüstwoche der Hitlerjugend des Gebietes Niedersachsen in Braunschweig wurde auch die Frage behandelt, ob der Hitlerjunge die Schriften Karl Mays lesen soll. Einer der Sprecher verneinte diese Frage leidenschaftlich. Er erklärte die Bücher Karl Mays bedeuteten eine fremde Welt, die nie bestanden habe. Eine fremde Rasse, die Rothäute, würden mit ihr zum Idol erhoben; der Weiße werde dagegen als Verbrecher und Massenmörder hingestellt. Die Mehrheit der Versammlung lehnte sich jedoch gegen diese Auffassung auf und trat offen für Karl May und seine Helden ein.
Frankfurter Zeitung vom 28. Juli 1935

Eine Neuerung war die Zusammenstellung von Lesestoff für die verschiedenen Altersgruppen: Märchen und Nordische Sagen für die Schulanfänger, Geschichten aus dem Weltkrieg und der Hitlerjugend für die Neun- bis Zwölfjährigen. Ein Buch für Vierzehnjährige mit dem Titel «Die Schlacht bei Tannenberg» enthielt folgende Stelle: «Ein Russe wollte sich den Eindringlingen zur Wehr setzen, aber Ottos Seitengewehr fuhr im knirschend zwischen die Rippen, so daß er stöhnend zusammenbrach. Nun würde er es bekommen, schlicht und vornehm, die Sehnsucht seiner Träume, das Eiserne Kreuz».
Die deutsche Geschichte wurde aus der Sicht der deutschen Art und Größe dargestellt. Das «Dritte Reich» als Krönung der vorangegangenen historischen Entwicklung erklärt. Trotz der von Hitler vertretenen Ansicht, die Rasse auf Kosten des Individuums herauszustellen, folgte der nationalsozialistische Geschichtsunterricht in der Praxis bis zum Exzeß einer seit dem 19. Jahrhundert in der Geschichtsschreibung vorherrschenden Tendenz – der Überbetonung des «weltgeschichtlich hervorragenden Einzelmenschen».

Rechenaufgabe
Ein Geisteskranker kostet täglich etwa 4 RM, ein Krüppel 5,50 RM, ein Verbrecher 3,50 RM. In vielen Fällen hat ein Beamter täglich nur etwa 4 RM, ein Angestellter kaum 3,50 RM, ein ungelernter Arbeiter noch keine 2 RM auf den Kopf der Familie. a) Stelle diese Zahlen bildlich dar. – Nach vorsichtigen Schätzungen sind in Deutschland 300000 Geisteskranke, Epileptiker usw. in Anstaltspflege; b) Was kostet diese jährlich insgesamt bei einem Satz von 4 RM?; c) Wieviel Ehestandsdarlehen zu je 1000 RM könnten – unter Verzicht auf spätere Rückzahlung – von diesem Geld jährlich ausgegeben werden? *Schulbuch der NS-Zeit*

Im Biologieunterricht wurden von besonders beflissenen Lehrern die «Eiche als Sinnbild deutscher Kraft» vorgestellt und Walnuß, Edelkastanie und Weinstock als «Fremdlinge auf deutschem Boden» bezeichnet. Eine Hauptaufgabe dieses Faches, so wenigstens lauteten die Anordnungen, lag in der Verherrlichung der nordischen Rasse. Schüler wurden angehalten, ihre Schädel zu messen und sich gegenseitig nach Rassetypen einzuteilen. Das Ungereimte daran war, daß es keinen Sexualunterricht gab, während man andererseits aus den Mendelschen Gesetzen einen Fetisch machte.
Der Mathematikunterricht änderte sich zwar nicht wesentlich, doch ergriffen nationalsozialistische Ideologen geschickt die Möglichkeit, die sich bei Textaufgaben ergaben, um eine unterschwellige Abrichtung zu erreichen. Das Zahlenverständnis wurde durch Fragen nach Flugbahnen der Artilleriegeschosse, nach dem Verhältnis von Jägern zu Bombern und nach den Haushaltsdefiziten entwikkelt, die sich aus einer «demokratischen Gefühlsduselei» gegenüber erbkranken Familien errechnen ließen.

«Das Paulsen-Realgymnasium war ein ganz altmodischer Kasten. Für Führerparolen wie ‹Die Schulung des Charakters ist wichtiger als die Schulung des Geistes› hatten die Lehrer kein Verständnis. Sie löcherten uns mit Latein und Griechisch, anstatt uns Sachen beizubringen, die wir später gebrauchen konnten. Wir waren entschlossen, uns nicht von ihren überholten Ansichten beeinflussen zu lassen und sagten ihnen das ins Gesicht. Sie sagten zwar nichts dazu, denn sie hatten, glaube ich, ein bißchen Angst vor uns, aber sie änderten auch nicht ihre Lehrmethoden. So waren wir gezwungen, uns zu wehren.
Das war ziemlich einfach. Gab uns unser Lateinlehrer einen endlosen Abschnitt aus Cäsar auf, so übersetzten wir einfach nicht und entschuldigten uns damit, daß wir am Nachmittag Dienst in der Hitler-Jugend gehabt hätten.
Einmal nahm einer von den alten Knackern allen Mut zusammen und protestierte dagegen. Das wurde sofort dem Gruppenführer gemeldet, der zum Rektor ging und dafür sorgte, daß dieser Lehrer entlassen wurde. Der Gruppenführer war erst sechzehn, aber als Hitler-Jugendführer konnte er nicht dulden, daß wir an der Ausübung unseres Dienstes, der viel wichtiger als unsere Schulaufgaben war, gehindert wurden. Von dem Tag an war die Frage der Hausaufgaben geklärt. Hatten wir keine Lust dazu, dann waren wir eben ‹im Dienst› gewesen, und kein Mensch wagte, irgend etwas dagegen zu sagen.»

Erich Dresseler, Jahrgang 1920

Im Jahre 1935 hörte der Religionsunterricht auf, Pflichtfach zu sein. Zwei Jahre später erfolgte der Ausschluß der Priester vom Religionsunterricht an Schulen. Die Religionsstunden wurden für über Zwölfjährige auf eine Stunde herabgesetzt, und während des Krieges hatten die mehr als Vierzehnjährigen überhaupt keinen Religionsunterricht.
Für die Mädchen gab es in der Oberschule besonders die «Fächer des Frauenschaffens», in denen sie ihren zukünftigen Dienst an der Familie und der

51 *Wettbewerb der Maurerlehrlinge im Jahre 1934. Wer bei den Reichsberufswettbewerben als Sieger hervorging, konnte der Förderung durch den Staat sicher sein: Den Siegern standen Berufe offen, die ihnen auf Grund ihrer Schulbildung normalerweise verschlossen waren.*

Anfang dieses Monats war die Musterung des Jahrgangs 1925. Der Eindruck, den ich dabei gewonnen habe, war noch schlechter wie bei der Musterung des Jahrgangs 1924 heuer im Februar ... Ganz niederschmetternd waren die Ergebnisse der Prüfungen über Kenntnisse im Rechnen, Geographie, Geschichte usw. Es scheint doch so zu sein, daß unmittelbar nach der nationalen Erhebung die Schulkinder vor lauter Schulferien, Staatsjugendtagen (schulfreie Sonnabende), freien Ganztagen und Halbtagen, beschränkten Stundenzahlen, sportlichen Veranstaltungen, Wanderungen, Beurlaubungen, Durchführung von Sammlungen usw. gar nicht mehr dazu gekommen sind, in erster Linie einmal richtig Schreiben und Rechnen usw. zu lernen.

Aus dem Monatsbericht des Landrats von Ebermannstadt vom 30. September 1942

52 *Ordensburg Vogelsang. In den Ordensburgen studierte die Parteielite.*

Volksgemeinschaft einzuüben hatten. Im Fach Handarbeit hatten sie für kinderreiche Familien Wäsche zu nähen. Im Fach Hauswirtschaft lernte die angehende Mutter und züchtige Hausfrau aus ihrem Heim eine Pflegestätte deutscher Kultur zu machen und im Fach Pflege standen Säuglings- und Kinderpflege auf dem Programm.
Die Schule des «Dritten Reiches» war im allgemeinen eine leistungsschwache Schule. Das lag einmal daran, daß die Lehrer durch Nebenbeschäftigungen in verschiedenen Parteiorganisationen überlastet waren, zum anderen daran, daß das Programm der HJ die Kinder körperlich erschöpfte, so daß sie unfähig waren, sich auf das Einerlei der Schularbeiten zu konzentrieren. Hinzu kamen erschwerend die ständigen Reibereien zwischen HJ-Führern und Lehrern.
Der Schulstress führte insbesondere in den Volksschulen zu einer Verknappung der Lehrer, die in besser bezahlte Stellen oder in die Wehrmacht abwanderten. Bei einem Gehalt von 140 Reichsmark monatlich war der Beruf des Volksschullehrers auch im NS-Staat nicht besonders erstrebenswert.
Kurz vor Kriegsbeginn waren Klassen mit 50 und mehr Kindern keine Seltenheit. Um den Lehrerberuf attraktiver zu machen, wurden die Zulassungsbedingungen für die Volksschullehrerausbildung vom Abitur auf die Mittlere Reife herabgesetzt. «Schulhelfer» wurden geködert, die in den Augen vieler Eltern Nichtsnutze waren.
Lehrermangel und außerschulische Ablenkungen ließen die Lücken in den Kenntnissen der Schüler immer größer werden. Nicht ohne Berechtigung fragte das «Hamburger Fremdenblatt»: «Wird unsere Jugend dümmer?» Sie berichtete, daß bei einer Lehrlingsprüfung von 179 Bewerbern 94 Prüflinge Eigennamen klein geschrieben hätten und 81 nicht in der Lage gewesen seien, den Namen von Deutschlands größtem Dichter Goethe zu buchstabieren.
Die Masse der Schulabgänger ging in die Lehre: Im Durchschnitt siebzehn von zwanzig Jugendlichen eines Schuljahrganges. Einige hatten aber auch später noch die Chance, eine der begehrten akademischen Berufslaufbahnen einzuschlagen. Die Sieger der alljährlich stattfindenden Wettbewerbe für Arbeiter, die «Reichsberufswettbewerbe», erhielten Stipendien an technischen Fachschulen und konnten dann nach erfolgreichem Abschluß ein Studium an einer Technischen Hochschule aufnehmen. 1939 meldeten sich 4 Millionen Bewerber zu den Wettkämpfen.
Der Leistungsabfall an den Schulen machte sich auch an den Universitäten bemerkbar. Für die Erstsemester wurden Paukkurse eingerichtet. Durch Zulassungsbeschränkungen wurde die Studentenzahl innerhalb von wenigen Jahren auf die Hälfte und der Anteil der Studentinnen an der Gesamtzahl der Studierenden auf 10 Prozent gesenkt. Die Studenten hatten dem NSD-Studentenbund anzugehören und mußten in den Kameradschaftshäusern, zumeist beschlagnahmten Verbindungshäusern, zwei- bis dreimal wöchentlich an weltanschaulich-politischen Schulungsabenden teilnehmen. Außerdem mußten sie in den ersten drei Semestern Übungen zur körperlichen Ertüchtigung absolvieren. Ein Student mußte 150 Punkte erreichen, bevor er das Universitätssportabzeichen bekam. Ohne dieses Abzeichen war er vom weiteren Studium ausgeschlossen, es sei denn, er konnte ein ärztliches Attest beibringen.

Im allgemeinen unterscheidet sich die Haltung der Studentenschaft nicht wesentlich von jener des übrigen Volkes. Der größte Teil der Studenten betreibt heute ein Brotstudium. Er kommt nicht auf die Universität, um seinen Wissensdrang zu stillen, sondern um so schnell wie möglich die Voraussetzung für eine einträgliche Stellung im Erwerbsleben zu schaffen. Man kann heute sagen, daß die große Masse der Studenten sich geradezu weigert, nachzudenken. Sie wollen sich nicht aus der Ruhe bringen lassen und gehen deshalb allen Diskussionen aus dem Wege, noch mehr als die Arbeiter. Auch hier herrscht also die allgemeine Indifferenz und Entpolitisierung. Wenn in einzelnen Kreisen der Studentenschaft Unzufriedenheit herrscht, dann sind es sehr häufig nicht allgemeine politische Anlässe, sondern rein egoistische. So sind die Mediziner beunruhigt, weil die Nazis angekündigt haben, sie würden das System der Privatpraxis aufheben und statt dessen die Ärzte zu Funktionären einer umfassenden Gesundheitsverwaltung machen.

Deutschlandbericht der SPD
vom März 1939

Südwestdeutschland. *1. Bericht:* In unserem Betrieb wurde zur Einleitung des Reichsberufswettkampfes ein Betriebsappell abgehalten. Betriebsführer und Betriebsobmann hielten schwungvolle Ansprachen, die aber offenbar keine große Wirkung bei der Belegschaft hatten, denn von den mehr als 3000 Mann meldeten sich ganze 10 Mann zur Teilnahme. Das war natürlich für unseren Betrieb, der gern Musterbetrieb werden möchte, nicht tragbar. Deshalb wurden aus allen Abteilungen einfach einige Leute abkommandiert. In unserer Abteilung hatte sich niemand gemeldet. Zwei Leute wurden zur Teilnahme bestimmt, beide ungelernte Arbeiter. Der eine ist von Beruf Konditor. Er fragte den Meister, was er denn da machen müsse. Wenn er eine Torte backen sollte, ginge das noch zur Not. Aber ein Werkstück als Metallarbeiter werde ihm wohl kaum gelingen. Der andere «Ernannte» ist der jüngste Mann der Abteilung. Er gab dem Meister zur Antwort, offenbar habe man gerade den Dümmsten herausgesucht. Man sieht, wie tief der Gedanke des RBWK bei uns «Fuß gefaßt» hat.

Deutschlandbericht der SPD
vom November 1938

Dieser Zwang führte immer wieder zu «Ausbrüchen eines Rowdytums», wie das in der offiziellen Sprache hieß. Vorlesungen wurden boykottiert, Professoren ausgepfiffen. Die Widerspenstigen wurden zum Reichsarbeitsdienst eingezogen, den anderen wurde mit dem Verweis von der Universität gedroht. Die studentischen Mißfallensäußerungen richteten sich aber selten gegen das Regime. Als Sophie und Hans Scholl im Kriegsjahr 1943 Flugschriften gegen Hitler in den Lichthof der Münchener Universität warfen und daraufhin verhaftet wurden, begrüßten Studenten stürmisch die Forderung nach der Hinrichtung ihrer Kommilitonen.

3. Deutsche Mutter und Frau

13. Mai 1934. Überall im Reich fanden Muttertagsfeiern statt. Die örtlichen Parteiführer hielten pathetische Reden, die von Blockflötenspiel und Volkstanz, von Gedichten und Liedern des BdM umrahmt wurden. Die Medien hatten schon Tage vorher damit begonnen, die Bevölkerung auf die Bedeutung des Muttertages im allgemeinen und der kinderreichen Familien im besonderen hinzuweisen. Das Regime setzte damit seine «bevölkerungspolitische Aufklärung» des Jahres 1933 fort, die unter dem Motto gestanden hatte: «Mutter und Kind sind das Unterpfand für die Unsterblichkeit eines Volkes!» Am späten Nachmittag wurden alle Reichssender zusammengeschaltet. Reichsinnenminister Wilhelm Frick hielt seine Muttertagsrede:

«Die Ehrung der Mutter in ihrer Familie ist durchaus zu bejahen. Aber nicht weiterzudenken, heißt nicht nur, den Sinn der Natio-

53 *Massentrauung. Die Nationalsozialisten fürchteten um den Bestand des deutschen Volkes, und sie taten alles, um die Geburtenrate zu steigern: Sie forderten heiratsfähige Männer und Frauen auf, zu heiraten, vergaben Zeugungsprämien und pflegten die Mütter wie Bienenköniginnen.*

nalsozialistischen Weltanschauung verkennen, sondern auch die Bedeutung jener Position, auf die es doch bei dem Muttertag vorwiegend ankommt: der Mutter selbst. Denn mag die Mutter jugendfrisch am Anfang ihres Lebens stehen, mag sie im weißen Haar schon Schwiegerkinder und Enkel um sich versammeln, sie wird stets das Gefühl haben, daß allein im Mittelpunkt einer Ehrung zu stehen, ihrer Wesensart nicht entspricht. Mutterliebe ist eben nicht vergeltbar. Und so freudig, wie die Mutter dieses Streben der Kinder auch empfinden wird, ihr ihren Dank in Form eines Festtages darzubringen, so sehr wird doch gerade sie selbst nach einer noch höheren Bedeutung eines solchen Festes suchen, einer Bedeutung, die nicht nur in der tatsächlichen geleisteten Arbeit der Kinderaufzucht, in den übernommenen Sorgen für ihr Gedeihen liegt, sondern die in dem Geheimnis des Lebens selbst ruht. Der Muttertag 1934 will die Mutter als Familienhort des Volkes, als Hüterin des Erbstroms ehren, der uns alle gemeinsam mit unseren Ahnen verbindet. Er wendet sich daher vornehmlich an die kinderreiche Mutter, denn nur sie ist es eigentlich, der jenes Geheimnis des Lebens offenbar wurde. So, wie sie Richter uns in seinen Bildern darstellte, umringt von einer frohen, gesunden Kinderschar, deren eifriges Begehren zu erfüllen, ein Ding der Unmöglichkeit für sie ist – so stellen wir uns die Mutter vor, die trotz oder gerade wegen der übermenschlichen Größe ihrer Aufgabe eines erfaßt hat, was allen anderen verschlossen blieb, weil es nicht erlernt, sondern nur erlebt werden kann, die Vollendung des Menschenschicksals in der vielfältigen Weitergabe des göttlichen, unendlichen Lebensfunkens.
So soll der Muttertag nicht nur der Ehrung der Mutter allein dienen, sondern der deutschen Familie überhaupt. Dem deutschen Volke soll es wieder zum Bewußtsein gebracht werden, wie bedeutsam für die Zukunft eines Volkes die erbgesunde, rassisch wertvolle, kinderreiche Familie ist.»

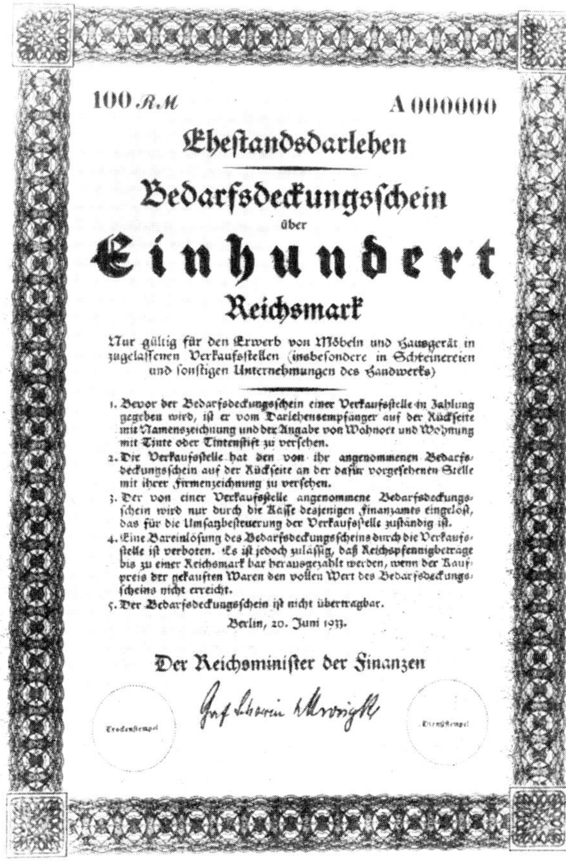
100 RM A 000000

Ehestandsdarlehen

Bedarfsdeckungsschein

über

Einhundert

Reichsmark

Nur gültig für den Erwerb von Möbeln und Hausgerät in zugelassenen Verkaufsstellen (insbesondere in Schreinereien und sonstigen Unternehmungen des Handwerks)

1. Bevor der Bedarfsdeckungsschein einer Verkaufsstelle in Zahlung gegeben wird, ist er vom Darlehensempfänger auf der Rückseite mit Namenszeichnung und der Angabe von Wohnort und Wohnung mit Tinte oder Tintenstift zu versehen.
2. Die Verkaufsstelle hat den von ihr angenommenen Bedarfsdeckungsschein auf der Rückseite an der dafür vorgesehenen Stelle mit ihrer Firmenzeichnung zu versehen.
3. Der von einer Verkaufsstelle angenommene Bedarfsdeckungsschein wird nur durch die Kasse desjenigen Finanzamts eingelöst, das für die Umsatzbesteuerung der Verkaufsstelle zuständig ist.
4. Eine Bareinlösung des Bedarfsdeckungsscheins durch die Verkaufsstelle ist verboten. Es ist jedoch zulässig, daß Reichspfennigbeträge bis zu einer Reichsmark bar herausgezahlt werden, wenn der Kaufpreis der gekauften Waren den vollen Wert des Bedarfsdeckungsscheins nicht erreicht.
5. Der Bedarfsdeckungsschein ist nicht übertragbar.

Berlin, 20. Juni 1933.

Der Reichsminister der Finanzen

54 *Ehestandsdarlehen: Die Prämie für Familiengründung und -nachwuchs. Wer heiratete und nicht gerade zu den Besserverdienenden gehörte, konnte ein Ehestandsdarlehen bis zu 1000 Reichsmark erhalten. Die Nationalsozialisten kalkulierten richtig: Ehestandsdarlehen wurden ungemein beliebt, die Nachfrage überstieg bald die Möglichkeiten des Staates, der Darlehensbetrag mußte um die Hälfte gekürzt werden.*

Im Jahre 1933 hatte das Deutsche Reich ohne das Saargebiet 65 Millionen Einwohner, auf einen Quadratkilometer kamen im Durchschnitt 139 Menschen, im bevölkerungsreichen Westen mehr, in den weiten Ostgebieten weniger. Nach der Bevölkerungsexplosion im 19. Jahrhundert war seit der Jahrhundertwende der Geburtenüberschuß stetig zurückgegangen: Krieg und Nachkriegszeit mit Inflation und Weltwirtschaftskrise hatten sich als natürliche Geburtenkontrolle erwiesen.
Alarmierend war das alles nicht. Die Nationalsozialisten aber legten Trauer an und nannten das deutsche Volk ein sterbendes Volk, um im gleichen

Atemzug darauf hinzuweisen, daß das deutsche Volk ein «Volk ohne Raum» sei. «Der Familie wieder ihren rechtmäßigen Platz zu geben», – das schein ein unpolitischer Schlachtruf zu sein. Die Sorge der Nationalsozialisten um das deutsche Volk war aber machtpolitisch motiviert.

Die Kinderzahl in der Kunstdarstellung
Berlin, 5. Januar. – Wie die Reichskammer der Bildenden Künste mitteilt, hat das Rassenpolitische Amt der NSDAP die Bemerkung gemacht, daß in der Öffentlichkeit vielfach Darstellungen aus unserer Zeit auftauchten, die bildlich oder sinnbildlich die deutsche Familie bedauerlicherweise noch mit einem oder zwei Kinder zeigten. Der Nationalsozialismus bekämpfe mit Nachdruck das Zwei-Kinder-System, da es das deutsche Volk unrettbar dem Untergang zuführe. Er vertrete die Forderung nach mindestens vier Kindern in jeder Familie, um die heutige Bevölkerungszahl wenigstens zu halten. Wo immer die künstlerischen Notwendigkeiten es erlaubten – und das werde in der Mehrzahl der Fälle möglich sein –, solle auch der bildende Künstler, besonders der Maler und Gebrauchsgraphiker, sich das Ziel setzen, im Rahmen der künstlerischen Gestaltungsmöglichkeiten wenigstens vier deutsche Kinder zu zeigen, wenn eine «Familie» dargestellt werde.

Frankfurter Zeitung vom 6. Januar 1937

Jedes Zehntel Geburtenüberschuß mehr versprach mehr Soldaten, mehr Soldaten wiederum ermöglichten die Eroberung des fehlenden Siedlungsraums. Diese Gedankengänge teilten die nationalsozialistischen Geburtenplaner natürlich nicht der Bevölkerung mit, sondern sie traten mit dem Anspruch an, Beschützer des Familienlebens zu sein, der Familie wieder den angestammten Platz in der Gesellschaft zurückzugeben, den ihr die unmoralische Demokratie angeblich genommen hatte.
Gleich nach der Machtergreifung gingen die Nationalsozialisten systematisch daran, den Geburten-

55 *Plakat der Stadt Berlin zur erbbiologischen Aufklärungsaktion. Das Regime wünschte sich viele Kinder, aber sie hatten rassisch rein und nicht geistig behindert zu sein. Die entsprechenden Gesetze lagen bald vor: Die «Nürnberger Gesetze» verboten die Heirat zwischen Juden und Ariern, und das «Gesetz zur Verhütung erbkranken Nachwuchses» ordnete Sterilisation von geistig Behinderten an.*

Unlösbar verbunden mit dem durch Aeonen sich gleichbleibenden Umlauf der großen Gestirne, mit dem im Wandel der Jahreszeiten doch unveränderlichen Wesen der Erde, fühlt sich die Frau heute ihrem Volk gegenüber erwählt zur tiefsten Verantwortlichkeit, als die zur Wahrung der Schwelle zwischen Leben und Untergang berufene Hüterin. ... Immer vom Abgrund bedroht, bietet sich die Frau zum Gefäß der Erneuerung ihres Volkes dar, und was sie willig empfängt, geduldig austrägt und unter Schmerzen zur Welt

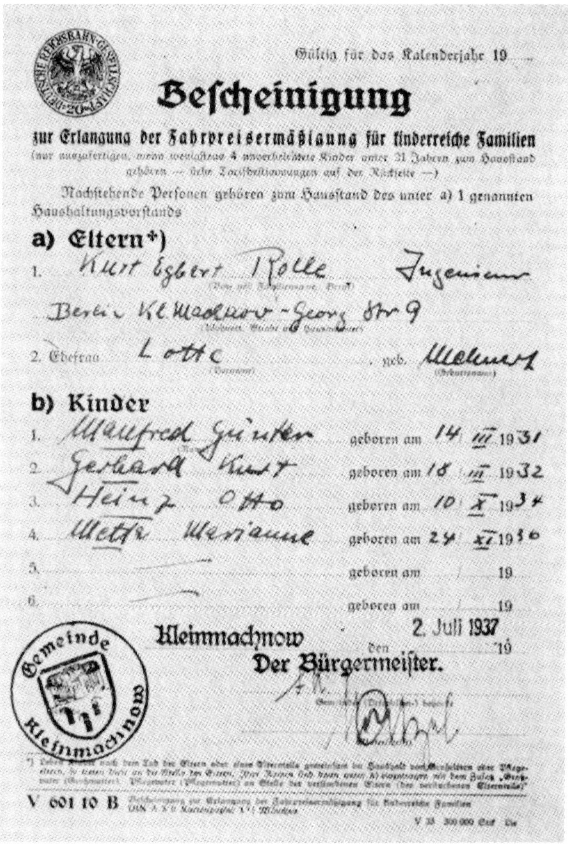

Gültig für das Kalenderjahr 19.....

Bescheinigung

zur Erlangung der Fahrpreisermäßigung für kinderreiche Familien
(nur auszufertigen, wenn wenigstens 4 unverheiratete Kinder unter 21 Jahren zum Hausstand gehören — siehe Tarifbestimmungen auf der Rückseite —)

Nachstehende Personen gehören zum Hausstand des unter a) 1 genannten Haushaltungsvorstands

a) Eltern*)

1. Kurt Egbert Rolle Ingenieur

Berlin Kl. Machnow - Georg Str 9

2. Ehefrau Lotte , geb. Mehnert

b) Kinder

1. Manfred Günter geboren am 14. III. 1931
2. Gerhard Kurt geboren am 18. III. 1932
3. Heinz Otto geboren am 10. X. 1934
4. Mette Marianne geboren am 24. XI. 1936
5. geboren am 19
6. geboren am 19

Kleinmachnow den 2. Juli 1937

Der Bürgermeister.

Gemeinde Kleinmachnow

V 601 10 B

56 *Bescheinigung zur Erlangung der Fahrpreisermäßigung bei der Reichsbahn für kinderreiche Familien. Der NS-Staat unterstützte die kinderreichen Familien mit einem ganzen Bündel von Maßnahmen. Das war auch nötig, um vor allem die arg strapazierten Mütter zu entlasten.*

bringt, damit speist sich der Strom der Kraft, der ein Volk unsterblich sein läßt, solange der mütterliche Quell nicht versiegt. ... Die Erde mit der ganzen Macht ihrer planetarischen Beschaffenheit, mit ihren kosmischen Kräften steht hinter der Frau und trägt sie ... In ihrer Mütterlichkeit besitzt die Frau ihre einzige, aber ... zugleich eine einzigartige Schlüsselstellung, nicht zur Eroberung, nicht zur Beherrschung, aber zur Durchdringung der Welt. ...

Aus: Deutsche Frauen, Bildnisse und Lebensbeschreibungen, Berlin 1939, S. 12

Die Frau in das Hauswesen, der Mann an die Arbeitsstätte!

Eine vorbildliche Tat der Firma Reetsma – 36 weibliche Angestellte feiern unter starker Beteiligung Baden-Badens Hochzeit – 24 Männer besetzen die Arbeitsplätze der Frauen.

Im Kampf gegen die Arbeitslosigkeit ist die Zurückführung der Frau von der Arbeitsstätte in den Haushalt, wo das irgendwie angängig ist, eine der wichtigsten Aufgaben unserer Wirtschaft. Die Reichsregierung hat in dem Gesetz zur Verminderung der Arbeitslosigkeit den Weg dazu bereitet, indem sie für die Förderung der Eheschließungen ein Ehestandsdarlehen bis zu 1000 Reichsmark in Aussicht stellte.

Angeregt durch diese Maßnahme, entschloß sich die Geschäftsleitung der Reetsma-Zigaretten-Fabriken, das Aufbauwerk unseres Führers dadurch zu unterstützen, daß sie für jeden im Betrieb tätigen weiblichen Angestellten, der durch Eheschließung ausscheidet, eine männliche Arbeitskraft an deren Stelle setzte und außerdem jeder in den Ehestand tretenden weiblichen Arbeitskraft eine Ausstattungshilfe in Form eines Barschecks von 600 Reichsmark zur Verfügung stellte. Im Baden-Badener Werk schieden durch diese Maßnahmen 55 Arbeiterinnen aus der Werkgemeinschaft aus, wovon 36 am vergangenen Samstag bereits in den Ehestand traten ...

Völkischer Beobachter vom 23. Oktober 1933

schwund zu stoppen und den Bevölkerungszuwachs zu fördern. Das taten sie durch finanzielle Belohnung und materielle Erleichterungen, durch ideelle Honorierung und ideologischen Druck.

Die finanziellen Anreize zum Kinderkriegen hießen: Ehestandsdarlehen, Kindergeld und Familiengeld. Bereits im Juni 1933 wurden durch Gesetz Ehestandsdarlehen geschaffen. In den Genuß der 1000 Reichsmark kamen zunächst nur Bräute, die mit der Heirat gleichzeitig auch ihren Arbeitsplatz

Der Reichsführer SS

Der Chef des Rasse- und Siedlungs-Hauptamtes
Fernruf: 19 52 51

Berlin SW 68, den 5.4.1944
Hedemannstraße 24

Betrifft: Verlobungs- und Heiratsgesuch eines SS-Angehörigen
Bezug: Sip. Nr. /Rai
Anlage: 1 Fragebogen
1 Freiumschlag

An Herrn Direktor Holzmann

Fräulein ~~Frau~~ Helga Bunge geb. am 26.12.1912

wohnhaft Frankfurt/Main

beabsichtigt, sich mit einem SS-Angehörigen zu verloben und zu verheiraten und hat Sie als Bürgen, der über sie und ihre Familie Auskunft geben kann, namhaft gemacht. Sie werden daher gebeten, die gestellten Fragen möglichst ausführlich zu beantworten.
Da eine Bearbeitung des Gesuches vor Eingang Ihrer Antwort nicht erfolgt und eine Verlobungs-

M 1

57 *Heiratsgesuch für SS-Angehörige. Wer bei der SS heiraten wollte, hatte strenge ärztliche Untersuchungen und genealogische Nachforschungen über sich ergehen zu lassen. Reichsführer SS Heinrich Himmler hatte seine Vorstellungen: Die SS sollte die «Keimzelle eines neuen germanischen Geschlechts» sein.*

freimachten. Später wurde das Darlehen an alle Jungverheirateten ausgezahlt, es sei denn, sie konnten ihre arische Abstammung und Erbtüchtigkeit nicht nachweisen.
Das Darlehen war mit 3 Prozent pro Monat zurückzuzahlen, wenn beide Ehepartner arbeiteten und mit einem Prozent, wenn nur der Mann berufstätig war. Für jede Geburt wurden 25 Prozent Nachlaß gewährt. Bei vier Kindern war das Darlehen getilgt.
Die zinslosen Ehestandsdarlehen lösten einen «Babyboom» aus: Die Geburtenrate schnellte in die Höhe. Bis 1938 waren eine Million Ehestandsdarlehen im Gesamtwert von 650 Millionen Reichsmark ausgestreut. 980000 Darlehen brauchten auf Grund der Geburten nicht zurückgezahlt werden. Bei der anhaltenden Nachfrage ging den Nationalsozialisten das Geld aus: der Darlehnsbetrag wurde auf 500 Reichsmark gekürzt. Aber 250 Reichsmark für ein Baby waren auch eine ansehnliche Zugungsprämie, wenn man bedenkt, daß ein Industriearbeiter 140 Reichsmark im Monat verdiente.
Kindergeld, das der Beschaffung von Möbeln, Küchengerät und Kleidung diente, erhielten Familien mit vier Kindern und niedrigem Einkommen. Es gab 10 Reichsmark für das dritte und vierte Kind und 20 Reichsmark für das fünfte. Beamte, die heirateten, erhielten ohne Ansehen ihres Dienstalters die Bezüge der nächsthöheren Stufe.
Mit großem propagandistischen Aufwand wurde eine kinderfreundliche Stimmung geschaffen. Die SS-Zeitung «Das schwarze Korps» tönte: «Erst wenn die Zahl der Wiegen die Zahl der Särge übersteigt, können wir frohen Mutes in die bessere Zukunft blicken.» Ausstellungen wurden veranstaltet, die zeigten, daß die bedeutendsten Männer der Welt ein Dutzend Geschwister oder wie im Falle des Barockmusikers Johann Sebastian Bach ein

58 *Frauen der NS-Frauenschaft beim Hissen ihrer Fahne. Die NS-Frauenschaft war eine Mammutorganisation, die umfangreiche Aktivitäten entfaltete: Geburtshilfeunterricht für Schwangere, Mutterschaftskurse für Bräute und hauswirtschaftliche Kurse für Schulmädchen. Während des Krieges unterstützte sie das Rote Kreuz.*

Dutzend Kinder gehabt hatten. Der Bezeichnung «Familie» wurde dadurch so etwas wie ein aristokratischer Seltenheitswert gegeben. Der gefühlsbeladene Ausdruck «Kindersegen» wurde ständig gebraucht, während jeder Wunsch nach einem Leben ohne Kinder als ein «Nebenprodukt der Asphalt-Zivilsation» aufgefaßt wurde, das ebenso verächtlich galt wie Fahnenflucht im Krieg.

«Es muß besonders von einem Volksgenossen, der für die Beamtenlaufbahn zugelassen worden ist, verlangt werden, daß er frühzeitig heiratet. Jeder Beamtenanwärter ist nach nationalsozialistischer Auffassung verpflichtet, allen anderen Volksgenossen, auch in der Frage der frühzeitigen Familiengründung, Vorbild zu sein. Es wird demnächst bestimmt werden, daß ohne Rücksicht auf das Dienstalter die Bezüge der höchsten Stufe gewährt werden, sobald der Beamte heiratet ...

Zu der Verbesserung der Anfangsbezüge kommt das Weniger an Lohnsteuer. Ein junger Beamter, der unter solchen Umständen nicht bald nach bestandener Prüfung heiratet, ist nicht wert, in die Beamtenlaufbahn des nationalsozialistischen Staates endgültig übernommen zu werden. Es muß erstrebt werden, die Übertragung einer Planstelle an den jungen Beamten davon abhängig zu machen, daß er verheiratet ist.»

Staatssekretär Reinhardt auf der Reichstagung des Reichsbundes der Kinderreichen am 5. Juni 1937

Mit den Müttern wurde ein wahrer Kult getrieben. Hitler stiftete für hervorragende Dienste gegen Geburtenschwund und Volkstod im Dezember 1938 nach dem Vorbild der französischen Medaille de la Famille Française das Mutterkreuz. Alljährlich am 12. August, dem Geburtstag von Hitlers Mutter, wurden kinderreiche Mütter mit dem «Ehrenkreuz der deutschen Mutter» in Bronze für vier Kinder, in Silber für sechs und in Gold für acht und mehr Kinder ausgezeichnet. Der Orden, eine vielsagende Mischung aus Parteiabzeichen, Pour le Merité und Eisernem Kreuz, trug die Umschrift «Das Kind adelt die Mutter». Im August 1939 wurden 3 Millionen Mütter geehrt.

Berlin, 24. Dezember.
«Die deutsche kinderreiche Mutter soll den gleichen Ehrenplatz in der deutschen Volksgemeinschaft erhalten wie der Frontsoldat, denn ihr Einsatz von Leib und Leben für Volk und Vaterland war der gleiche wie der des Frontsoldaten im Donner der Schlachten.» Mit diesen Worten hat der Hauptdienstleiter für Volksgesundheit in der Reichsleitung der Partei, Reichsärzteführer Dr. Wagner, bereits auf dem Parteitag der Arbeit im Auftrage des Führers, die Schaffung eines Ehrenzeichens für die kinderreiche deutsche Mutter angekündigt.
3 Millionen deutscher Mütter werden nunmehr am Tage der deutschen Mutter 1939 erstmalig in feierlicher Weise die neuen Ehrenzeichen durch die Hoheitsträger der Partei verliehen bekommen. Jahr für Jahr werden diese Feiern sich dann am Muttertag, am Ordenstag der kinderreichen Mütter, wiederholen.
Die Jugend vor allem, sie soll zur Ehrfurcht vor den Müttern des Volkes angehalten werden. So wird sich die Ehrung der kinderreichen deutschen Mutter nicht nur auf den Muttertag und auf die Ordensverleihung beschränken. Auch im öffentlichen Leben wird die kinderreiche Mutter in Zukunft den Platz einnehmen, der ihr zukommt.
Durch die Grußpflicht sämtlicher Mitglieder der Jugendformationen der Partei wird der Jungnationalsozialist ihr die Achtung erweisen.
Darüber hinaus aber werden die Trägerinnen des Mütter-Ehrenkreuzes in Zukunft alle jene Bevorzugungen genießen, die uns gegenüber den verdienten Volksgenossen, gegenüber Kriegsbeschädigten und Opfern der nationalsozialistischen Erhebung bereits Selbstverständlichkeit geworden sind, als da sind Ehrenplätze bei Veranstaltungen der Partei und des Staates, Vortrittsrecht an Behördenschaltern, Verpflichtung der Schaffner zu bevorzugter Platzanweisung in Eisen- und Straßenbahn. Dazu kommt eine Altersversorgung, bevorzugte Aufnahme in Altersheimen für alleinstehende Altmütter, eventuell in eigens in Großstädten zu errichtenden Altersheimen oder in besonderen Abteilungen der schon bestehenden Heime.
Doch nicht Dank allein bedeutet diese Ehrung der kinderreichen Mutter, insbesondere der deutschen Altmutter, durch den Führer, sie drückt auch zugleich das Vertrauen aus, das der Führer und damit das deutsche Volk allen deutschen Müttern entgegenbringt, daß sie uns auch weiterhin den Weg unseres Volkes bereiten helfen, daß sie uns die Jugend schenken, die nach schwerer Zeit dereinst den Aufstieg unseres Volkes beendet. *Völkischer Beobachter vom 28. Dezember 1938*

Wachen hatten vor den Ordensträgerinnen das Gewehr zu präsentieren. Die HJ wurde ermahnt, die Trägerinnen des Mutterkreuzes zu grüßen. Dieses «Achtung erweisen» wurde bald eine Selbstverständlichkeit. In Straßenbahnen, Autobussen und Untergrundbahnen sprangen die Männer auf und boten schwangeren Frauen und Müttern mit kleinen Kindern ihren Platz an. Im Krieg erhielten dann werdende Mütter Vorzugsrationen und einen sicheren Platz im Luftschutzkeller.
Jene Mütter, denen der Orden am blauen Band um den Hals gehängt wurde, fühlten sich gewiß geehrt. Doch gab es nicht nur Einspruch gegen diese Prämierung von seiten der Kirche. Es gab auch Spott und Hohn, den das kriegerische Dekor am Busen geradezu herausforderte.

Zeichnungsschein

für das

Hilfswerk „Mutter und Kind"

und die übrigen Sommeraufgaben der N. S. Volkswohlfahrt

zeichnet

(Name)

eine Spende in Höhe von

Reichsmark

Der Betrag wird der Gauamtsleitung Hessen-Nassau der N. S. Volkswohlfahrt

am ______ auf das Postscheckkonto 23000 überwiesen

An die

Gauamtsleitung Hessen-Nassau

der N. S. Volkswohlfahrt

Frankfurt am Main

(Ort, Datum und Stempel)

Unterschrift des Zeichnungsberechtigten

59 *Zeichnungsschein. Trotz staatlicher Zuschüsse war das Hilfswerk «Mutter und Kind» immer wieder auf Spenden angewiesen, um seine Organisation noch effektiver arbeiten zu lassen.*

60 *Kampf dem Verderb: Ratschläge für die deutsche Hausfrau.*

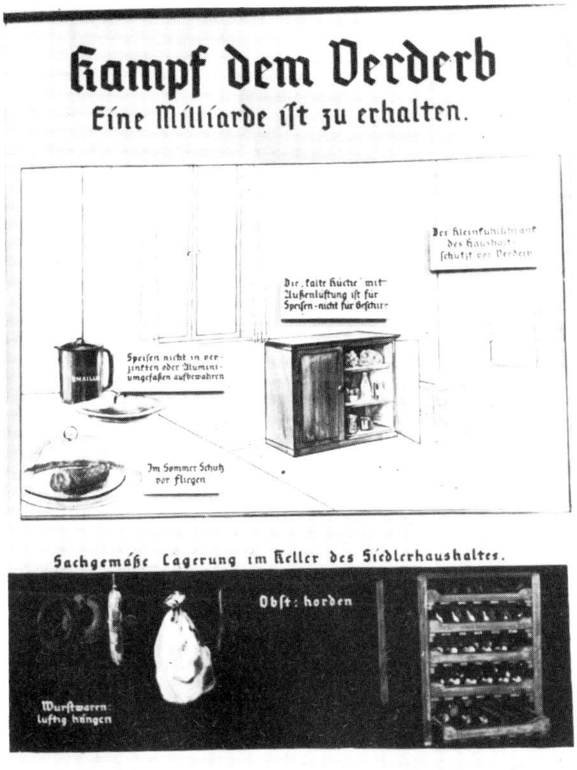

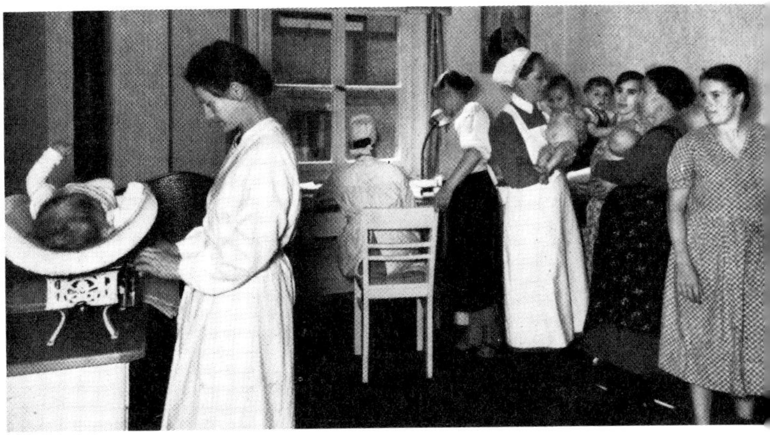

61 *Das Hilfswerk «Mutter und Kind» der «Nationalsozialistischen Volksfürsorge» (NSV) half Schwangeren sowie ledigen und verheirateten Müttern mit Geld, Unterkunft und praktischen Tips.*

Kinderreich – ein Ehrentitel
Ehrenführerring gegründet

Weimar, 13. Dezember.
Hier wurde der *Ehrenführerring der Kinderreichen* im «Reichsbund der Kinderreichen» unter dem Vorsitz des Reichsstatthalters *Sauckel* gegründet. Reichskriegsminister *von Blomberg*, Mitglied des Ehrenführerringes, sandte telegraphische Grüße und verband damit den Wunsch, daß das Wort «kinderreich» zum selbstverständlichen Ehren- und Beinamen jedes erbgesunden Deutschen im Dritten Reich werden möge. Reichsinnenminister *Dr. Frick*, ebenfalls Mitglied des Ehrenführerringes, wurde vertreten durch Ministerialdirektor im Reichsministerium des Innern, *Dr. Gütt*.

Völkischer Beobachter
vom 13. Dezember 1935

Der Volksmund kommentierte die Auszeichnung für reichen Kindersegen auf seine Weise. Ein Bonmot nahm die Benachteiligung männlicher Potenzleistung aufs Korn: Wer fünf Kinder hat, erhält den

Titel «Erzeugungsrat»; wer ein uneheliches Kind hat, wird zum «Geheimen Erzeugungsrat» ernannt und wer für das uneheliche Kind noch nicht einmal Alimente zahlt, wird zum «Wirklich Geheimen Erzeugungsrat» befördert.

Der Mütterkult erreichte seinen Höhepunkt in der Redensart: «Ich habe dem Führer ein Kind geschenkt!» Daß viele Kinder unehelich zur Welt kamen, störte die Nationalsozialisten nicht: Hauptsache diese Kinder waren reinen Blutes. Wenn der Vater noch minderjährig war, erleichterten die Behörden das Verfahren zur Erlangung der Volljährigkeit. Das Antragsformular auf Zulassung der Volljährigkeit hatte bei männlichen Personen unter 21 Jahren folgenden Wortlaut:

> «Ich bitte, mich volljährig zu erklären. Ich bin seit ... mit der ... verlobt, die am ... ein Kind geboren hat, dessen Vater ich bin/die von mir im ..-ten Monat schwanger ist. Ich möchte meine Braut, die ein ordentliches, fleißiges und wirtschaftliches Mädchen ist, baldigst heiraten, damit ich dann für sie und mein Kind besser und leichter sorgen kann, als es mir jetzt möglich ist. Ich verdiene wöchentlich ... kann also für meine Familie sorgen. Eine Wohnung haben/bekommen wir. Was die Ehe bedeutet, weiß ich.»

Beamtete Mütter außerehelicher Kinder besaßen grundsätzlich Kündigungsschutz. Die Nationalsozialisten unternahmen alles, um ledigen Müttern und ihren Kindern Gleichberechtigung wie auch Wertschätzung in der Öffentlichkeit zu geben. Diese Kampagne fand ihren Ausdruck in der Aktion «Lebensborn», einer höchsteigenen Gründung des Reichsführers SS Heinrich Himmler.

Über den «Lebensborn» ist während des «Dritten Reiches» und erst recht danach unglaublich viel phantasiert worden. Die Wirklichkeit war sehr viel simpler und kaum anrüchig. Der eingetragene Verein wurde im September 1936 ins Leben gerufen und hatte den Zweck zu erfüllen: «Rassisch und erbbiologisch wertvolle Mütter zu betreuen, bei denen nach sorgfältiger Prüfung der eigenen Familie und der Familie des Erzeugers anzunehmen ist, daß gleich wertvolle Kinder zur Welt kommen.»

> *14. 2. 44; A: SS-Ostubaf. Dr. Brandt; E: SS-Staf. Max Sollmann, Vorstand des Lebensborn*
>
> Lieber Max!
>
> Anliegend übersende ich Dir Abschrift des Schreibens eines Artur Dombek, Hamburg. Ich füge außerdem einen vom Reichsführer-SS diktieren Vermerk bei. Der Reichsführer-SS wünscht, daß bei dem Lebensborn ein Vorgang «Frage der Zeugung von Mädchen oder Knaben» angelegt wird.
>
> Heil Hitler!
>
> D(ein) R
>
> *Anlage: 12. 2. 44; Vermerk RF*
>
> SS-Obergruppenführer Berger erzählte mir kürzlich, als das Gespräch auf die Zeugung von Mädchen oder Knaben kam, daß in seiner Heimat auf der «Schwäbischen Alp», wenn die Familie endlich einen Knaben als Kind haben wollte, folgendes üblich ist:
>
> Der Mann geht, nachdem er die Woche vorher ebenso wie die Frau keinen Alkohol zu sich genommen hat, mittags 12 Uhr von Hause fort und marschiert zu Fuß nach dem 20 km entfernten Ulm und wieder zurück. Er darf auf diesem Wege nicht an einem Wirtshaus haltmachen. Die Frau arbeitet eine ganze Woche vor diesem Tage nichts, ernährt sich sehr gut, schläft viel und strengt sich in gar keiner Weise an. Nach der Rückkehr des Mannes von seinem Marsch erfolgt die Zeugung. Der Erfolg soll immer die Geburt von Knaben sein.
>
> gez. H. Himmler

Dreizehn Heime wurden bis 1944 eingerichtet, unter anderem im bayerischen Steinköring, in Hohenhorst bei Bremen und in Werningerode im Harz. Die Heime hatten eigene standesamtliche Einrichtungen, in denen die notwendigen Eintragungen unter Ausschluß der Öffentlichkeit vorgenommen wurden. Lebensborn e. V. stellte auch den Vormund und behielt im Bedarfsfalle die Säuglinge für ein Jahr in seinen Heimen, bevor sie dann

62 *Die Ahnentafel Hitlers in der Ausstellung «Das Wunder des Lebens». Der Rassenwahn der Nationalsozialisten machte die Deutschen zu einem Volk der Ahnenforscher: Ohne Ahnenpaß keine Trauung. So manche Parteikarriere fand ein frühzeitiges Ende, wenn eine jüdische Urgroßmutter im Stammbaum ausgemacht wurde.*

an die kinderlosen und kinderarmen Führerfamilien der SS verteilt wurden. Es kam auch vor, daß ausgesuchte Mädchen und Frauen von SS-Männern geschwängert wurden und dann in den Heimen lebten. Diese «Rassenauslese» wurde zwar von Himmler gefördert, war aber eher die Ausnahme.

Heiratsanzeigen
«Zweiundfünfzig Jahre alter, rein arischer Arzt, Teilnehmer an der Schlacht bei Tannenberg, der auf dem Lande zu siedeln beabsichtigt, wünscht sich männlichen Nachwuchs durch eine standesamtliche Heirat mit einer gesunden Arierin, jungfräulich, jung, bescheiden, sparsame Hausfrau, gewöhnt an schwere Arbeit, breithüftig, flache Absätze, keine Ohrringe, möglichst ohne Eigentum.»

Münchner Neueste Nachrichten
vom 25. Juli 1940

«Witwer, 60 Jahre alt, wünscht sich wieder zu verheiraten mit einer nordischen Gattin, die bereit ist, ihm Kinder zu schenken, damit die alte Familie in der männlichen Linie nicht ausstirbt.»

Hamburger Fremdenblatt
vom 5. Dezember 1935

Trotz Propagandagetöse und Ordenszierat: Viele Frauen waren nicht bereit, «dem Führer ein Kind zu schenken». Sie bildeten sogar eine recht umfangreiche Gruppe. Parteiredner nannten die Fortsetzung kinderloser Ehen eine «genetische Verschwendung». Die Sorge um den Nachwuchs führte dazu, daß Staatsangestellte daran erinnert wurden, daß ihre Pflichten gegenüber dem Staat nicht mit dem Verlassen der Dienststelle endeten. Der seit 1919 bestehende «Reichsbund der Kinderreichen Deutschlands zum Schutze der Familie», der vom Rassenpolitischen Amt der NSDAP betreut wurde, hatte bei der Lösung von Familienproblemen zu helfen. In größeren Städten entstanden Ehevermittlungsbüros, um eugenisch taugliche Heiratskandidaten zusammenzubringen.
Die SS-Postille «Das schwarze Korps» machte sich schließlich für die «Revolution im deutschen Heim» stark, und forderte die Gleichberechtigung in der Ehe. Nicht ohne Hintergedanken. Denn viele überarbeitete Hausfrauen zeigten wenig Lust, sich mit weiteren Kindern ihr Leben unerträglich zu machen. Mit Einkaufstaschen und Geschirrtüchern konnten sich die deutschen Männer zwar nicht anfreunden, aber den arg strapazierten Müttern wurde dennoch eine spürbare Hilfe durch das Pflichtjahr der Mädel, besonders aber durch die parteieigene Einrichtung «Mutter und Kind» zuteil.

Eine Mutter an den Führer
Mein Führer!
Zum ersten Male sehe ich Sie persönlich. Ich hatte niemals Zeit, auf Sie, mein Führer, zu warten. Vier Kinder habe ich, zwei Jungen und zwei Mädel. Sie fahren nun so stolz an mir vorbei, sehen gewaltige Flottenparaden, Wehrmachtsparaden, daß Ihnen gewiß das Herz im Leibe lacht, sehen viel Schönes und Erhebendes, erleben ein Leben wie selten ein Mensch. Ich, mein Führer, habe viel Arbeit, putze um 11 Uhr nachts noch die Stiefel meiner Kinder, wasche die Kleidchen und Hosen, und doch, mein Führer – auch ich erlebe jeden Tag etwas, was vielleicht noch schöner ist als Flottenparaden, Wehrmachtsparaden und politische Erfolge. Darum will ich Sie nicht beneiden. Jeden Abend, nach einem Tag, der oft schon um 5 Uhr beginnt und voller Arbeit ist, habe ich das schönste Erlebnis, das ein Mensch überhaupt nur haben kann. Ich sehe vier selig schlafende Kinder. Erst gehe ich in das Zimmer der beiden Mädel, ein blondes und ein schwarzes. Sie liegen in ihren Betten wie ein paar Engel, die kein Wässerchen trüben können – und sind doch solch wilde Rangen. Dann gehe ich in das Jungenzimmer. Zwei Knaben, einer ist blond und einer ist schwarz, und der Blonde schläft immer auf dem Bauch, das Gesicht tief in die Kissen gedrückt, so daß er morgens immer mit einem Monogramm erwacht. Zwei schlafende Buben, mein Führer, ist das nicht das Schönste auf der Welt? Sie haben Arbeit, mein Führer, vielleicht dann auch Freude über den Erfolg. Ich habe nur Freude. Vier Kinder und sie abends schlafen zu sehen, gesund und braungebrannt, das läßt alle Tagesarbeit vergessen – das ist nur Dankbarkeit und helle Freude.
Das dachte ich, als Sie, mein Führer, stolz an mir vorbeifuhren und ich ein wenig neidisch werden wollte, weil das Schicksal aus mir keinen Mann gemacht hatte und keinen Adolf Hitler.

Eine Hamburger Frau

Das Hilfswerk «Mutter und Kind» der nationalsozialistischen Volkswohlfahrt (NSV) umfaßte verschiedene Betreuungsmaßnahmen für «förderungswürdige, erbtüchtige, hilfebedürftige deutsche Familien». Für Bedürftige waren Ernährungshilfen, für alleinstehende Mütter Heime, für kinderreiche Familien Haushaltshilfen vorgesehen. Die Haushaltshilfen kamen während des Krieges zum größten Teil aus Polen und der Ukraine, teils freiwillig, teils wurden sie dazu gezwungen. Zur Entlastung der Mütter gab es auch noch die Kindertagesstätten der NSV, die sich als «Stätten der nationalsozialistischen Menschenführung» für die nichtuniformierten Wesen verstanden. Den beabsichtigten Hilfen standen allerdings ebenso praktische Schwierigkeiten im Wege: Es fehlte schlicht an Hilfskräften.

Die Nationalsozialisten wünschten sich viele Kinder. Abgesehen davon, daß es möglichst Kinder männlichen Geschlechts sein sollten, hatten sie unbedingt reinen Blutes zu sein. Dafür sorgte neben der antisemitischen Gesetzgebung gegen «Rassenschande», mit dem berüchtigten «Gesetz zum Schutze deutschen Blutes und der deutschen Ehre» vom 15. September 1935, das «Gesetz zur Verhütung erbkranken Nachwuchses» vom 26. Juli 1933. Jeder Deutsche, der körperliche Mißbildungen hatte, geistig zurückgeblieben war oder an Epilepsie, Schwachsinn, Taubheit oder Blindheit litt, sollte zwangsweise sterilisiert werden. Sterilisierte Personen durften nicht heiraten.

Die Abtreibung galt als besonders scheußliches Verbrechen. Sie wurde als «Sabotageakt gegen Deutschlands rassische Zukunft» hingestellt und mit schweren Strafen belegt. Empfängnisverhütungsmittel waren verpönt. Ihre Werbung wurde untersagt; der Verkauf blieb aber uneingeschränkt. Kliniken für den Schwangerschaftsabbruch wurden bereits im April 1933 geschlossen. Der Feldzug gegen die hohe Säuglingssterblichkeit war ein Schlag ins Wasser, da einerseits sexuelle Aufklärung und ärztliche Vorsorgeuntersuchungen unterblieben, andererseits Arbeitgeber und Arbeitnehmer die Bestimmungen des Mutterschutzgesetzes mißachteten. Viele Frauen hörten erst dann auf zu arbeiten, wenn die Wehen einsetzen, um die Lohnkürzungen möglichst zu vermeiden. 25 Prozent betrug die Lohneinbuße, wenn die sechswöchige Schutzfrist vor und nach der Niederkunft in Anspruch genommen wurde.

Alles für die Mütter, alles für die Familie – die «Keimzelle der Nation» war aber nicht so intakt, wie es sich die Nationalsozialisten gewünscht hätten. Der Generationenkonflikt zog auch weiterhin das Familienleben in Mitleidenschaft. Er wurde vor allem in den Familien zur Zerreißprobe, die der Indoktrinierung ihrer Kinder in der HJ und der Schule nichts entgegenzusetzen hatten. Religiös verwurzelte Familien waren gegen die NS-Gehirnwäsche eher immunisiert. Oft war das Verhältnis zwischen Mutter und Sohn gespannt. Der heranwachsende Jüngling in Uniform hatte nicht selten etwas sehr aufgeblasene Vorstellungen von seiner Bedeutung und spielte sich als «Herr im Hause» auf.

63 *Das BdM-Werk «Glaube und Schönheit»: Erst 1938 gegründet, sollte es die achtzehn- bis zwanzigjährigen Mädchen auf die Ehe vorbereiten. Diese freiwillige Organisation vermittelte Kenntnisse in Hauswirtschaft, Schönheitspflege, Gesundheitsdienst und NS-Weltanschauung.*

Zehn Gebote für die Gattenwahl

1. Gedenke, daß Du ein Deutscher bist.

Alles, was Du bist, bist Du nicht aus eigenem Verdienst, sondern durch Dein Volk. Ob Du willst oder nicht willst, Du gehörst zu ihm; denn Du bist aus ihm hervorgegangen. Darum denke bei allem, was Du tust, ob es *Deinem* Volke förderlich ist. Gemeinnutz geht vor Eigennutz.

2. Du sollst, wenn Du erbgesund bist, nicht ehelos bleiben.

Alles, was an Dir vorhanden ist, alle Eigenschaften Deines Körpers und Geistes sind vergänglich. Sie sind ein Erbe, ein Geschenk Deiner Vorfahren. Sie leben in Dir in ununterbrochener Kette weiter. Wer ohne zwingenden Grund ehelos bleibt, unterbricht diese Kette der Geschlechter. – *Dein* Leben ist nur eine vorübergehende Erscheinung; Sippe und Volk bestehen fort. Geistiges und körperliches Erbgut feiert in den Kindern Auferstehung.

Erbgut, Blutserbe ist alles das, was an körperlichen, geistigen und seelischen Anlagen dem Menschen durch seine Ahnen bei der Zeugung übermittelt worden ist. Bei der großen Menge dieser Anlagen kann im Einzelmenschen nur ein Teil davon während seines Lebens in Erscheinung treten. Da dieses Erbgut immer wieder bei den Nachkommen in Erscheinung tritt, ist es ewig. Es ist das Erbbild, dem das Erscheinungsbild des Einzelmenschen gegenübersteht.

3. Halte Deinen Körper rein!

Was Dir an Gesundheit von reinen Eltern verliehen worden ist, erhalte es, um Deinem Volke dienen zu können. Hüte Dich, nutzlos und leichtsinnig damit zu spielen. Der Genuß eines Augenblicks kann Deine Gesundheit und Dein Erbgut dauernd zerstören, zum Fluche für Dich, Deine Kinder und Enkel. Was Du von Deinem zukünftigen Lebensgefährten verlangst, mußt Du auch von Dir selbst verlangen. Gedenke, daß Du ein deutscher Ahnherr bist.

4. Du sollst Geist und Seele rein erhalten.

Erhalte, was Du an Anlagen hast, werde, was Du Deinen Anlagen nach sein kannst. Halte fern von Geist und Seele alles, was Dir innerlich fremd ist, was Deiner Art zuwider ist, was Dein Gewissen Dir verbietet. Aussicht auf Gut und Geld, Aussicht auf schnelleres Fortkommen, Aussicht auf Genuß verleiten gar oft dazu, dies zu vergessen.

Sei darum wahr gegen Dich selbst und vor allem gegenüber Deinem zukünftigen Lebensgefährten. Auf Lüge erbautes Glück zerfällt gar bald in Trümmer. Was Du von Deinem Lebensgefährten verlangst, mußt Du auch selbst erfüllen.

5. Wähle als Deutscher nur einen Gatten gleichen oder nordischen Blutes.

Wo Anlage zu Anlage paßt, herrscht Gleichklang. Wo ungleiche Rassen sich mischen, gibt es einen Mißklang. Mischung nicht zueinander passender Rassen (Bastardierung) führt im Leben der Menschen und Völker häufig zu Entartungen und Untergang; um so schneller, je weniger die Rasseneigenschaften zueinander passen. Hüte Dich vorm Niedergang, halte Dich von Fremdstämmigen außereuropäischer Rassenherkunft fern! Glück ist nur bei Gleichgearteten möglich.

Die Geschichte lehrt, daß unsere germanischen Vorfahren dem Wunschbild des Nordischen Menschen in hohem Maße entsprachen. Die Nordische Rasse ist nach allen Forschungen die für das Deutsche Volk und seine Brudervölker germanischer Sprache und ihre Entwicklung wertvollste Rasse. Alle deutschen Stämme haben einen Einschlag Nordischer Rasse gemeinsam, mögen sie sich auch sonst durch Einschläge nichtnordischer Rassen unterscheiden. – Der Nordische Blutseinschlag verbindet das ganze deutsche Volk. Jeder Deutsche hat daran mehr oder weniger Teil. Diesen Anteil zu erhalten und zu mehren ist heilige Pflicht. Wer sein Blut mit Fremdstämmigen außereuropäischer Rassenherkunft mischt, arbeitet der Aufartung seines Volkes entgegen.

6. Bei der Wahl Deines Gatten frage nach seinen Vorfahren.

Du heiratest nicht Deinen Gatten allein, sondern mit ihm gewissermaßen seine Ahnen. Wertvolle Nachkommen sind nur zu erwarten, wo wertvolle Ahnen vorhanden sind. Gaben des Verstandes und der Seele sind ebenso ein Erbteil wie die Farbe der Augen und Haare. Schlechte Anlagen vererben sich ebenso wie gute. Ein guter Mensch kann in sich Keime (Erbgut) tragen, die in den Kindern sich zum Unglück gestalten. Darum heirate nie den einzigen guten Menschen aus einer schlechten Familie.

Wer offen Blickes Eltern und Verwandtschaft betrachtet, wird manche Gefahr erkennen. Bist Du unsicher, verlange eine erbbiologische Sippschaftstafel, frage einen mit Erbgesundheitsfragen vertrauten Arzt.

Es gibt nichts Kostbareres auf der Welt als die Keime edlen Blutes, verdorbene Keimmasse kann keine Heilkunst in gute verwandeln.

7. Gesundheit ist Voraussetzung auch für äußere Schönheit.

Gesundheit bietet die beste Gewähr für dauerndes Glück; denn sie ist die Voraussetzung für Schönheit und seelische Ausgeglichenheit. Verlange von Deinem zukünftigen Ge-

fährten, daß er sich ärztlich auf Ehetauglichkeit untersuchen läßt, wie Du es selber auch tun mußt.
8. Heirate nur aus Liebe.
Geld ist vergänglich Gut und macht nicht dauernd glücklich. Wo der göttliche Funke der Liebe fehlt, kann kein Glück gedeihen. Reichtum des Herzens und Gemütes ist die beste Gewähr für dauerndes Glück.
Darum sei Deine Liebe nicht blind, sondern sehend und sich der Verantwortung bewußt! Ein kurzer Sinnenrausch ist keine echte Liebe!
9. Suche Dir keinen Gespielen, sondern einen Gefährten für die Ehe.
Die Ehe ist kein vorübergehendes Spiel zwischen zwei Menschen, sondern eine dauernde Bindung, die für das Leben des einzelnen wie des ganzen Volkes von tiefer Bedeutung ist. Der Sinn der Ehe ist das Kind und die Aufzucht der Nachkommenschaft.
Nur bei seelisch, körperlich und rassisch gleichgearteten Menschen kann dieses Hochziel erreicht werden zum Segen ihrer selbst und ihres Volkes; denn jede Rasse hat ihre eigene Seele. Nur gleiche Seelen werden einander verstehen.
Ein allzu großer Altersunterschied zwischen Ehegatten gefährdet leicht das Gleichgewicht in der Ehe.
10. Du sollst Dir möglichst viele Kinder wünschen.
Erst bei drei bis vier Kindern bleibt der Bestand des Volkes sichergestellt. Nur bei großer Kinderzahl werden die in der Sippe vorhandenen Anlagen in möglichst großer Zahl und Mannigfaltigkeit in Erscheinung treten. Kein Kind gleicht genau dem anderen. Ein jedes Kind hat verschiedene Anlagen seiner Vorfahren ererbt. Viele wertvolle Kinder erhöhen den Wert eines Volkes und sind die sicherste Gewähr für seinen Fortbestand. Du vergehst; was Du Deinen Nachkommen gibst, bleibt; in ihnen feierst Du Auferstehung. Dein Volk lebt ewig!

Viele Frauen hatten zudem das Los der «politischen Witwenschaft» zu tragen. Zwar lebten die Ehemänner, doch viele gingen völlig in Beruf und ihrer Arbeit für die Partei auf und vernachlässigten ihre familiären und ehelichen Pflichten. Gewiß, es war nur ein Witz, den man sich erzählte, daß SA-Vater, NS-Frauenschaftsmutter, HJ-Sohn und BdM-Tochter sich nur einmal im Jahr und dann auf dem Nürnberger Parteitag trafen, aber er war bezeichnend für die zahlreichen, letztlich familienfeindlichen Aktionen, die die Nationalsozialisten veranstalteten. Große Teile der Bevölkerung wurden ständig in Bewegung gehalten: SA-Appelle und SS-Reiterübungen, HJ-Ferienlager und BdM-Sportfeste, NSLB-Schulungskurse und NSV-Frauenschaftstreffen. Es wurde organisiert und gesammelt, gefeiert und marschiert.
Kein Wunder, daß viele Ehen in die Brüche gingen, und die Scheidungsrate im «Dritten Reich» extrem hoch lag. Dem Scheidungswilligen wurden im allgemeinen keine allzu großen Hindernisse in den Weg gelegt. Scheidungsgründe waren Ehebruch, Nachwuchsverweigerung, unehrenhaftes und unmoralisches Betragen, Geisteskrankheit, ernste ansteckende Krankheiten und Unfruchtbarkeit. Das NS-Scheidungsrecht benachteiligte eindeutig die Frau.
Daß sie diskriminiert wurde, daran mußte sich die Frau im «Dritten Reich» gewöhnen, ob sie wollte oder nicht. Es war bezeichnend für die Doppelbödigkeit des Regimes, daß es die kinderreichen Mütter wie Bienenköniginnen hegte und pflegte, der Frau aber die Gleichberechtigung am Arbeitsplatz und in der Gesellschaft absprach. Während im wirklichen Leben mehr und mehr Frauen im Schatten der Näh- und anderer Maschinen standen, glaubten die Nationalsozialisten, sie immer noch so sehen zu müssen, als drehten sie das Spinnrad.
Propagandaminister Joseph Goebbels faßte in einer Rede die Aufgaben der modernen deutschen Frau zusammen: «Die Frau hat die Aufgabe schön zu sein und Kinder zur Welt zu bringen.» Und weiter: «Die Entfernung der Frauen aus dem öffentlichen Leben, die wir vornehmen, geschieht nur, um ihnen ihre Frauenwürde zurückzugeben.» Gleich nach der Machtergreifung begannen die Nationalsozialisten ihre Vorstellungen in die Tat umzusetzen. Zahlreiche verheiratete Ärztinnen und Beamtinnen wurden entlassen. Die Zahl der Lehrerinnen wurde eingeschränkt und der Anteil der Mädchen in den Höheren Schulen und Universitäten

64 *Modenschau im Frankfurter Palmengarten im Jahre 1936. Die modebewußte Frau orientierte sich an den Pariser Creationen – zum Leidwesen der provinziellen Kleinbürger in der NSDAP, die gegen den «Modeschwindel» wetterten und die deutsche Frau am liebsten in Parteiuniformen und Trachten gesteckt hätten.*

Braunschweig, 31. Mai. In einer Versammlung der NSDAP wandte sich SS-Obergruppenführer Jeckeln gegen den «Blondheitsfimmel». Blonde Haare und blaue Augen seien allerdings noch längst kein zwingender Beweis, daß man der nordischen Rasse angehöre. Ein Mädchen, das heute einen SS-Mann heiraten wolle, müsse in jeder Beziehung einwandfrei sein. Daher werde von ihr der Besitz des Reichssportabzeichens gefordert. Manche könnten vielleicht heute dieses Verlangen noch nicht verstehen. Aber Deutschland brauche keine Frauen, die auf den Fünf-Uhr-Tees schön tanzen könnten, sondern Frauen, die durch sportliche Leistungen ihre Gesundheit bewiesen hätten. Und zum Gesundwerden tauge der Speer oder der Sprungstab besser als der Lippenstift.

Frankfurter Zeitung
vom 1. Juni 1937

drastisch gesenkt. Ab 1936 durfte keine Frau mehr Richter oder Staatsanwalt sein. Begründung: Frauen können nicht logisch denken und objektiv urteilen; sie entscheiden nur nach dem Gefühl.

Damen werden gebeten, nicht zu rauchen
Erfurt, 22. August
Der Erfurter Polizeipräsident hat, wie berichtet, die Inhaber von Gaststätten, Cafés usw. aufgefordert, in ihren Lokalen Schilder mit der Aufschrift *«Damen werden gebeten, nicht zu rauchen»* anzubringen. In einem neuen Erlaß hat er die Polizeireviere angewiesen, nachzuprüfen, ob seiner Aufforderung überall nachgekommen würde. Sollte das irgendwo nicht der Fall sein, würde er sich veranlaßt sehen, die Namen der betreffenden Gaststätten öffentlich bekanntzugeben.

Frankfurter Zeitung vom 22. August 1933

Tatsächlich sank der Frauenanteil in akademischen Berufen und Ausbildungsstätten spürbar. Aber auch nur da. Denn in der Industrie gaben verhältnismäßig wenige Frauen ihre Arbeitsplätze an Männer ab. Die Unternehmer sahen das auch nicht gerne: Die weiblichen Arbeitskräfte waren billiger – sie erhielten nur 70 Prozent des männlichen Arbeitslohnes für die gleiche Arbeit –, und sie waren unersetzlich. Als die Nationalsozialisten ihre Rüstungsprogramme auflegten, hörte das ganze Gerede von der Rückkehr der Frau an den Herd schnell auf. Denn über Nacht trat Vollbeschäftigung ein und schließlich fehlte es an allen Ecken und Enden an Arbeitskräften. Den Frauen wurde die Rückkehr in ihren alten Beruf wesentlich erleichtert, als 1937 die einschränkenden Bestimmungen für Ehestandsdarlehen fallengelassen wurden.
Da die Frauen den besser bezahlten Arbeitsplätzen im Handel und Gewerbe den Vorzug gaben, führte das Regime ein obligatorisches «Pflichtjahr» für alle unverheirateten Mädchen und Frauen unter 25 Jahren ein, das sie auf dem Land oder im Haushalt verbrachten, bevor sie eine Stelle antreten konnten.

Zutritt für geschminkte Frauen verboten
Breslau, 7. August. –
Die Kreisleitung Breslau teilt mit, daß Frauen mit geschminktem Gesicht der Zutritt zu allen Veranstaltungen der NSDAP verboten ist. Die Amtsleiter sind angewiesen, eine entsprechende Kontrolle durchzuführen.

Schlesische Tageszeitung vom 7. August 1933

Die Nationalsozialisten gefielen sich in ihrer Rolle als Sitten- und Tugendwächter und versuchten, den Frauen ihr «Gretchenbild» aufzuschwätzen. Parteischreier, die überwiegend aus dem mittelständischen und provinziellen Kleinbürgertum kamen, ließen unaufhörlich eine Flut von Polemik, Ermahnungen und Drohungen los, um die deutsche Frau zur Rückkehr zu den Tugenden zu bewegen, die ihr angeblich eigen waren. Sie geißelten jedes Make-up als schreiend und undeutsch und behaupteten, es sei nur für die sinnlichen Gesichter und dicken Lippen von Levantinern geeignet. Das Unnatürlichste, was man auf der Straße treffen könne, sei eine deutsche Frau, die sich unter Mißachtung aller Schönheitsgesetze ihr Gesicht mit orientalischer Kriegsbemalung anmale. In Erfurt wurden die Einwohner vom Polizeipräsidenten aufgefordert, in der Öffentlichkeit rauchende Frauen an ihre Pflichten als deutsche Frauen und Mutter zu erinnern. Frauen in Männerhosen waren in Friedenszeiten ein öffentliches Ärgernis.
Die Frauen wurden zwar im Berufsleben durch Berufsverbote, numerus clausus und schlechte Bezahlung diskriminiert und konnten sich kaum dagegen zur Wehr setzen. Aber in Fragen der Mode und Schönheitspflege zeigten sie erfolgreich Widerstand: Das «Gretchenbild» der Nationalsozialisten blieb ein Wunschtraum.

4. Arbeiter der Stirn und der Faust

6. Oktober 1935. Es gab wieder etwas zu feiern: Erntedankfest auf dem Bückeberg bei Hameln. 1 Million Menschen war zum «größten Thing aller Zeiten» versammelt. Die gesamte «Reichsnährstand»-Führung mit Reichsbauernführer Walter Darré an der Spitze war anwesend, auch Hitler war gekommen. Abordnungen der Bauern aus allen Teilen des Reiches belebten mit ihren farbenfrohen Trachten das Bild. Propagandaminister Joseph Goebbels eröffnete den Staatsakt:

> «Mein Führer! Das deutsche Bauernvolk steht in dieser Stunde um Sie versammelt, um mit Ihnen gemeinsam das Erntedankfest des deutschen Volkes feierlich zu begehen. Eine Million Bauern aus dem Niedersachsenlande stehen auf dem Bückeberg und an den Anfahrtstraßen nach Goslar aufmarschiert, um Sie, mein Führer, zu grüßen und Ihnen ihre Huldigung und ihre Dankbarkeit zu Füßen zu legen.
> Die deutschen Bauern haben ein schweres Jahr hinter sich. Eine schlechte Ernte im vergangenen Jahr hat Schwierigkeiten auf dem Gebiete der Nahrungsmittelversorgung des deutschen Volkes hervorgerufen.
> Trotzdem ist es dem deutschen Bauerntum gelungen, die Einfuhr von Lebensmitteln nach Deutschland von 2 1/2 Milliarden auf 1 Milliarde durch Intensivierung der Landwirtschaft herunterzudrücken. Was das für die Ankurbelung der Arbeitsschlacht bedeutet, daß weiß nun nachgerade auch jeder Arbeiter in Deutschland. Bauer und Arbeiter haben im Zeichen des Nationalsozialismus verstanden, daß wahre Volksgemeinschaft und Freiheit der Nation nach innen und nach außen nur erreicht werden kann durch Zusammenwirken der Stände, wie Sie, mein Führer, es das deutsche Volk gelehrt haben» ...

Abgesehen davon, daß Erntedankfest war, galt es, eine gewonnene «Erzeugungsschlacht im gigantischen Kampf um die deutsche Freiheit» zu feiern. Die Ernteerträge hatten gegenüber 1934 erheblich zugenommen. Aber die staatlichen Stellen waren noch nicht zufrieden. Parteiredner und Reichsnärstands-Funktionäre wurden nicht müde, die Bauern zu loben und sie zu noch besseren Ergebnissen anzustacheln. Sie bemühten die germanische Mythologie und die Geschichte, nannten die Bauern den «wahren Adel» des deutschen Volkes und ließen das Bauerntum hochleben.
Bauern und Nationalsozialisten – zwei Welten, die sich eigentlich völlig fremd waren, hatten sich, so schien es, gefunden, da sie glaubten, einander zu brauchen. Die Bauern gehörten mit zu denen, die der NSDAP den Aufstieg von einer unbedeutenden Splitterpartei zu einer machtvollen Massenpartei ermöglicht hatten. In Pommern und Ostpreußen, der Kornkammer des Reiches, stieg die Zahl der Stimmen für die NSDAP von 21473 im Jahre 1928 auf 473507 im Jahre 1930. Viele Bauern schenkten der Hitler-Partei ihre Gunst, weil sie von ihr Hilfe erwarteten. Die Lage vieler Kleinbauern war katastrophal: Überschuldete Höfe, Pfändungen und Zwangsversteigerungen waren ebenso an der Tagesordnung wie Selbstmorde und Einbrüche. Die Unzufriedenheit der Bauern führte 1932 zu Unruhen, die sich von Schleswig-Holstein über ganz Norddeutschland ausbreiteten.
Die Kleinbauern waren vor 1933 weitgehend auf Selbsthilfe angewiesen; den großen Gütern standen die Weimarer Regierungen mit Beihilfen aus dem «Osthilfeprogramm» zur Seite. Die Mehrzahl der großen Güter über 250 Morgen lag östlich der Elbe und wurde von Junkern bewirtschaftet, die ein Sechstel des Landes ihr Eigentum nannten, aber nur ein halbes Prozent der Gesamtzahl der Landwirte ausmachten. Drei Fünftel aller Landwirte hatten kaum mehr als 12 Morgen, und sie lebten meist unter erbärmlichen Verhältnissen. Zwei Drittel aller Bauernhöfe hatten keine Wasserlei-

65 *Erntedankfest auf dem Bückeberg bei Hameln am 6. Oktober 1935. Eine Million Menschen hatte sich zu diesem Staatsakt versammelt, bei dem die Nationalsozialisten die Bauern als «wahren Adel» feierten und sie zu noch größeren Leistungen in der «Erzeugungsschlacht» aufforderten.*

66 *Werbeplakat. Auch Studenten und Schüler wurden zum Ernteeinsatz angehalten. Für Volksschüler wurde sogar das neunte Schuljahr als «Landjahr» obligatorisch.*

tung, viele auch keinen elektrischen Anschluß. Traktoren waren in weiten Landstrichen eine Seltenheit. Die Pflüge wurden von Ochsen gezogen, das Getreide mit der Hand gebunden. Düngemittel fehlten. Die Rückständigkeit in der technischen Ausrüstung ging einher mit der sozialen Rückständigkeit.

Sehr einschneidend wirkt sich auf dem Lande das Erbhofgesetz aus. Überall herrscht Unzufriedenheit. Nach dem Gesetz dürfen die Grundstücke nicht verschuldet werden, auch nicht zur Erbteilung und Aussteuer. Allein in dem Bezirk eines Notars sind in Auswirkung des Gesetzes 20 Verlöbnisse aufgehoben worden. Ein sehr bekannter Landhandelskaufmann äußerte vor zwei Tagen nach einer Besprechung im Ministerium, daß die Regierung von einer Vertrauensbasis auf dem Lande nicht mehr sprechen könne. In einem Falle wurde dem Sohne durch das Erbhofgesetz die Vollendung des fast abgeschlossenen Studiums verboten, weil der Hof ohne Verschuldung die Kosten nicht aufbringen kann. Wo Ältestenrecht gilt, kehren älteste Söhne aus der Stadt zurück, verdrängen jüngere Geschwister und wirtschaften den Hof in Grund und Boden. Große Erregung in Regierungskreisen über geheime Denkschrift von Professor Sering über das Erbhofgesetz. Sering greift das Gesetz als Versklavung nachgeborener Söhne und Töchter an. Er sieht in Erbteilung und Verschuldung gerade Ursachen für Intensivierung, Modernisierung und allgemeiner gesteigerter Anstrenungen der Klein-Landwirtschaft.

Deutschlandbericht der SPD vom Mai 1934

In der Rhön waren die Bauern so arm, daß sie sich kein Stroh leisten konnten. Als Ersatz sammelten sie Laub in den Wäldern. Die Dörfler in der Gegend von Nürnberg hatten den Brauch, zweimal jährlich zum Barbier zum Aderlaß zu gehen. Während im Durchschnitt jeder achte Deutsche einen Radioapparat besaß, hatte nur jeder fünfundzwanzigste auf dem Lande ein Rundfunkgerät. In den Dörfern stand die Zeit still. Wer nicht gebunden war, ging in die Stadt.

... Die Bauern der hiesigen Umgebung sind gegenwärtig noch mit dem Drusch des Getreides beschäftigt. Der Körnerertrag wird mittelmäßig und der Strohertrag als gut bezeichnet. Die Gemeinde Wohnsgehaig ist seit 1. 7. 1936 als Milcheinzugsgebiet erklärt worden. Die Bauern dieser Ortschaft weigern sich jedoch, ihre Milch an die Molkerei

Plunck in Plösen abzuliefern, weil der Preis von 12 Pfg. zu wenig ist und sie außerdem die Milch selber nach Plösen schaffen sollen. Ihrer Milchablieferungspflicht kommen sie bis jetzt noch nicht nach. Als der Bürgermeister von Wohnsgehaig erst jüngst im Auftrag des Bezirksamts Ebermannstadt die sämtlichen Milcherzeuger unterschriftlich verständigen lassen wollte, daß sie ihrer Milchablieferungspflicht unbedingt nachzukommen haben, verweigerten die Erzeuger bis auf eine Person die Unterschrift. Es dürfte zweifellos von den Bauern Butter erzeugt werden und dieselbe in Bayreuth abgesetzt werden. Von diesseits läßt sich eine scharfe Überwachung nicht ermöglichen, da Wohnsgehaig 10 km entfernt und auf der Höhe liegt, und weil sich der Hauptverkehr in Richtung Bayreuth abwickelt. Die Gendarmeriestation Obernsees, die nur 3–4 km entfernt liegt, wurde verständigt.

Aus dem Monatsbericht der Gendarmerie-Station Waischfeld vom 26. September 1936

Die an die Macht strebenden Nationalsozialisten versprachen den Bauern das Paradies auf Erden: Neuregelung und Überwachung der Bodenrechte, staatliche Lehen und Bodenbesitz für das Heer der Landarbeiter. Die NS-Bauernmystiker predigten den Bauern das Evangelium der Entstädterung. Auf dem Lande, wo das deutsche Volkstum noch unverfälscht sei, sollte ein neuer kräftiger Adel von Blut und Boden entstehen. Solche Pläne standen zwar im Gegensatz zu den wirtschaftlichen Trends, die einen weiteren Anstieg der Landflucht prognostizierten, aber gegen wirtschaftliche Logik setzten die Nationalsozialisten altgermanischen Mythos. Eine gläubige Gemeinde der Bauern dankte es ihnen mit dem Kreuz auf dem Stimmzettel.

Gleich nach der Machtergreifung machten sie sich daran, ihre Versprechungen einzulösen. Was dabei herauskam, war die übliche Mischung aus Reglementierungen, tatsächlicher Hilfe und propagandistischem Getöse. Die Bauern wurden im Reichsnährstand gleichgeschaltet. Dieser nationalsozialistische Bauernverband umfaßte nicht nur die drei

67 *Gedenkblatt an die ‹Arbeitsschlacht› 1934. «Arbeit für alle» versprach Hitler bei der Machtübernahme. Mit Energie und Einfallsreichtum gelang es dem Regime, den 6 Millionen Arbeitslosen Arbeit zu verschaffen.*

Millionen landwirtschaftlichen Betriebe, sondern auch die Einzelhändler der Lebensmittel- und Getränkebranche. Diese Mammutorganisation mit ihren 130000 haupt- und ehrenamtlichen Mitarbeitern regulierte und überwachte die Preise und Lieferungen mit höchster Genauigkeit.

Es gab monatliche Inspektionen, bei denen Kontrolleure die Kühe melkten und das vorgeschriebene Soll an Milch festsetzten. Über jeden Bauernhof wurde eine Akte angelegt, in der die monatlichen Berichte über den Saatstand und den Viehbestand, die Arbeitskräfte und Löhne aufgeführt waren.

Die Verhältnisse in der Landwirtschaft haben sich immer mehr zugespitzt. Der Arbeitermangel verschärft sich ständig. Betriebe, die zur Beibehaltung ihres Ertrages mit 10–15 Gefolgschaftsmitgliedern besetzt sein sollten, haben noch 2–3. Landarbeiter und Dienstboten fehlen fast in jedem Betrieb. Der Arbeitstag des Bauern, vor allem der Bäuerin, hat vielfach die Grenze des Erträglichen überschritten. In zahlreichen Fällen konnten Höfe nicht verkauft werden, weil sich kein Käufer gefunden hat. Die Niedergeschlagenheit der Bauern ist allgemein. Der Anbau der Ackerflächen wird vielfach eingeschränkt; manche Bauern lassen Land, das noch 1933 unter den Pflug gekommen ist, wieder brachliegen und gehen zur Weidewirtschaft über. Im Bezirk Cham wurde ein Propagandaleiter für Milchleistungsprüfung am Reden verhindert; die Bauern erklärten, man brauche die Prüfungen nicht und solle lieber Arbeitskräfte schicken. Im Wirtschaftsgebiet Mittelelbe hat ein ganzes Dorf sich geweigert, für das Winterhilfswerk zu spenden. Zwar wird der Bau von Landarbeiterwohnungen verstärkt, doch stehen bereits solche mit Zuschüssen erbaute Siedlungshäuser aus Mangel an Landarbeitern leer. Die Rückwanderung nach dem Osten, die früher beobachtet werden konnte, hat nach dem Bericht des Reichstreuhänders Brandenburg völlig aufgehört. Im Kreise Sorau haben Bauern ihr Zugvieh nicht mehr zur Arbeit benutzen können, weil Gespannführer fehlen. Bei einem Landwirt haben allein 9 Gefolgschaftsmitglieder gekündigt, weil sie sicher sind, in der Industrie ohne weiteres Arbeit zu finden. Ersatz ist nicht zu beschaffen. Weibliche Hilfskräfte lassen sich in der Landwirtschaft nicht mehr halten. Sie gehen in die Ziegeleien oder in die Stadt. Viele Be-

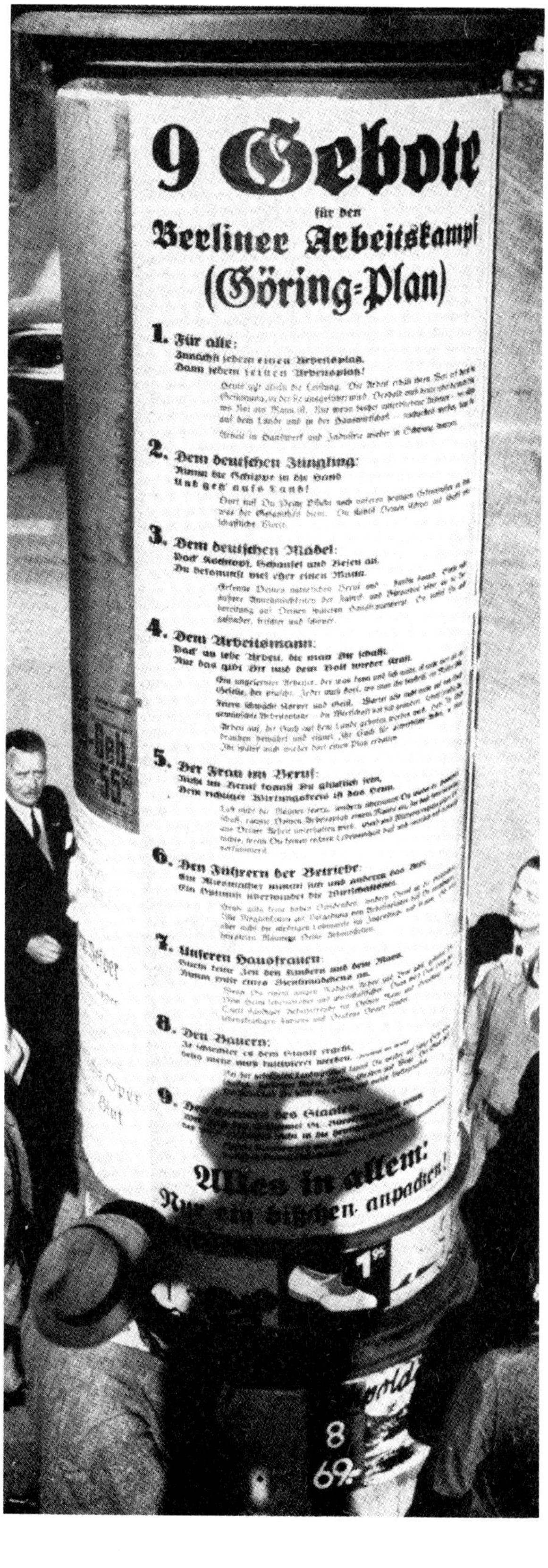

◁ 68 *In Berlin gab 1934 der «Göring-Plan» Ratschläge, wie man dazu beitragen konnte, die Arbeitslosigkeit abzubauen.*

69 *Reichsarbeitsdienst in den Straßen von Nürnberg im Jahre 1935. Bereits in ihrem Parteiprogramm forderten die Nationalsozialisten 1923 ein Arbeitspflichtjahr für jeden Deutschen. Nach 1933 war der Reichsarbeitsdienst zunächst Auffangbekken für die Arbeitslosen.*

triebe sind auf alte und gebrechliche Arbeitskräfte angewiesen, die die anfallenden Arbeiten nur zu einem geringen Teil bewältigen können. Durch frühere Landarbeiter und Bauern, die zum Baugewerbe abgewandert sind und vorübergehend zu ihrem Heimatort zurückkehren, wird die Tendenz zur Abwanderung noch verstärkt. So hat sich z. B. ein abgemeierter Bauer bei den W-Bauten einstellen lassen, wo er gefragt wurde, ob er etwas von Beton verstehe. Das hat er bejaht, weil er einmal seinen Hof mit einer Betondecke versehen habe. Der Bauer wurde daraufhin als Schachtmeister mit einem Monatsgehalt von 350,– RM eingestellt. Kurz danach kam der Bauer vollständig neu eingekleidet besuchsweise in seine Heimat zurück, wo er im Wirtshaus eine entsprechende Rolle spielte. Durch solche und ähnliche Fälle, vor allem durch die Flüsterpropaganda über die hohen in der Industrie gezahlten Löhne, wird die Landflucht erheblich verstärkt. Der Nachwuchs in der Landwirtschaft fehlt fast völlig. Bauern und Landarbeiter lassen ihre Kinder meist einen anderen Beruf erlernen. Die vom Militärdienst entlassenen landwirtschaftlichen Arbeiter haben sich zum größten Teil geweigert, wieder in die Landwirtschaft zurückzukehren, wobei sie alle nur erdenklichen Ausreden vorschützen.
Der Druck der Arbeitsämter, auf dem Lande zu bleiben, wird immer weniger wirksam. Wie der Reichstreuhänder Ostpreußen berichtet, sind in einem Kreis 30 Bauern und Landarbeiter nach Thüringen abgewandert, weil sie dort 60 RM wöchentlich verdienen. Hand in Hand mit dieser Landflucht geht eine negative Auslese in bevölkerungspolitischer Hinsicht. Es ist kaum noch möglich, jüngere intelligente und tüchtige Arbeiter zur Landarbeit zu bewegen.
Der Druck auf die Löhne ist sehr stark. Übereinstimmend ergibt sich aus den Berichten, daß die Löhne die Grenze der bäuerlichen Leistungsfähigkeit meistens bereits überschritten haben. Dabei stößt die Feststellung der tatsächlich gezahlten Löhne auf größte Schwierigkeiten, weil in weitem Umfange schwarze Lohnlisten geführt werden.
Die Gründe für die Landflucht sind bekannt. Immer wieder wird betont, daß es notwendig sei, die Arbeitsbedingungen auf dem Lande denen der Industrie anzunähern. Aus eigener Kraft ist aber die Landwirtschaft hierzu nicht in der Lage. Der Einsatz ausländischer Landarbeiter kann nur ein Notbehelf sein, zumal er sich meistens auf die Zeit der Ernte beschränkt, landwirtschaftliche Arbeiten jedoch während des ganzen Jahres anfallen. Dies gilt vor allem auch für die Viehwirtschaft. Der Mangel an Melkern ist so groß, daß die bäuerlichen Familien selbst nicht mehr in der Lage sind, ihr Vieh zu warten. Schon jetzt ist in einzelnen Wirtschaftsgebieten ein erheblicher Rückgang der Milch- und Fetterzeugung festzustellen.

Auszug aus den Sozialberichten der Reichstreuhänder der Arbeit für das 4. Vierteljahr 1938

Diese scharfen Kontrollen hatten die nationalsozialistischen Wirtschaftsplaner eingeführt, um die hochgesteckten Ziele ihres Autarkieprogramms zu erfüllen. Das Autarkieprogramm sollte, so hieß es offiziell, der notleidenden Landwirtschaft helfen und die «Bedarfsdeckung des Volkes im eigenen Land sicherstellen». Denn nur das Volk sei wirklich frei, das durch keinen ausländischen Druck in die Knie gezwungen werden könne.
Kaum mehr als eine rhetorische Revolution war die Etikettierung von 600000 mittelgroßen Gutshöfen als sogenannte «Erbhöfe». Auf diese Erbhöfe durften nach dem im Oktober 1933 erlassenen Reichserbhofrecht keine Hypotheken aufgenommen werden, auch durften sie weder ganz noch teilweise verkauft werden. Erbhöfe gingen vom Vater auf den «Anerben», den ältesten Sohn, über. Die jüngeren Söhne gingen leer aus, sie erhielten auch keinen Anspruch auf ihren Pflichtteil, wie das in Teilen Süd- und Westdeutschlands Brauch war. Dadurch sollte eine weitere Aufteilung des Ackerlandes vermieden werden. Als Entschädigung bekamen die Enterbten die Möglichkeit, eine Lehrstelle in einem ländlichen Handwerksbetrieb zu

70 *Eine Kolonne Arbeitsmänner hebt eine Mooreiche aus dem Moor. Zu den Aufgaben des Reichsarbeitsdienstes gehörten Meliorationsarbeiten, Flußregulierungen, Straßenbau, Vorbereitungsarbeiten für Siedlungsbau und ähnliches.*

übernehmen oder sich um einen Neubauernschein zu bewerben. Die Erbhofbauern besaßen das Privileg, sich «Bauern» zu bezeichnen, während alle anderen, auch die Gutsherren, nur unter der Sammelbezeichnung «Landwirte» liefen.

> ... Während die Landwirtschaft die Maßnahmen der Regierung bezüglich Schweinemast und Erhöhung der Erzeugerpreise für Schweine günstig aufnahm, kann gleichwohl nicht verkannt werden, daß die Klagen und die allgemeine Unzufriedenheit von Monat zu Monat stärker werden. Der Mangel an landwirtschaftlichen Arbeitern, die zu hohen Löhne und die zu niedrigen Getreidepreise sind zum wesentlichen der Grund hierfür. Wie immer wieder versichert wird, stehen diese hohen Löhne in keinem Verhältnis zur Arbeitsleistung und vor allem auch zur Leistungsfähigkeit des Betriebes. Auch über die hohen Zahlungen an den Reichsnährstand wird geklagt, zumal die Bauern auch die Beiträge ihrer Dienstboten übernehmen müssen, wenn sie nicht Gefahr laufen sollen, daß diese den Dienst verlassen ...
>
> *Aus dem Monatsbericht des Bezirksamts Aichach vom 6. Dezember 1937*

71 *Der Arbeitsdienst bei Erdarbeiten in der Nähe von Heilbronn.*

72 *Arbeitsdienst auf der Insel Neuwerk beim Dammbau.*

Gezielte Hilfe kam den Landarbeitern zugute. Sie hatten es aber auch bitter nötig. 98 Reichsmark im Durchschnitt erhielt der Landarbeiter im Monat. Ein angelernter Arbeiter in der Industrie brachte es auf 130 Reichsmark. Während die Ehefrau des Landarbeiters verpflichtet war, unentgeltlich im Haus des Bauern zu helfen, brachten viele Arbeiterehefrauen eine weitere Lohntüte mit nach Hause. Dem ländlichen Proletariat wurden nun die Steuern und Zahlungen zur Arbeitslosen- und Krankenversicherung erlassen. Weitere finanzielle Er-

leichterungen waren hingegen mit Verpflichtungen im Rahmen der «Erzeugungsschlachten» um die Geburtensteigerung und die Ernteeinbringung verknüpft. Es gab Heirats- und Hausratsdarlehen, Kinderbeihilfen und langfristige Kredite zur Wohnraumbeschaffung.
Aber weder die Vergünstigungen noch die fahrenden Kinos reichten aus, den Landarbeitern ihr eintöniges Landleben wesentlich zu erleichtern. Es lockten die städtischen Annehmlichkeiten mit Läden, Gaststätten und Vergnügungen – und die Löhne in der Industrie. Die Behörden versuchten, die Landflucht gesetzlich zu unterbinden. Ohne Erfolg. Schließlich rekrutierten sie sich billige Landarbeiter in Schulen, Universitäten und Fabriken und warben ungarische und italienische Saisonarbeiter an.
Für Volksschüler im 9. Schuljahr wurde das «Landjahr» obligatorisch, für Mädchen das «Landdienstjahr». Hitlerjugend, Studentenschaft und Reichsarbeitsdienst wurden in Erntelagern zusammengezogen. Fabriken hatten Erntekommandos abzustellen. Um das Landleben für jüngere Menschen attraktiv zu machen, wurde eine Art Berufsausbildung für Landarbeiter geschaffen.

73 *Der neue Halbjahrgang des Reichsarbeitsdienstes rückt ein. Die Arbeitsmänner wurden in Lagern mit Belegschaften von 50 bis 250 Mann untergebracht. Kleidung und Verpflegung waren frei, für die persönlichen Ausgaben gab es ein knapp bemessenes Taschengeld.*

Für den Klein- und Mittelbauern wirkt sich die nationalsozialistische Agrarpolitik in steigendem Maße nachteilig aus. Die Preisrelation zwischen den hinzugekauften Futtermitteln und den offiziellen Übernahmepreisen des Nährstandes bleibt äußerst ungünstig. Es bleibt vielen Kleinbauern nichts anderes übrig, als ihren Viehbestand zu beschränken, da eine Produktion für den Markt nicht mehr lohnend ist. Gleichzeitig werden alle möglichen Versuche unternommen, um die Festpreise und Ablieferungsverpflichtungen zu umgehen. Aber diese Umgehungen werden immer schwieriger. Der rücksichtslose Terror und die Notwendigkeit, Bargeld für die Bezahlung von Steuern, Zinsen und Beiträgen zu beschaffen, haben bisher den Widerstand der Bauern nicht allgemein werden lassen. Aber obgleich sich die Bauernschaft nach und nach an die neuen Verhältnisse anpaßt, ist eine starke Erbitterung geblieben und nur durch die strengste tägliche Überwachung durch die Organe des Nährstandes wird eine Verstärkung des Widerstandes verhindert.

Deutschlandbericht der SPD vom August 1936

Trotz Bauernkult und «Blut und Boden»-Mystik – die Bauern erkannten bald, daß man ihnen Sand in die Augen streute. Im großen und ganzen wurde die wirtschaftliche Situation der Landwirtschaft zwar verbessert, aber der Alltag der Bauern wurde immer stärker reglementiert und in Anordnungen gezwängt. Aber wie kaum ein anderer Berufsstand konnten die Bauern Bestimmungen umgehen, Vorschriften mißachten und sich Vorteile verschaffen, um die sie – zumindest in den Kriegsjahren – die Städter beneideten.

Die Bauern waren die Lieblingskinder des Regimes, die Arbeiter ihre Sorgenkinder. Die Partei, die sich Arbeiterpartei nannte, und darauf besonders stolz war, hatte zu den Arbeitern ein merkwürdig gespaltenes Verhältnis. Die Arbeiter, das wußten die Nationalsozialisten, hatten die NSDAP nicht an die Macht gebracht, aber sie fürchteten, die Arbeiter könnten Hitler entmachten, wie damals im November 1918 den deutschen Kaiser. Nie wieder ein November 1918! Unter dieser Losung versuchten sie, die Arbeiter mal mit Vergünstigungen, mal mit dem Holzhammer in Schach zu halten.
Die führerlose Arbeiterschaft dachte in ihrer großen Mehrheit aber gar nicht daran, Hitler zu stürzen. Letztlich waren es die Arbeiter, die das «Dritte Reich» in die Lage versetzten, so zu funktionieren, wie es zwölf Jahre funktionierte. Es war die Wiederherstellung des Rechts auf Arbeit, das die meisten Arbeiter den Verlust ihrer verbrieften Rechte verschmerzen ließ. Endlich wieder arbeiten zu dürfen, nicht mehr als menschlicher Abfall behandelt zu werden, das erfüllte die Arbeiter mit einer gewissen Dankbarkeit gegenüber der neuen Regierung.

74 *Auch die Mädchen wurden zum Arbeitsdienst verpflichtet. Das «Landjahr» war Voraussetzung für eine freie Berufswahl.*

75 *Aus der Kleiderkammer des «Winterhilfswerkes». Die Not der durch die Weltwirtschaft Betroffenen war groß und konnte auch von den Nationalsozialisten nicht von heute auf morgen behoben werden. Zur Linderung trugen jedoch die Sammlungen des «Winterhilfswerkes» bei.*

... In der Arbeiterschaft werden die Bestrebungen der Reichsregierung zur Arbeitsbeschaffung dankbar anerkannt, wenn auch die Klagen der Notstandsarbeiter über die niedrigen Löhne andauern. Nach dem Bericht der Polidirektion Regensburg herrscht in den ehemals marxistischen Kreisen völlige Ruhe. Eine in der letzten Zeit durchgeführte ge-

76 *Wahlplakat aus dem Jahre 1937. Auch wenn die Angaben nicht stimmten, waren sie eindrucksvoll!*

77 *Für den verdienten Sammler die obligatorische Urkunde. Es war geradezu Pflicht eines jeden Deutschen, sich in irgendeiner Form an den Sammlungen des «Winterhilfswerkes» zu beteiligen.* ▷

> naue Überwachung der größeren Betriebe in Regensburg hat gezeigt, daß die Arbeiterschaft sich von den marxistischen Ideen mit geringen Ausnahmen fast vollständig abgewendet hat. Auch nach einem Bericht des Bezirksamts Landau a. d. Isar wurden aus Kreisen der ehemaligen KPD Stimmen laut, daß die Maßnahmen der Regierung zu billigen seien. Inwieweit die ehemals kommunistischen Anhänger sich wirklich bekehrt haben, läßt sich schwer beurteilen ...
>
> *Aus dem Lagebericht des Regierungspräsidenten von Niederbayern und der Oberpfalz vom 9. November 1934*

Das «Dritte Reich» wurde zu einem Zeitpunkt errichtet, als das Bewußtsein der Menschen noch von der allgemeinen Krisenfurcht beherrscht wurde. Aber zu diesem Zeitpunkt begann sich bereits die Weltwirtschaftskrise abzuschwächen, obwohl es noch 6 Millionen Arbeitslose gab. Die äußerst energisch vorangetriebenen Maßnahmen zur Arbeitsbeschaffung und Wiederbelebung der Industrie hinterließen bei den Arbeitern den Eindruck, daß die Dinge nach der Machtergreifung besser liefen als vorher. Das machte sie aufgeschlossener gegenüber den nationalsozialistischen Versprechungen.

Die Arbeitsbeschaffungsmaßnahmen hatten sichtbare Erfolge: Anfang 1933 zählte man 6 Millionen

Arbeitslose, 1934 hatte sich die Zahl fast halbiert und als die Rüstungsprogramme aufgelegt wurden, war bereits 1938 Vollbeschäftigung erreicht. Ein Jahr später fehlten eine halbe Million Arbeitskräfte. Der Arbeitskräftemangel führte zu einem harten Konkurrenzkampf zwischen den Unternehmen. Der Kampf ging meist zu Lasten der kleinen Unternehmen, die mit höheren Löhnen und Vergüngstigungen nicht locken konnten.

Die Löhne kletterten in die Höhe, bei den Metall- und Bauarbeitern, den Spitzenverdienern unter den Arbeitern, um 20 Prozent. Facharbeiter konnten mit Überstunden und Leistungszulage bis zu 100 Reichsmark wöchentlich verdienen. Das war eine Menge Geld, da aber gleichzeitig die Preise für Lebensmittel und besonders für Kleidung anzogen, kassierte der Staat wieder ab. Die Mehrheit der Arbeiter verdiente aber weit weniger: Stundenlöhne von 30 bis 40 Pfennige waren nicht unüblich.

Zu den schlechter Verdienenden gehörten Arbeiterinnen, die Arbeiter der Verbrauchsgüterindustrie, die ungelernten Arbeiter und die halbe Million Heimarbeiter. Arbeiterinnen erhielten ein

78 *Geldzählstelle des «Winterhilfswerkes». Enorme Beträge wanderten in die WHW-Sammelstellen, aber nur ein kleiner Teil wurde an die Bedürftigen weitergeleitet. Mit dem übrigen wurden Kanonen und Panzer gebaut.*

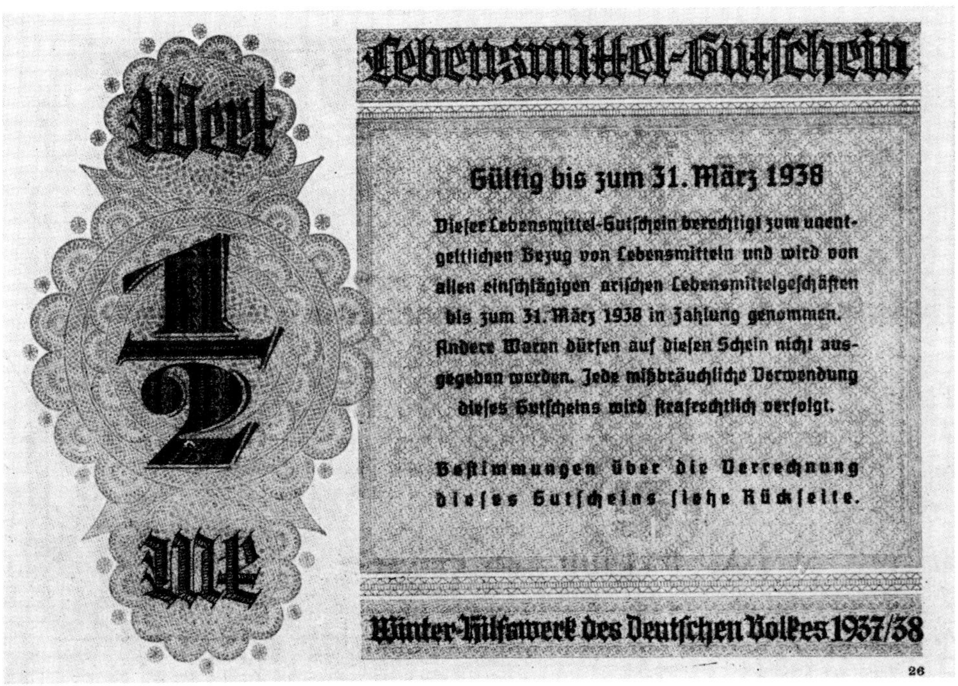

79 *Lebensmittel-Gutschein des «Winterhilfswerkes». Selbst 1938, als im Reich die Vollbeschäftigung längst erreicht worden war, konnten zahlreiche Deutsche ohne die Spenden des «Winterhilfswerkes» kaum leben.*

80 *Reichsleiter der «Deutschen Arbeitsfront» Robert Ley vor Arbeitern in Frankfurt am Main. Nach der Zerschlagung der Freien Gewerkschaften wurden die Arbeiter in der «Deutschen Arbeitsfront» zusammengefaßt. Die meisten Arbeiter fanden sich damit ab, da das Regime Möglichkeiten eröffnete, mit denen sie kaum noch gerechnet hatten: Sie durften wieder arbeiten.*

Drittel weniger Lohn als Männer für die gleiche Tätigkeit.

Für die Arbeiter brachten Aufrüstung und Arbeitskräftemangel nicht nur Vor-, sondern auch erhebliche Nachteile mit sich. So wurde die tägliche Arbeitszeit in den metallverarbeitenden Industrien und im Bergbau auf zehn, später auf vierzehn Stunden festgesetzt. Im Laufe des Krieges stieg die durchschnittliche Arbeitswoche für Männer von 49 Stunden im Jahre 1939 auf 52 Stunden im Jahre 1943 und danach schließlich auf 60 Stunden. Die langen Arbeitszeiten forderten ihren Tribut: Der Gesundheitszustand der Arbeiter verschlechterte sich merklich. Die Zahl der Berufsunfälle stieg ebenso an wie die der Erkrankungen. Ärzte waren aber verpflichtet, Arbeiter möglichst nur für wenige Tage krank zu schreiben. Rekonvaleszenten wurden frühzeitig an ihren Arbeitsplatz zurückgeschickt.

Die Lebenshaltungskosten 1933–1937

Berlin, 14. Mai. – Zum ersten Mal nach einer längeren Zeit hat das Institut für Marktanalysen Einzelhandelspreise und Lebenshaltungskosten in Deutschland analysiert. Während man vor einigen Wochen noch behauptete, der Preisanstieg betrage in den vergangenen vier Jahren nationalsozialistischer Wirtschaftslenkung lediglich 3,4%, gibt das Institut nun einen realen Preisanstieg von 7,2% zu. Die Zahlen basieren auf dem Verbrauch einer durchschnittlichen Arbeiterfamilie, aber sie können nur bedingte Gültigkeit für die Gesamtbevölkerung haben, da unzählige Vorzugsmaßnahmen und Sonderrationen für bestimmte Gruppen mit niedrigen Einkommen geschaffen wurden.

Lebensmittelpreise stiegen seit 1933 um 11,5%. Verglichen mit Vorkriegspreisen stiegen die Kosten um 22,3%, aber verglichen mit dem Preisniveau von 1929 kann man einen Rückgang von 23,4% verzeichnen. Bei Kleidern beträgt der Preisanstieg 17,5% seit 1933 und seit 1914 24,5%. Jedoch sind diese Preise seit 1929 um 28% gesunken.
Mieten haben sich seit 1933 kaum verändert. Im Vergleich zu 1929 sind Mieten durchschnittlich 3,7% niedriger, aber im Vergleich zum Vorkrieg 21,3% höher.
Unter allen Faktoren, die in den Lebenshaltungskostenindex eingehen, sind Heizung und Kleidung die einzigen, deren Kosten gesunken sind – 1,1% seit 1933. Sie sind um 11,3% billiger als 1928, aber 26,6% teurer als 1914.
«Verschiedenes» ist 41,9% teurer als 1914 und 0,2% als vor vier Jahren. Im Vergleich mit 1929 liegt dieser Posten aber 17,6% niedriger.
Der allgemeine Preisanstieg wird noch offensichtlicher, wenn man die heutigen Einzelhandelspreise mit denen von 1933 vergleicht. Butter wurde um 35% teurer, Margarine um 44%, Eier 31%, Kartoffeln 22%, Fleisch generell 18%, Schweinefleisch 11%, aber Kalb- und Hammelfleisch stiegen um 40 bzw. 41%. Milchprodukte liegen generell um 15% höher, Erbsen sogar 52% und Bohnen 31%. Haferflocken stiegen um 5%, Reis 7% und Zucker um 2%. Gemüse ist 2% teurer, Vollmilch 7%. Brot dagegen ist 2% billiger und andere Bäckereierzeugnisse 1%. Roggenbrot und Mischbrot sind 2% billiger, Spezialbrot 1%, Mühlenprodukte generell 2% billiger.
Unter der Kategorie Heizung und Licht sind Kohle, Gas und Elektrizität billiger geworden – jeweils 1%. Aber die Preise für Wintermäntel, Hemden und Schuhe stiegen um 24, 17 und 8% jeweils.
Für Hygiene und Körperpflege reduzierten sich die Kosten um 2% und für Verkehrsmittel um 3%. Die Kosten für Möbel dagegen stiegen um 6%, Unterhaltung 1%, Zeitungen 2% und Kulturelles 1%.
Im Ganzen sind also die Lebenshaltungskosten erheblich gestiegen. Preisrückgänge stehen in keinem Verhältnis zum Preisanstieg. Die Preise berücksichtigen auch nicht den gleichzeitigen Rückgang der Qualität der Waren und Güter. Um nur ein Beispiel zu nennen: Die Qualität des Brotes ist durch das vollständige Ausmahlen des Roggens entschieden gesunken sowie durch die Beimischung von 7% Maismehl zum Weizenmehl. Die fortschreitende Verminderung der Qualität schlägt sich natürlich nicht leicht in den Indexzahlen nieder. Aber man kann wohl sagen, daß sie jede bescheidene Preissenkung wettmacht, abgesehen von der Tatsache, daß es den Verbraucher zwingt, zu teureren Produkten zu greifen. So ist der Preisanstieg beim Fleisch in Wirklichkeit höher, als es auf der Tabelle erscheint. Da sehr häufig die preiswerteren Fleischstücke nicht auf dem Markt waren, gab es einen gezwungenen Wechsel zu höherwertigen Fleischsorten und, als Folge, einen Anstieg der realen Lebenshaltungskosten.
Dasselbe kann man von Milchprodukten sagen und sicher auch von Textilien, bei denen häufig Mischgewebe aus Kunstseide und Wollfasern angeboten wurden. So ist es schwer zu verstehen, wenn das Institut für Marktanalysen diese Faktoren als zufällig präsentiert und nicht ausschlaggebend für die wirklichen Lebenshaltungskosten.

Luxemburger Wort
vom 23. Februar 1940

Günstig wirkten sich die «Sondervergünstigungen» auf die Arbeitsmoral aus. Der unbezahlte Urlaub wurde von drei bis acht Tagen auf sechs bis fünfzehn Tage ausgedehnt. Eine andere Form der Sondervergünstigungen waren Titel und Plaketten für verdienstvolle Arbeiter und Betriebe, die reichlich verteilt wurden, da sie nichts kosteten. Die Nationalsozialisten nannten das Beispiele für den «Sozialismus der Tat».
Arbeitgeber und Arbeitnehmer, in der damali-

gen Sprache «Betriebsführer» und «Parteigenosse der Nationalsozialistischen Betriebsorganisation» (NSBO), waren in der «Betriebsgemeinschaft» zusammengefaßt. In der Betriebsgemeinschaft sollte es weder ein Oben noch ein Unten geben. In der Praxis sah das ganz anders aus. Der Betriebsrat, der sogenannte «Vertrauensrat», hatte kaum Möglichkeiten, sich gegen den Arbeitgeber durchzusetzen, seine Rechte waren sehr eng gefaßt. Der Unternehmer blieb was er war: der Herr im eigenen Haus.

Die amtliche Statistik gab nun bekannt, 65 Prozent aller deutschen Erwerbstätigen hätten ein Monatseinkommen von 125 Mark und weniger, und nur 0,7 Prozent kämen auf 12000 Mark Jahresgehalt und mehr. Ein Einkommen von 250 Mark im Monat galt bereits als recht ansehnlich. Wie gestaltete sich das Haushaltsbudget dieser Erwerbstätigen? Eine Vierzimmerwohnung in Berlin kostete bei einigem Komfort monatlich 150 bis 170 Mark, in Hamburg, Köln und München etwa 120 Mark. Auf dem Lande waren die Mieten nur halb so hoch. Wir unterhielten uns mit einem Berliner Handwerksmeister, der von seinem Gewerbebetrieb 200 Mark im Monat erhielt. 30 Mark im Monat gingen ab für Steuern, Versicherungen, Winterhilfe, die Deutsche Arbeitsfront usw. Ein Untermieter bezahlte der Familie 25 Mark. Die Wohnung im ärmlichen Arbeiterviertel des Berliner Ostens kostete monatlich 65 Mark. Für die Eltern und zwei Kinder wurden täglich 2 Mark Verpflegungsgeld aufgewendet. Was aß diese Familie, die nie hungerte? Butter war ein unbekannter Luxus; an ihrer Stelle wurde Margarine konsumiert. Abends wurden Stullen mit einer billigen Volkswurst verzehrt. Die Hauptnahrung bestand aus Kartoffeln; feinere Salate und Gemüse wurden durch saure Gurken und Radieschen ersetzt. Meerfische, Eier und Fleisch waren ein Sonntagsessen. Am Sonntag ging die Familie in sorgfältig gepflegten Anzügen; der Haarschnitt war stets korrekt. Für einen Luxus wie eine Angelrute, einen Photoapparat zu 3.50 Mark wurde monatelang gespart. Für öffentliche Transportmittel wurden etwa 10 Mark im Monat ausgegeben. Gelegentlich konnte sich ein Familienvater durch Schwarzarbeit etwas Nebenverdienst verschaffen.
Viele Familien trachteten danach, in der Umgebung ein kleines Haus mit einem winzigen Garten zu erwerben, und hier wurden Hühner und Kaninchen gehalten, Kartoffeln und Salat gepflanzt. Für die Kinder fielen bei Kinderreichen stets Kleider und Schuhe aus Sammlungen ab. Millionen lebten so in einem Grenzzustand von äußerst knapper Existenzsicherung und Not. Ein Lohnabbau von zehn Prozent oder eine entsprechende Erhöhung der Preise und Mieten brachten bereits eine gefährliche Störung des Gleichgewichts.

Hermann Böschenstein, Journalist

Und auch der Statusunterschied zwischen Arbeitern und Angestellten blieb bestehen. Die Kündigungsfrist für Industriearbeiter nach einem Jahr Beschäftigung betrug acht bis vierzehn Tage, jeweils zum 15. oder 1. des Monats. Angestellte hatten das Recht auf eine Kündigungsfrist von sechs Wochen, jeweils zum Quartalsende. Trotz des vielen Geredes von der Volks- und Werksgemeinschaft blieben diese Unterscheidungen weiter in Kraft. Die Angestellten, das «Stehkragenproletariat», waren zur Zeit der Weltwirtschaftskrise von einer geradezu neurotischen Furcht erfüllt gewesen, zu Proletariern degradiert zu werden. Tatsächlich geschah das jedoch nicht. Während in der Krise etwa jeder dritte Industriearbeiter arbeitslos wurde, mußte sich nur jeder zehnte Angestellte um Arbeitslosenunterstützung anstellen.
Es war nun aber nicht so, daß die Arbeiter zu allem Ja und Amen sagten. In den Jahren 1936 und 1937 gab es wiederholt Streiks, in denen Arbeiter sich gegen die verschlechterten Arbeitsbedingungen auflehnten. So gab es in der Automobilindustrie überraschende Blitzstreiks. In den Opelwerken in Rüsselsheim legten die Arbeiter 1936 für siebzehn Minuten die Arbeit nieder, um gegen Lohnkürzungen zu protestieren, und ein Jahr später folgte ein sechsstündiger Streik im Werk «Alte Union» in Berlin-Spandau, der zum Erfolg führte: Die drohenden Lohnkürzungen wurden nicht vollzogen.

Steigerung der Volkskraft!
Ein Betrieb, der sich im Rahmen des großen Leistungskampfes der deutschen Betriebe um die hohe Auszeichnung *«Nationalsozialistischer Musterbetrieb»* bewirbt, muß alle Maßnahmen ergreifen und zur Tat werden lassen, die geeignet sind, der *Erhaltung und Steigerung der Volkskraft* zu dienen. In größeren Betrieben gehören hierzu die Bereitstellung gesunder und räumlich ausreichender Wohnungen und *Heimstätten* für die Gefolgschaft zu erträglichen Bedingungen, die Förderung von *Eheschließungen* durch finanzielle Beihilfen, durch einen vernünftigen Arbeitsplatzaustausch und zur Erziehung der berufstätigen Frau zur Hausfrau. Als weitere Maßnahmen auf diesem Gebiete kommen in Frage die *Rücksichtnahme* auf schwangere Frauen bei der Arbeitsplatzverteilung, die *Besserstellung* Kinderreicher in den Arbeitsbedingungen und die Sicherung des Lebensabends durch *zusätzliche* Altersunterstützung.
Bei der Erlangung der hohen Auszeichnung *«Nationalsozialistischer Musterbetrieb»* ist immer die Gemeinschaftsleistung von Betriebsführung und Gefolgschaft von ausschlaggebender Bedeutung. Diese Gemeinschaftsleistung wird besonders bei dem *Bau von Wohnungen, Einfamilien- und Siedlungshäusern* für die Stammarbeiter eines Betriebes in Erscheinung treten müssen. Die Bereitstellung des Baugrundes und des erforderlichen Baugeldes ist Aufgabe der Betriebsführung. Die tätige Mitarbeit der Siedler und aller derjenigen, denen zweckmäßigerweise in der Nähe ihrer Arbeitsstelle Wohnung und Heim geschaffen werden soll, muß in der freiwilligen Leistung von Arbeitsstunden und Hilfsarbeiten bei Errichtung der Häuser und Siedlerstellen bestehen. Der etwa erforderliche Kapitaltilgungs- und Zinsendienst kann durch einen laufenden wöchentlichen Lohnabzug erfolgen, der im Verhältnis zum Arbeitslohn in jeweils erträglichen Grenzen gehalten sein muß.
Genügend Beispiele aus dem ersten Leistungskampf der deutschen Betriebe haben bewiesen, daß *Sonderbeihilfen* und Heiratsbeihilfen an *weibliche* Gefolgschaftsmitglieder, die je nach Dauer der im Betrieb verbrachten Arbeitsjahre gestaffelt sein können, die Ehefreudigkeit der Gefolgschaftsmitglieder zu heben geeignet sind. *Bezahlter Sonderurlaub* bei familienfestlichen Ereignissen und auch bei Sterbefällen in der Familie sollte ebenfalls nicht außer acht gelassen werden.
Die Sicherung eines *sorgenfreien Lebensabends* der nach langjähriger Tätigkeit im Betriebe ausscheidenden Gefolgschaftsmitglieder kann durch Einrichtung einer *Altersunterstützungskasse* des Betriebes erreicht

81 *«Saararbeiter stimmen für Hitler». Propagandafoto anläßlich der Saarabstimmung am 13. Januar 1935.*

werden, aus der eine monatliche zusätzliche *Altersrente* gewährt wird.
Es ist bei allen diesen Maßnahmen ohne weiteres klar, daß Größe und Leistungsfähigkeit eines Betriebes und seiner Gefolgschaft für ihre Durchführung maßgebend sind. Wesentlich aber ist, daß Betriebsführung und Gefolgschaft sich gemeinsam bereitfinden, hier den nationalsozialistischen Forderungen nach Erhaltung und Steigerung der Volkskraft nachzukommen.

Völkischer Beobachter
vom 6. August 1938

Bei den ... *Autowerken* kam es zu einem versuchten Streik. Die Firma beschäftigt 400 Mann, davon in der Fräserei ungefähr 40 Personen. Dieser Abteilung wurde eine Lohnerhöhung von 8 Pfg. pro Stunde von der DAF, von dem Treuhänder der Arbeit und von der Betriebsleitung zugesagt. Aber als sie in Kraft treten sollte, hielt man sich nicht an das Versprechen. Darauf fanden Verhandlungen statt, die aber ergebnislos blieben, weil der Betriebsführer erklärte, infolge verschlechterter Lage auf dem Metallmarkt könnte die Lohnerhöhung nicht gezahlt werden. Nunmehr beschloß eine Nachtschicht in der Fräserei, die Zahlung der Lohnerhöhung zu erzwingen. Alle 20 Arbeiter, die in dieser Schicht beschäftigt waren, rückten die Maschinen aus und blieben daran stehen. Vier Mann gingen zum Meister und forderten die Auszahlung der versprochenen Lohnerhöhung. Der Meister ging in eine andere Kanzlei und kurze Zeit darauf erschienen im Betrieb 12 Beamte der Gestapo, die die vier Mann verhafteten und nach dem Polizeipräsidium transportierten. Die anderen Arbeiter ließen sich einschüchtern und arbeiteten weiter.

Deutschlandbericht der SPD
vom Juni 1937

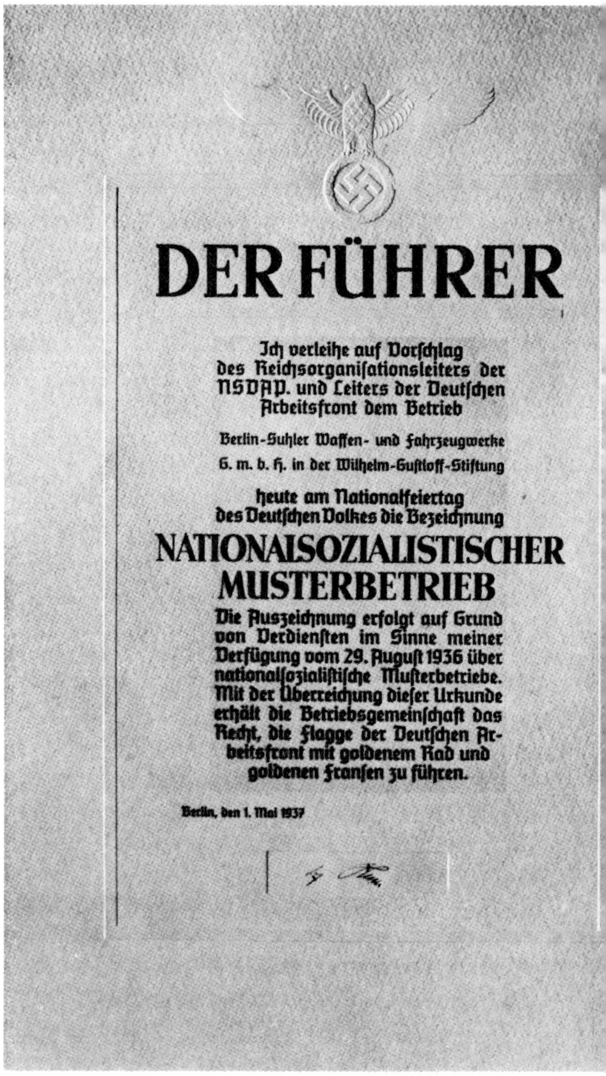
DER FÜHRER

Ich verleihe auf Vorschlag des Reichsorganisationsleiters der NSDAP. und Leiters der Deutschen Arbeitsfront dem Betrieb

Berlin-Suhler Waffen- und Fahrzeugwerke
G. m. b. H. in der Wilhelm-Gustloff-Stiftung

heute am Nationalfeiertag des Deutschen Volkes die Bezeichnung

NATIONALSOZIALISTISCHER MUSTERBETRIEB

Die Auszeichnung erfolgt auf Grund von Verdiensten im Sinne meiner Verfügung vom 29. August 1936 über nationalsozialistische Musterbetriebe. Mit der Überreichung dieser Urkunde erhält die Betriebsgemeinschaft das Recht, die Flagge der Deutschen Arbeitsfront mit goldenem Rad und goldenen Fransen zu führen.

Berlin, den 1. Mai 1937

82 *Ehrenurkunde «Nationalsozialistischer Musterbetrieb». Mit Urkunden und Titeln, die das Regime nichts kosteten, wurden Betriebe und Arbeiter ausgezeichnet, die sich in den «Arbeitsschlachten» verdient gemacht hatten.*

Die Nationalsozialisten reagierten ganz unterschiedlich auf Streiks und Beschwerden. Als kurz vor den Olympischen Spielen in Berlin ein Streik in einem Werk ausbrach, gaben sie nach, um den ausländischen Gästen ihre arbeiterfreundliche Politik zu beweisen. In anderen Fällen gingen sie knallhart

zur Sache und verhafteten die Streikführer. Nachdem das «Industrielle Dienstpflichtjahr» eingeführt war, schoben sie die unzufriedenen Arbeiter zum Befestigungsbau am Westwall ab.
Im Krieg hatten sie dann ein sehr wirksames Mittel zur Unterdrückung: Die Betriebsleiter hatten es in der Hand, Freistellungen vom Wehrdienst zu gewähren oder zu versagen. Das führte mit dazu, daß die Opposition der Arbeiter im Krieg weit geringer war, als die Parteistrategen es erwartet hatten.
Bei Kriegsausbruch wurden alle Anordnungen, die im Frieden dem Arbeiter einen gewissen Schutz gegeben hatte – Arbeitszeitbeschränkung, Überstundenentlohnung und anderes – aufgehoben. Der Krieg bedeutete jedoch für den deutschen Arbeiter nicht nur eine stärkere Belastung, sondern auch eine größere Fürsorge. Staat und Unternehmer bemühten sich rührig, die Arbeiter bei Lust und Laune zu halten. Das ging so weit, daß Firmen bei Mangelerscheinungen Vitamintabletten an die Arbeiter ausgaben und Müdigkeit durch kurze Arbeitspausen bekämpften, in denen Gymnastikübungen gemacht wurden. Im ganzen gesehen blieb die Disziplin der Arbeiterschaft gut, so gut, daß die Lebensdauer des «Dritten Reiches» beträchtlich verlängert wurde.

1. Jahrgang Nr. 1
Einzelpreis: RM. 1,20
Berlin, Januar 1937

Der Vierjahresplan

Zeitschrift für nationalsozialistische Wirtschaftspolitik
mit den
Amtlichen Mitteilungen des Beauftragten für den Vierjahresplan Ministerpräsident Generaloberst Göring

Eine geschichtliche Stunde:

83 *Die erste Nummer der Zeitschrift «Der Vierjahresplan». Neben Hitler der Bevollmächtigte des «Vierteljahresplanes» Herman Göring. Vierjahrespläne sollten helfen, das Reich vom Ausland wirtschaftlich unabhängig zu machen, gleichzeitig aber auch die Voraussetzungen für eine schnelle Wiederaufrüstung schaffen.*

Als 1933 die Parteigänger der NSDAP die Schaltstellen der Macht im Staat besetzten, trugen die Beamten dem Regime eilfertig ihre Mitarbeit an. Viele sehnten sich nach dem wilhelminischen Regiment zurück und hofften im «Neuen Staat» die Erfüllung ihrer Wunschträume. Mit dem demokratischen Staat hatten sie sich nie so recht anfreunden können. Zunächst wurden Juden und Sozialdemokraten aus der Beamtenschaft ausgekämmt und dann Gesetze erlassen, die die Beamten fest an das Regime fesselten. Allem voran am 7. April 1933 das «Gesetz zur Wiederherstellung des Berufsbeamtentums», das die Säuberung des deutschen Beamtentums durch Ausmerzung unwürdiger und ungeeigneter Elemente zum Hauptzweck hatte, «nichtarische Beamte» in den Ruhestand versetzte und deklarierte, daß Beamte, die nicht rückhaltlos für den nationalen Staat eintraten, entlassen werden konnten.
Als unmittelbare Staatsdiener waren die Beamten dem Druck weitaus stärker ausgesetzt, als Angehörige anderer Berufe. Sie mußten damit rechnen, daß ihre Telefone abgehört, ihre Bekannten beschattet, ihre politische Vergangenheit untersucht und ihr eheliches Verhalten und sogar ihre bevölkerungspolitischen Leistungen überprüft wurden. Schwede-Coburg, Gauleiter der NSDAP, gab 1937 einen Ukas heraus, der eine Frist festsetzte, bis zu der jeder über 25 Jahre alte Staatsbeamte und Staatsangestellte in seinem Gau verheiratet zu sein hatte.

... Wie diese Arbeiterschaft über die Zustände denkt, welche Meinung über die nächste Zukunft besteht, ist sehr abhängig von den Interessen, den privaten Lebensumständen und der Urteilsfähigkeit des Einzelnen. Es gibt eine Sorte von Leuten, die nun einmal gar keine anderen Interessen besitzen, als eine Arbeitsstelle zu haben, die, wenn auch schlecht, die Familie ernährt. Diese Leute haben weder Verständnis noch Neigung für politische Fragen; sie zahlen ihre Abgaben und Beiträge mit Knurren, sind keine Nazis, menschlich manchmal sogar angenehm. Vor der Zukunft haben diese Menschen sehr viel Angst. Sind sie sich auch über die Ursachen und Zusammenhänge nicht klar, so meinen sie doch, daß wohl bald ein ganz furchtbarer Krieg kommt. Und selbst in diesen sehr indifferenten Kreisen sagt man, daß dann aber auch für die Nazis eine Zeit kommen wird, in der mit ihnen abgerechnet wird. Wer ein paar Sparpfennige besitzt, lebt dauernd in einer Angstpsychose; man weiß nicht gut, ob man die paar Groschen völlig, teilweise oder gar nicht in Sachwerte umsetzen soll.
Die Arbeiter und Arbeiterinnen, die früher der Partei und den Gewerkschaften angehört haben, sind die zuverlässigsten Kameraden. In diesen Kreisen ist man auch gut über die Verhältnisse orientiert; durch den Rundfunk, der sehr häufig die beste Informationsquelle ist, unterrichtet man sich laufend über die Meinung in Frankreich (Straßburg), Rußland (Moskau) und in der Tschechoslowakei (Prag). Dann vergleicht man die deutschen Meldungen und macht sich seinen Vers. In diesen Kreisen bestehen sehr klare Meinungen. Man hat um den kommenden Krieg Sorge. Wenn dann das ganze Volk bewaffnet werden muß, glaubt man die Stunde der Nazis gekommen. Darum meint man aber auch, daß die Nazis vor dem Kriege sich hüten werden, wenn sie sich auch sehr stark gebärden ...
... Eine ganz plausible Erklärung für diese Haltung der Arbeiter erhielt ich auch durch ein Gespräch mit einem Industriedirektor. Dieser wies mich darauf hin, daß die Arbeiter seines Werkes sehr gut verdienen. Er zeigte mir seine Betriebsstatistik, aus der ich ersah, daß der Durchschnittslohn dieses Werkes (Maschinenbau) – gelernte und angelernte Arbeiter aller Kategorien – im 4. Quartal 1936 1,05 RM betragen hat. Facharbeiter, besonders Spezialisten, kommen auf 1,80 RM die Stunde. Außerdem gab der Betrieb pro Mann 70,- RM Weihnachtsgeld und gibt im April 70,- RM Abschlußgratifikation. «Sollen die Leute vielleicht unzufrieden sein?» fragte mich der Direktor. «Solche Löhne haben sie seit 6 Jahren nicht mehr verdient.» Er gab zu, daß das Spitzenlöhne sind, die nur in Rüstungsbetrieben gezahlt werden und vor allem deshalb zustandekommen, weil die Unternehmer sich gegenseitig die Facharbeiter und Spezialisten wegengagieren. Er gab weiter zu, daß in anderen Industrien natürlich die Löhne durchaus schlecht und unzureichend sind. Da jedoch in Berlin die Metallindustrie fast 50% der Arbeiter beschäftigt, scheint hier ein Schlüssel dafür zu liegen, daß das System so widerspruchslos von der Masse hingenommen wird. Die Rüstungskonjunktur läßt sie einigermaßen gut verdienen. Der andere, schlechtbezahlte Teil der Arbeiter in den nicht von der Rüstung erfaßten Betrieben schweigt aus Angst vor dem Verlust des Arbeitsplatzes ...

Deutschlandbericht der SPD
vom März 1937

Alle Beamten mußten einen Treueeid auf den «Führer» schwören und den Hitlergruß anwenden. Eisenbahnbeamte hatten den militärischen Gruß zu verwenden, da es aufgrund von Mißverständnissen wiederholt zu Unfällen gekommen war. Ein Beamter konnte entlassen werden, wenn er keine Beiträge zur NS-Volkswohlfahrt leistete, wenn sich seine Frau nicht so benahm, wie sich das für eine Beamtenfrau ziemte. Die Beamten wurden zwar nicht direkt gezwungen, aus der Kirche auszutre-

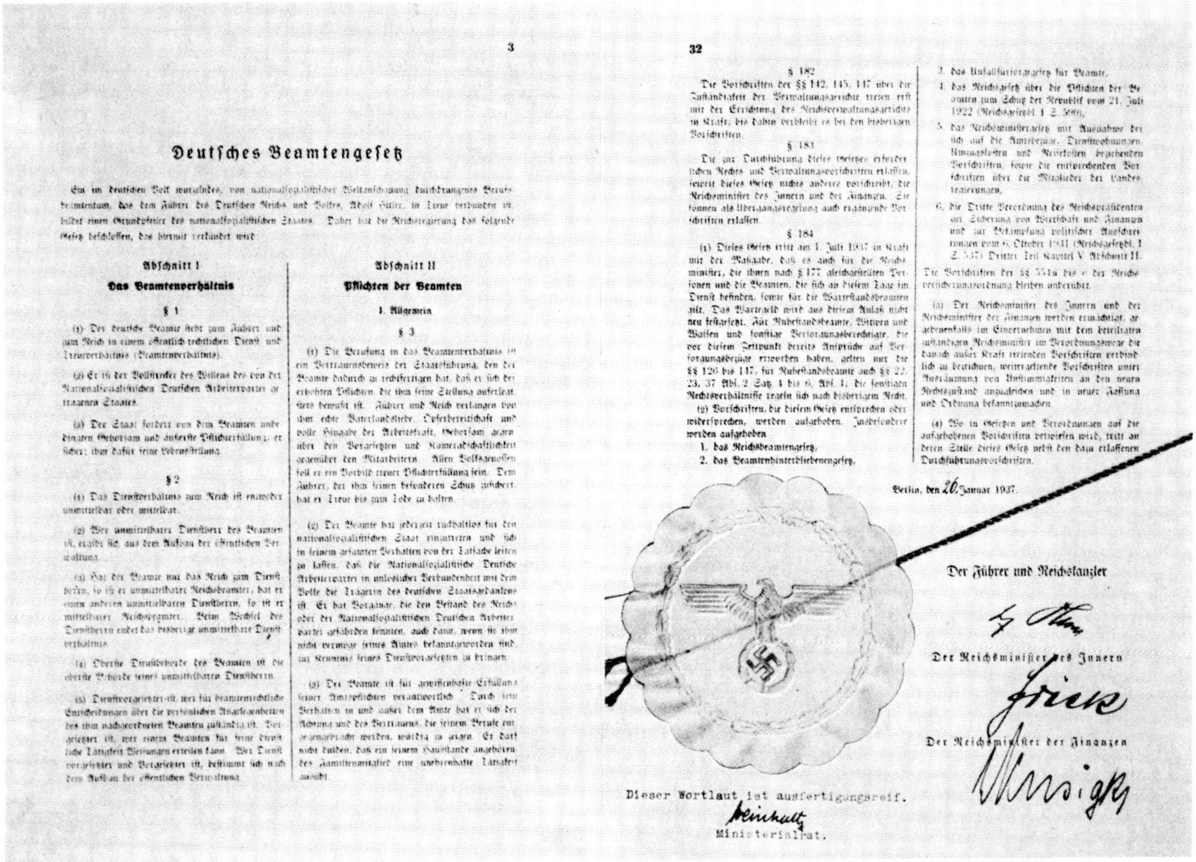

Deutsches Beamtengesetz

Abschnitt I

Das Beamtenverhältnis

Abschnitt II

Pflichten der Beamten

Berlin, den 26. Januar 1937.

Der Führer und Reichskanzler

Der Reichsminister des Innern

Der Reichsminister der Finanzen

Dieser Wortlaut ist ausfertigungsreif.

Ministerialrat.

84 *Beamtengesetz vom 26. Januar 1937. Gleich nach der Machtergreifung paßten die Nationalsozialisten die Beamtenschaft ihren Bedürfnissen an und degradierte sie zu Handlungen des Regimes.*

ten, aber da sie sich von kirchlichen Vereinen fernhalten mußten, erfolgten viele Kirchenaustritte. Die Beamten mußten zwangsweise Mitglied des «Reichsbundes Deutscher Beamten», des 1,2 Millionen Mitglieder umfassenden Vereins der Beamten werden, was die Zahlung nicht unerheblicher Mitgliedsbeiträge mit sich brachte. Weiterhin waren sie verpflichtet, an Versammlungen außerhalb ihrer Dienstzeit teilzunehmen, sowie mit Kleinkaliberwaffen auf Schießständen zu üben.

Beamte im Privatleben

Die Frage, wieweit das außerdienstliche Leben des Beamten der Überwachung und etwaigen Bestrafung durch den Vorgesetzten unterliegt, ist bisher in der Beamtenschaft noch nicht genügend geklärt. Die parteiamtliche «NS-Beamtenzeitung» läßt daher durch Gerichtsassesor Mumm, Berlin, eine aufklärende Untersuchung anstellen. Was die Geselligkeit des Beamten angehe, so sei es gleich, ob er dem einen oder anderen erlaubten Zwecke verfolgenden Vereinen angehöre. Dagegen wird ein Anlaß zum Eingreifen seitens des Dienstherrn schon gegeben sein können, wenn er erfährt, daß sein Untergebener bewußt oder aus Lauheit sich der NS-Organisation fernhält oder nur in solchen Kreisen verkehre, die nicht gerade unerlaubte Zwecke verfolgen, aber doch in dem Ruf stehen, Spitzen der Reaktion oder des Klassenkampfes zu sein. Denn dann erfülle der Beamte nicht seine Pflicht, «jederzeit» kämpfend und fördernd für den nationalsozialistischen Staat einzutreten. Jeder Verkehr des Beamten mit Juden, auch mit den sogenannten «anständigen», sei selbstverständlich unzulässig, wenn er nicht nur in geschäftlichen Dingen erfolge und sich dann auf das unumgänglich notwendige Maß beschränke. Ebenso sei jeder Verkehr mit übelbeleumdeten Personen verboten. Der Beamte könne auch dazu angehalten werden, daß seine Angehörigen einen nicht zu beanstandeten Lebenswandel führen, könne allerdings für ein Fehlschlagen seiner Bemühungen dieser Art nicht verantwortlich gemacht werden. Je höher die Stellung des Beamten sei, um so weitgehender seien seine Pflichten und besonders streng der Maßstab, wenn der Beamte auch außerdienstlich die Dienstkleidung trägt.

Neue Augsburger Zeitung vom 28. April 1936

Die Beamtengehälter waren extrem niedrig. Das führte dazu, daß die Ministerien und Behörden bald Nachwuchsschwierigkeiten hatten. Anstatt die Gehälter zu erhöhen, wurden Titel und Orden geschaffen und die Pensionsaltersgrenze hinaufgesetzt, so daß die Beamten ihr Höchstgehalt länger beziehen konnten. Auch wurde den Siegern im Reichsberufswettbewerb, die kein Abitur hatten, die Beamtenlaufbahn ermöglicht.

In dem Maße, in dem das Regime den Rechtsstaat in einen Unrechtsstaat umpolte, gerieten zahllose Beamte in Loyalitätskonflikte. Es kam wiederholt vor, daß Beamte nur noch im Selbstmord die Lösung ihrer Probleme sahen. Denunziationen und Druck seitens der Partei schüchterten die Mehrheit der Beamtenschaft jedoch so sehr ein, daß die Beamten, ob sie nun wollten oder nicht, zu Handlangern des Regimes entwürdigt wurden. Nach dem Krieg war es dann für sie schwierig, bei den Anklägern Verständnis für ihr Verhalten zu finden.

Den Wissenschaftlern, den «Kopfarbeitern», begegneten die Nationalsozialisten meist mit unverhohlener Abneigung. Sie nannten sie verächtlich «Griechlein» und «Juristen» und versuchten, sie in aller Öffentlichkeit lächerlich zu machen. Hitler gefiel sich sichtlich in seiner Rolle als Volksschullehrerschreck.

Den Akademikern wurde vorgeworfen, sie hätten nicht Gut und Blut für die nationale Sache geopfert. Tatsächlich hatten vor 1933 nur wenige Akademiker den Weg in die NSDAP gefunden. Erst nach der Machtergreifung folgte der große Schwenk nach rechts, als viele Hochschullehrer fast unisono den Nationalsozialismus als eine gesunde Erneuerungsbewegung begrüßten.

Bei dieser Kehrtwende spielten weniger politische, eher fachliche Einstellung und Eifersüchteleien eine bedeutende Rolle. Da erwartete der Marburger Psychologe Erich Jaensch vom «Dritten Reich», daß es die Ehre seines Faches wieder herstellte, und etliche Forscher für deutsche Literatur und Sprache erhofften von amtlicher Seite eine Vorzugsbehandlung, die sie dann auch erhielten.

Am klarsten erkennbar ist der jüdische Geist wohl im Bereich der *Physik*, wo er in *Einstein* seinen «bedeutendsten» Vertreter hervorgebracht hat. Während alle großen naturwissenschaftlichen Entdeckungen und Erkenntnisse auf die besonderen Fähigkeiten germanischer Forscher zur geduldigen, fleißigen und aufbauenden Naturbeobachtung zurückzuführen sind; während der germanische Forscher in der sogenannten Theorie immer nur ein Hilfsmittel sieht, das die Naturbeobachtung gegebenenfalls erleichtern, niemals aber ein Mittel zum Zweck werden kann; während die Erkenntnis der realen Wirklichkeit das einzige Ziel seiner Forschung ist, dem er auch die eigene Hilfstheorie opfert, wenn sie sich als unrichtig oder ungenügend erweisen sollte, hat der in den letzten Jahrzehnten vordringende jüdische Geist die *dogmatisch verkündete, von der Wirklichkeit losgelöste Theorie* in den Vordergrund zu schieben gewußt. Durch spitzfindige Verallgemeinerung vorhandener Erkenntnisse, durch geschicktes Jonglieren mit mathematischen Formeln, durch vernebelnde Zweideutigkeiten wurde die Alleinherrschaft solcher Theorien begründet. Sie entsprachen dem jüdischen Geist und der jüdischen «Forschungsmethode» deshalb in so hohem Maße, weil sie die fleißige, geduldige, aufbauende Naturbeobachtung als überflüssig erscheinen ließen.

Aus dem Artikel «Weiße Juden in der Wissenschaft» im «Schwarzen Korps» vom 15. Juli 1937

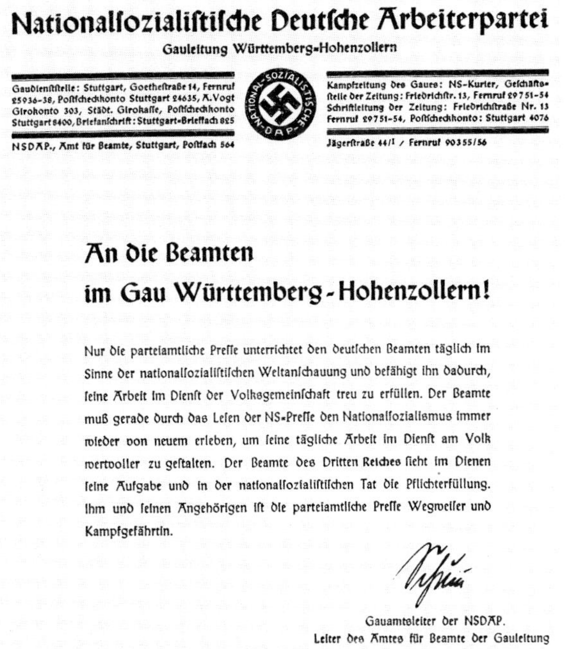

Nationalsozialistische Deutsche Arbeiterpartei

Gauleitung Württemberg-Hohenzollern

Gaudienststelle: Stuttgart, Goethestraße 14, Fernruf 25936-38, Postscheckkonto Stuttgart 24635, A. Vogt Girokonto 303, Städt. Girokasse, Postscheckkonto Stuttgart 8400, Briefanschrift: Stuttgart-Brieffach 825

NSDAP., Amt für Beamte, Stuttgart, Postfach 564

Kampfzeitung des Gaues: NS-Kurier, Geschäftsstelle der Zeitung: Friedrichstr. 13, Fernruf 29751-54 Schriftleitung der Zeitung: Friedrichstraße Nr. 13 Fernruf 29751-54, Postscheckkonto: Stuttgart 4076

Jägerstraße 44/I / Fernruf 90355/56

An die Beamten
im Gau Württemberg-Hohenzollern!

Nur die parteiamtliche Presse unterrichtet den deutschen Beamten täglich im Sinne der nationalsozialistischen Weltanschauung und befähigt ihn dadurch, seine Arbeit im Dienst der Volksgemeinschaft treu zu erfüllen. Der Beamte muß gerade durch das Lesen der NS-Presse den Nationalsozialismus immer wieder von neuem erleben, um seine tägliche Arbeit im Dienst am Volk wertvoller zu gestalten. Der Beamte des Dritten Reiches sieht im Dienen seine Aufgabe und in der nationalsozialistischen Tat die Pflichterfüllung. Ihm und seinen Angehörigen ist die parteiamtliche Presse Wegweiser und Kampfgefährtin.

Gauamtsleiter der NSDAP.
Leiter des Amtes für Beamte der Gauleitung

85 *Aufforderungen der Gauleitung Würtemberg-Hohenzollern der NSDAP an die Beamten, NS-Zeitungen zu lesen.*

Zahlreiche Professoren ließen sich zu Huldigungsadressen und Lobeshymnen hinreißen. Für Theologieprofessor Hirsch war Hitler «ein Werkzeug des Schöpfers aller Dinge». Der Dekan der Philosophischen Fakultät in Berlin entdeckte in Goethe und Schiller Urbilder des Nationalsozialismus. In den Augen des Historikers Ritter von Srbik war Hitler mit dem Freiherrn vom und zum Stein zu vergleichen, und für den Zeitungswissenschaftler Dovifat war er ein zweiter Demosthenes.

Die Schnelligkeit, mit der die Gleichschaltung des akademischen Lebens erfolgte, wurde nur durch die freiwillige Selbstgleichschaltung vieler Lehrkörper möglich. Die Entlassung von jüdischen und liberalen Hochschullehrern schien angesichts der Gesamtzahl akademischer Lehrer nicht allzu einschneidend – es waren etwa 10 Prozent –, aber die schädlichen Auswirkungen für die Forschung, die Bedeutung und Geltung deutscher Wissenschaft, waren verheerend. Als Reichserziehungsminister Rust den Göttinger Wissenschaftler David Hilbert fragte, ob infolge des Abgangs der Juden und ihrer Freunde sein Institut gelitten habe, antwortete der Professor: «Gelitten? Nein, es hat nicht gelitten, Herr Minister. Es existiert nicht mehr.» Der berühmte Göttinger Kreis der Quantenphysiker wurde zerstreut, Deutschland verlor in vielen Bereichen der Wissenschaft die führende Stellung in der Welt, da zahlreiche Nobelpreisträger Juden gewesen waren, die nach England oder in die Vereinigten Staaten ins Exil gingen.

Die große Mehrzahl der Professoren seufzt über die Einschränkung der freien wissenschaftlichen Forschungsmöglichkeiten. Es sind ja fast alle alten Professoren geblieben und nur wenige Dozenten in den Lehrkörper eingetreten, die sich dann in der Regel auf die neuen Lehrfächer: Völkerkunde, germanische Forschung usw. stürzen. Es ist aber bemerkenswert, daß gerade diese Vorlesungen wenig besucht werden, so daß von den Nationalsozialisten stärkere Kontrolle über

den Besuch von Pflichtvorlesungen dieser Art verlangt wird. Am besten besucht sind die Vorlesungen jener Professoren, die ab und zu vorsichtig zu erkennen geben, daß sie oppositionell eingestellt sind.
Fast alle Professoren sind heute davon überzeugt, daß Deutschland einer inneren Befreiung durch Wiederherstellung der geistigen Freiheit und der freien wissenschaftlichen Forschung bedürfe und daß das dann die Basis für alle weiteren politischen Reformen sein müßte. Aber diese Meinung äußern sie nur im vertrauten Kreis; vor einem größeren Forum gefragt, hüllen sie sich in Schweigen. Gelegentlich kann man bei dem einen oder anderen Professor schon eine merkliche Änderung der Haltung beobachten, die offenbar darauf beruht, daß sie mit einer Änderung der Verhältnisse rechnen und sich rechtzeitig umstellen wollen. Es gibt aber auch mutige Männer unter ihnen. Einer der Breslauer Professoren ist wiederholt für die Freiheit der Wissenschaft eingetreten und hat neuerlich in einer Pfingstbotschaft sogar den Grundsatz aufzustellen gewagt, daß ein Führer, der die Bedeutung der Wahrung der geistigen Freiheit verkennt, kein Führer sei. Wir dürfen uns aber nicht darüber täuschen, daß diese Opposition gegen das Regime eine durchaus bürgerliche Opposition ist, die nicht ohne weiteres für uns nutzbar gemacht werden kann.

Deutschlandbericht der SPD
vom Juni 1935

Neben dieser fachlichen Ausdünnung kamen noch die gezielten Angriffe von seiten der Partei gegen einzelne Universitätsdisziplinen. Das Fach Physik, ein vermeintlich unpolitisches Fach, wurde in eine Kontroverse verwickelt, in deren Verlauf die SS-Zeitung «Das schwarze Korps» wissenschaftliche Kapazitäten wie Ernst Heisenberg und Max Planck als «weiße Juden» auf dem Gebiet der Naturwissenschaften beschimpfte, weil sie sich nicht von der Einsteinschen Relativitätstheorie distanziert hatten.
Die Germanistik wurde fast von der nationalsozialistischen Ideologie erstickt. Der Druck führte zu seltsamen Entdeckungen. Die Wortstellung in Heines Poesie wurde damit erklärt, daß sie der Struktur des jüdischen Gaumens entspräche.
Die Nationalsozialisten erleichterten auf der einen Seite den Berufungsvorgang, auf der anderen Seite mußten die im Dozentenbund organisierten Dozenten erst einen sechswöchigen politischen Schulungslehrgang über sich ergehen lassen, bevor sie ihren akademischen Beruf antreten konnten.
Die Wissenschaftler fügten sich im allgemeinen den Anordnungen und verhielten sich ruhig und forschten für die Schublade. Eine Maßnahme, die den Gelehrten offenstand, politischen Druck abzuwehren, bestand darin, das Erziehungsministerium in einen Nahkampf mit dem Parteiapparat zu verwickeln. Es gab aber auch eine kleine Gruppe, die in Vorlesungen und Artikeln versuchte, die akademische Wahrheit vor der Ansteckung durch die Politik zu bewahren. Zum anderen Extrem gehörten einige Ärzte, die sich bereit erklärten, an menschlichen Versuchen in Konzentrationslagern teilzunehmen.

5. Die organisierte Freizeit

1. August 1936. Berlin erlebte die feierliche Eröffnung der XI. Olympischen Sommerspiele. Bis zuletzt stand es auf der Kippe, ob die Boykottdrohungen wahr gemacht wurden. Aber dann kamen die Amerikaner doch und mit ihnen weitere Sportler aus fünfzig Ländern. Gegen 16 Uhr betrat Hitler an der Spitze der Ehrengäste das mit 100000 Zuschauern bis auf den letzten Platz gefüllte Stadion. Als das Deutschland- und das Horst Wessel-Lied gespielt wurden, erhoben sich die Massen. Danach begann unter den Klängen von Marschmusik der Einmarsch der 4500 Teilnehmer, die mit Ausnahme der Engländer mit dem Hitler-Gruß zur Ehrenloge grüßten.

«Nach dem Willen des Führers hat Deutschland für die Olympischen Spiele 1936 Vorbereitungen wie kaum ein anderes Land zuvor getroffen. Die Hunderttausende ausländischer Gäste sollen würdig empfangen werden und ein besonders glänzendes Beispiel deutscher Gastfreundschaft erleben. Ich bin gewiß, daß jeder Deutsche seine Ehre dareinsetzen wird, den ausländischen Besuchern, die alle unter dem Schutze des Deutschen Reiches stehen, zuvorkommend gegenüberzutreten und, wenn sie einer Hilfe bedürfen, ihnen mit Rat und Tat Beistand zu leisten.»

Aufruf des Reichspropagandaministers Joseph Goebbels vom 2. Juli 1936.

Die Zuschauer feierten die Mannschaften aus der ganzen Welt begeistert, besonders aber die deutsche, die am Schluß ins Stadion einmarschierte. Als die Mannschaften sich im Halbkreis versammelt hatten, erklärte Hitler mit der vorgeschriebenen Redewendung die Spiele für eröffnet. Die olympische Flagge wurde gehißt, Brieftauben wurden aufgelassen und mit Kanonen Salutschüsse abgefeuert. Dann erklang zum ersten Mal die von Richard Strauss komponierte Olympiahymne.
Ein Raunen ging durch die Menge, als der weißgekleidete Berliner Schilgen, begleitet von sechs schwarzgekleideten Läufern, mit dem olympischen Feuer ins Stadion einlief. Er war der letzte der 3300 Läufer, die das Feuer über 3075 Kilometer von Olympia nach Berlin getragen hatten. Am 20. Juli hatte der Stafettenlauf begonnen: Jeder Läufer trug das Feuer jeweils für fünf Minuten, bis es dem nächsten übergeben wurde.

... «Der Regen hatte aufgehört. Bei angenehm kühlem Wetter wickelten sich die ersten Wettkämpfe ab. Mit der ganzen Garnitur der Machthaber war eine ungewöhnliche internationale Prominenz unter den Zuschauern, der italienische Kronprinz Umberto, Prinz Paul von Griechenland, der schwedische Erbprinz, der Ständige Unterstaatssekretär des Foreign Office, Vansittart ...
... Es war ein merkwürdiger Moment für uns, als vor unserer Nationalhymne «Deutschland, Deutschland über alles» gesungen wurde, aber man mußte schon froh sein, daß nicht auch das Host-Wessel-Lied an die Reihe kam. Hitler war von da an jeden Tag an den Finals zu sehen. Als er die beiden Neger-Sieger im 100-Meter-Endlauf persönlich beglückwünschte, schien es keine Rassenpolitik mehr zu geben. Die vielen Schweizer, die wir in diesen Tagen der Hochstimmung trafen, waren des Lobes voll. Wie die meisten Ausländer hatten sie scheinbar alles vergessen, was sich hinter der glanzvollen Kulisse abspielte.
In einer Berliner Gaststätte veranstaltete

Goebbels ein Abendessen für die Berichterstatter und die akkreditierte Auslandspresse. Der Reichspropagandaminister gab sich überaus liebenswürdig und schüttelte unzählige Hände. Als der Berliner Oberbürgermeister Lippert die Schweizer Olympiamannschaft empfing, fing er plötzlich an, mit den Athleten in unverfälschtem Berner Oberländer Dialekt zu sprechen; seine Mutter stammte aus Wengen. Man war gerührt ... Am fünften Tag sahen wir Hitler sowohl am Vormittag als auch am Nachmittag im Stadion. Die Politik schien stille zu stehen. Daß die deutsche Flotte in den spanischen Gewässern ständig verstärkt wurde, ihre Offiziere mit Franco Kontakt aufnahmen, Ribbentrop zum deutschen Botschafter in London ernannt wurde, stieß kaum auf Beachtung» ...

Hermann Böschenstein, Journalist

Als das olympische Feuer in Deutschland eintraf, wurde es mit Fanfarenklängen und Glockengeläut empfangen. Ein besonders eindrucksvolles Bild bot die Ankunft des Feuers im nächtlichen Bad Liebenverda. Die Fassaden der alten Gebäude um den Marktplatz waren in Flutlicht getaucht, und die 20000 versammelten Einwohner hielten brennende Kerzen in den Händen.

Der Zeitplan wurde auf die Minute eingehalten. Am Morgen des 1. August traf das Feuer in Berlin ein. 25000 Hitlerjungen und 40000 SA-Männer standen Spalier.

Im harmonisch abgestimmten Laufschritt liefen die sieben Läufer über die Aschenbahn, während die Fackel eine blaue Rauchspur hinter sich herzog. Schilgen eilte allein eine Treppe empor zu einem Mamorpodest und wandte sich den Zuschauern zu.

86/87 *Werbeplakate zu den Olympischen Winter- und Sommerspielen: Garmisch-Partenkirchen 6.–16. Februar und Berlin 1.–16. August 1936. Die Austragung der Spiele war bis zuletzt gefährdet. In den angelsächsischen Ländern wurde ernstlich erwogen, die Spiele zu boykottieren, um das Regime wegen seiner Judenpolitik zu ächten.*

88 *Diese Verpflichtung hatten die deutschen Athleten zu unterschreiben. Die Welt schaute auf Deutschland, und die Nationalsozialisten wollten sichergehen, daß die Spiele ohne Zwischenfälle abliefen.*

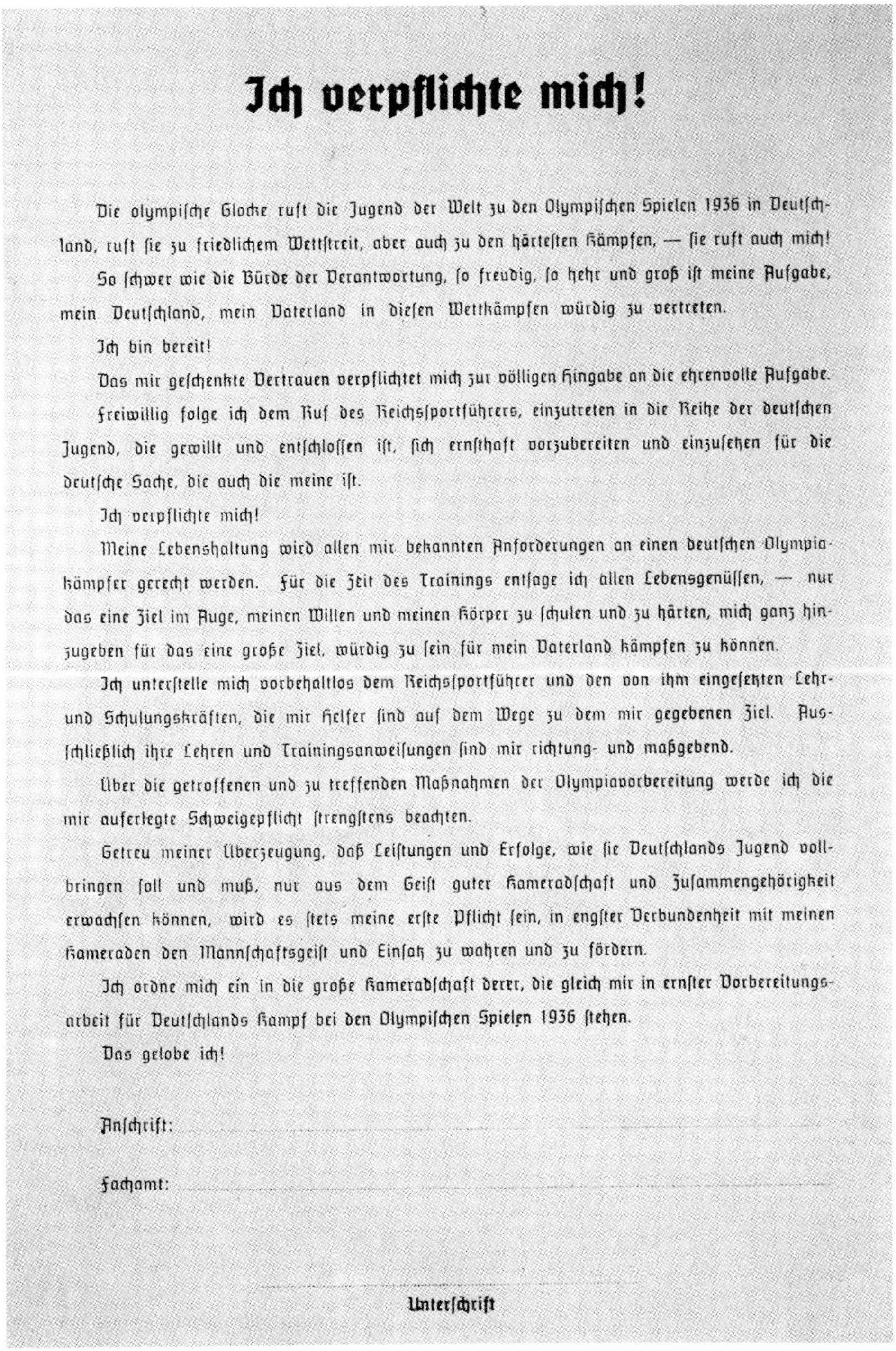

Ich verpflichte mich!

Die olympische Glocke ruft die Jugend der Welt zu den Olympischen Spielen 1936 in Deutschland, ruft sie zu friedlichem Wettstreit, aber auch zu den härtesten Kämpfen, — sie ruft auch mich!

So schwer wie die Bürde der Verantwortung, so freudig, so hehr und groß ist meine Aufgabe, mein Deutschland, mein Vaterland in diesen Wettkämpfen würdig zu vertreten.

Ich bin bereit!

Das mir geschenkte Vertrauen verpflichtet mich zur völligen Hingabe an die ehrenvolle Aufgabe.

Freiwillig folge ich dem Ruf des Reichssportführers, einzutreten in die Reihe der deutschen Jugend, die gewillt und entschlossen ist, sich ernsthaft vorzubereiten und einzusetzen für die deutsche Sache, die auch die meine ist.

Ich verpflichte mich!

Meine Lebenshaltung wird allen mir bekannten Anforderungen an einen deutschen Olympiakämpfer gerecht werden. Für die Zeit des Trainings entsage ich allen Lebensgenüssen, — nur das eine Ziel im Auge, meinen Willen und meinen Körper zu schulen und zu härten, mich ganz hinzugeben für das eine große Ziel, würdig zu sein für mein Vaterland kämpfen zu können.

Ich unterstelle mich vorbehaltlos dem Reichssportführer und den von ihm eingesetzten Lehr- und Schulungskräften, die mir Helfer sind auf dem Wege zu dem mir gegebenen Ziel. Ausschließlich ihre Lehren und Trainingsanweisungen sind mir richtung- und maßgebend.

Über die getroffenen und zu treffenden Maßnahmen der Olympiavorbereitung werde ich die mir auferlegte Schweigepflicht strengstens beachten.

Getreu meiner Überzeugung, daß Leistungen und Erfolge, wie sie Deutschlands Jugend vollbringen soll und muß, nur aus dem Geist guter Kameradschaft und Zusammengehörigkeit erwachsen können, wird es stets meine erste Pflicht sein, in engster Verbundenheit mit meinen Kameraden den Mannschaftsgeist und Einsatz zu wahren und zu fördern.

Ich ordne mich ein in die große Kameradschaft derer, die gleich mir in ernster Vorbereitungsarbeit für Deutschlands Kampf bei den Olympischen Spielen 1936 stehen.

Das gelobe ich!

Anschrift: ....

Fachamt: ....

....

Unterschrift

Dann schritt er auf ein riesiges Kohlebecken zu, richtete sich in voller Größe auf und tauchte die flammende Fackel in die Schale. Sofort flackerte ein Feuer empor.

Rudolf Ismayr, ein deutscher Olympiasieger von 1932, sprach für alle Teilnehmer, mit der Hand auf der Hakenkreuzfahne, den olympischen Eid. Nach Händels «Halleluja» verließen die Teilnehmer wie-

89 *Eröffnungsfeier der Winterolympiade in Garmisch-Partenkirchen. 15 000 Zuschauer wohnten bei Schneetreiben und eisiger Kälte der Feier im Skistadion bei.*

90 *Christel Cranz gewann die Alpine Kombination (Abfahrts- und Torlauf). Weitere Goldmedaillen gewannen Maxie Herber und Ernst Baier im Paarlauf und Franz Pfnür in der Alpinen Kombination.* ▷

Berlin, der 3. August 1936

... Kaum von Babelsberg zurück kommt ein Anruf von Frau Gussy Jannings. Sie lädt mich und M. für heute in ihre Loge im Olympiastadion ein. Wer könnte bei so charmanter Gesellschaft nein sagen?

Der Eindruck ist tatsächlich überwältigend. Es wäre töricht, dies zu leugnen. Das Riesenrund der Hunderttausend bis auf den letzten Platz gefüllt. Ein Flaggenmeer unter blauem Himmel in strahlender Sonne. Auf Rasen- und Aschenbahn die Kämpfer aus aller Welt. Die Jannings-Loge liegt nahe bei der Hitler-Loge. Wie dürfte es anders sein? Der Führer mit Gefolge ist schon da, als wir unsere Plätze einnehmen. Ich kann ihn gut von der Seite beobachten, und er interessiert mich offengestanden mehr, als die Sportler unten auf dem Rasen. Die Kämpfe kann ja nur der verstehen und verfolgen, der sich täglich damit beschäftigt. Zur Zeit springen irgendwelche kurzbehoste Damen über Hürden – sicher eine phänomenale Leistung, wie der grenzenlose Jubel der Hunderttausend und Hitlers Händeklatschen beweisen. Der totale Sieger Hitler ist von einer Suite Uniformierter umgeben: Generale der Wehrmacht und der SS, hohe Parteifunktionäre, dazwischen einige Minister in Sommeranzügen. Ich erkenne dicht bei Hitler Philipp Bouhler. Die Damen der Führergruppe scheinen anderswo untergebracht zu sein.

Das Bemerkenswerte an Hitler ist die heitere Ruhe, die sichere Gelassenheit des Glückhaften und Erfolgreichen, die jetzt von ihm ausgeht. Ich habe sein Gesicht lange in dem guten Glas, das mir Frau Jannings leiht. Der Krampf, das Besessene der Kampfzeit und der ersten Jahre nach der Machtergreifung ist aus diesen Zügen gewichen. Er scherzt und lacht mit Bouhler ...

Aus dem Tagebuch des Schriftstellers Erich Ebermayer

der das Stadion. Am Abend fand dann noch auf dem Rasen des Stadions die Uraufführung des von Carl Diem verfaßten olympischen Festspiels statt, in dem 5700 elf bis achtzehnjährige Jungen und Mädchen zu den Klängen von Beethovens 9. Symphonie gymnastische Bewegungsspiele vortrugen. Dieses Schauspiel wirkte durch geschickte direkte und indirekte Beleuchtung im ausverkauften Stadion sehr eindrucksvoll.

Am nächsten Tag begannen die Wettkämpfe, parallel dazu in Kiel die Segelregatten. 3,8 Millionen Zuschauer verfolgten die Wettkämpfe. Was ihnen dabei geboten wurde, war das bis dahin größte und bestorganisierte Sportfest der Welt. Die Sportler wohnten im Olympischen Dorf in Döberitz, das von der Reichswehr erbaut worden war. Sie wurden glänzend verpflegt und mit viel Geschick unterhalten. Daß so nebenbei auch ihre Post von der Gestapo mitgelesen wurde, dürfte ihnen kaum bekannt gewesen sein.

Die Sommerspiele wurden direkt vom Fernsehen übertragen. Das Fernsehen stand zwar erst ganz am Anfang seiner Entwicklung, aber es bot die Möglichkeit, die ausländischen Zuschauer von dem hohen Stand der deutschen Technik zu beeindrucken. Der Rundfunk übertrug rund um die Uhr. 40 Länder waren an die Berichterstattung angeschlossen.

Rund 2,2 Millionen Zuschauer verfolgten im Stadion die Wettbewerbe in den populären Sportarten Leichtathletik, Fußball, Handball und Reiten. Ihre Begeisterung kannte kaum Grenzen. In Hitlers Anwesenheit gab es gleich am ersten Tag zwei deutsche Siege durch Woelke im Kugelstoßen und Hein im Hammerwurf. Hitler bat die Medaillengewinner in seine Ehrenloge und begrüßte sie dort unter dem Jubel der 100000 Zuschauer.

Auf der Aschenbahn gab es packende Kämpfe. Der farbige Amerikaner Jesse Owens war mit vier Goldmedaillen der Star der Spiele, sein Weit-

91 *Das Reichssportfest in Berlin. 1932 war Berlin zum Austragungsort der XI. Olympischen Sommerspiele bestimmt worden. Nach der Machtergreifung setzten die Nationalsozialisten alles daran, diesen Spielen ihren Stempel aufzudrükken: Es sollten die schönsten und bestorganisierten Spiele werden.*

92 *Der amtliche Führer der Olympischen Spiele – eingelegt eine Eintrittskarte zu den Schwimmwettkämpfen.*

sprungduell mit dem Leipziger Studenten Luz Long, das er mit 8,06 m gewann, war ein denkwürdiges Ereignis. Als die deutsche 4 × 100 m Damenstaffel beim letzten Wechsel das Staffelholz verlor und damit den sicheren Sieg, ging ein Entsetzensschrei durch das Stadion. Es dauerte eine Weile, bis sich die Enttäuschung gelegt hatte.
Die Amerikaner waren die großen Sieger in den Leichtathletikwettbewerben, die erfolgreichste Mannschaft der Spiele war Deutschland mit 33 Goldmedaillen. Bei den Winterspielen in Garmisch-Partenkirchen hatte man nur drei Goldmedaillen gewonnen. Die Medien überschlugen sich in ihrer Berichterstattung und vergaßen nicht den Hinweis, daß die Erfolge dem Nationalsozialismus zu verdanken seien.
Am letzten Tag der olympischen Spiele, am 16. August, fand als letzter Sportwettbewerb das Jagdspringen «Preis der Nationen» statt. Das Zuschauerinteresse war so groß, daß man 120000 Zuschauer ins Stadion ließ. Zur ungeheueren Freude der deutschen Zuschauer trug die deutsche Reiterequipe den klaren Sieg davon. Kanonendonner kündigte dann die offizielle Abschiedsfeier an.
Vom anderen Ende des Maifeldes ertönte eine gewaltige Glocke. Die Trompeter des riesigen Orchesters bliesen ein getragenes Fanfarenstück, die weißgekleideten Choristinnen warteten geduldig auf ihren Einsatz. Sobald die Hörner erklangen, sandten die ringförmig angeordneten, mächtigen Scheinwerfer lange Strahlenbündel in den nächtlichen Himmel. Die Lichtsäule verwandelte das Stadion in einen Lichterdom. In stiller Andacht verharrten die Zuschauer während dieses grandiosen Schauspiels.
Zu den Schlußtönen der Olympia-Fanfare marschierten die Mannschaften auf das Innenfeld des Stadions. Die von Flutlicht angestrahlten Fahnenträger stellten sich in einer langen Reihe vor der Ehrentribüne auf. Ein Chor und das verstärkte Orchester der Berliner Philharmoniker spielten Ludwig van Beethovens Hymne «Die Flamme lodert» an. Rhythmische Kanonenschüsse in der Ferne verstärkten die ernste und feierliche Stimmung. Aus der Dunkelheit traten 51 weißgekleidete Mädchen in das Flutlicht und befestigten Lorbeerzweige an den sich langsam herabsenkenden Nationalfahnen.
Während Paul Hoffers Chorwerk «Abschied der Fahne» erklang, wurde die olympische Fahne eingeholt. Als die Musik verstummte, verlosch das Olympiafeuer über dem Marathontor. Über Lautsprecher ertönte eine klare Stimme: «Ich rufe die Jugend der Welt nach Tokio.»
Noch ganz unter dem Eindruck dieses gefühlsbetonten Abschiedszeremoniells verließen die Hunderttausend das Stadion. Die Nationalsozialisten hatten ihr ganzes propagandistisches Können aufgeboten, den Teilnehmern und Zuschauern ein unvergeßliches Erlebnis zu bieten. Den heimkehrenden Olympiasiegern wurde ein triumphaler Empfang in den Heimatgemeinden zuteil. Die Gauleiter ließen es sich nicht nehmen, die Sportler persönlich zu begrüßen und als den Stolz der Nation hochleben zu lassen.
Das Jahr 1936 wartete aber noch mit anderen herausragenden Sportereignissen auf, an denen deutsche Sportler erfolgreich mitmischten. Am 19. Juni bezwang Max Schmeling in New York den Amerikaner Joe Louis durch k. o.. Die nationalsozialisti-

Schmeling K. O. Sieger über Louis

Der Ausscheidungskampf um die Weltmeisterschaft im Boxen zwischen dem deutschen Ex-Weltmeister Schmeling und dem Mulatten Joe Louis nahm am Freitagabend im Yankeestadion in New York vor 85000 Zuschauern einen sensationellen Verlauf. Louis, der Oberfavorit war, auf dessen Sieg die Wetten am Kampfabend noch mit 10 : 1 abgeschlossen wurden, konnte sich gegen den Deutschen nicht durchsetzen und unterlag in der 12. Runde durch Niederschlag, nachdem er bereits in der 5. Runde dicht am Rande einer schweren Niederlage gewesen war. Was also der gesamten Elite des amerikanischen Berufsboxsports, deren Vertreter von Joe Louis unterlegen geschlagen worden waren, nicht gelungen ist, hat der Deutsche fertiggebracht. Schmeling, der schon einmal Weltmeister war, vom Ausland aber nicht mehr zu den Spitzenkönnern gerechnet wurde, hat mit diesem Erfolg über Amerikas erfolgreichsten Boxer den größten Erfolg seiner bisherigen Laufbahn errungen.

93 *Boxsieg Max Schmelings über Joe Louis in einem Schwergewichts-Ausscheidungskampf um die Weltmeisterschaft am 19. Juni 1936. Propagandaminister Goebbels telegraphierte nach New York: «Ich weiß, Du hast für Deutschland gekämpft, es war ein deutscher Sieg. Wir sind alle stolz auf Dich. Heil Hitler! Grüße».*

Höhepunkte des Kampfes

3. Runde: Heftige Angriffe des Negers leiten diese Runde ein, und es gelingt Louis dreimal, mit schnellen linken Geraden in Schmelings Gesicht zu landen.

4. Runde: Schmeling verteidigt sich ruhig. Sein rechtes Auge ist geschwollen. Er vermag sich aber von den Angriffen des Negers frei zu machen, landet zwei trockne Rechte an Louis' Kinn und zwingt mit einem dritten Schlag den Neger für einen kurzen Augenblick in die Knie.

7. Runde: Louis kommt sichtlich erholt in den Kampf zurück und landet drei harte linke Magentreffer, denen er noch zwei Treffer auf das Kinn folgen läßt. Seine Schläge zeigen jedoch wenig Wirkung.

8. Runde: Schmeling wird wieder frischer und geht sofort zum Angriff auf Louis über.

10. Runde: Louis ist kaum imstande, aus seiner Ecke aufzustehen, bricht nun schon nach den ersten Schritten beinahe zusammen. Ein Doppelschlag Schmelings trifft ihn schwer am Kopf.

12. Runde: Schmelings linkes Auge ist vollkommen zugeschwollen, im übrigen macht er jedoch einen sehr frischen Eindruck. Ein erneuter Tiefschlag von Louis veranlaßt Schmeling zu protestieren. Der Deutsche treibt seinen Gegner mit kurzen, harten Schlägen an den Seilen entlang, bis Louis zusammenbricht und ausgezählt wird.

Hamburger Fremdenblatt
vom 20. Juni 1936

sche Presse feierte den Sieg als den Sieg der überlegenen Rasse. Im Revanchekampf zwei Jahre später, am 22. Juni 1938, lag Schmeling bereits nach zwei Minuten im Ringstaub. Die Zeitungen äußerten den Verdacht, es sei nicht mit rechten Dingen zugegangen. Die Enttäuschung war allgemein.

Millionen Hörer saßen morgens um 3 Uhr vor dem Rundfunkgerät, und bevor sie noch richtig wach wurden, war der Kampf bereits zu Ende.
Sportliche Erfolge feierte auch der Rennfahrer Bernd Rosemeyer, der die Großen Preise von Deutschland, der Schweiz und Italien gewann. Sein größter Konkurrent, Rudolf Caracciola, siegte in Tunis und Monaco. Hans Stuck und Hermann Lang vervollständigten das erfolgreiche Rennfahrer-Kleeblatt. Sie lieferten sich auf Mercedes-Benz und Auto-Union packende Kämpfe.

Der große Avus-Tag in Berlin

Mercedes macht das Rennen

Berlin, 26. Mai – Es war ein Rausch. Er hatte die Fahrer erfaßt und die Hunderttausende von Zuschauern. Er hielt an vom ersten trommelfellsprengenden Lärm der Motorräder bis zur letzten Runde des Hauptlaufes der großen Wagen. Daß einer der silbergrauen deutschen Maschinen als Sieger durch das Ziel gehen mußte, hatte niemand bezweifelt. Nach Monaco, Tunis und Tripolis mußte auch das Rennen in der Heimat gewonnen werden. Nur der Name des Fahrers stand offen.
Er heißt Fagioli. Seit mehreren Tagen trainierten die Fahrer auf der Avus, seit zwei Tagen waren schon die Tribünenplätze bis hinauf zu 30 Mark verkauft.
Eine Viertelstunde vor ein Uhr erklang aus den Lautsprechern, die die Zuschauer stundenlang mit Marschmusik unterhalten hatten, der Befehl: «Rennstrecke frei!»
Sechs silbergraue deutsche Wagen und zwei rote Italiener hatten sich in den Vorläufen für das Hauptrennen qualifiziert. Wer hat die Spitze? Stuck auf Autounion – und natürlich wieder Stuck, «der hat ja auch schon die Nummer 1»! Dann bleibt Stuck aber plötzlich weg, und statt seiner ertönt das hohe Singen des Mercedeswagen von Fagioli von der Spitze des Feldes. »Stuck ist sauer geworden!» Er ist nicht der einzige vom Pech Verfolgte, drüben an den Ersatzteillagern entscheidet sich das Rennen, da wird immer aufs neue gewechselt und «wegen Motorschadens» aufgegeben. Mit jeder neuen Meldung von dort wächst jetzt die Spannung der Zuschauer. Wird Fagioli die Spitze halten? Fagioli hält die Spitze. Er läßt den Franzosen Thiron bis auf den zweiten Platz heran, dann fährt er, der Italiener, den deutschen Mercedeswagen als Sieger durchs Ziel.
Ergebnisse des Rennens:
Endergebnisse des Hauptlaufs der Rennwagen:
1. L. Fagioli/Deutschland (Mercedes-Benz) 48:13,2 Min. (238,5 km/h)
2. Thiron/Italien (Alfa Romeo) 50:48,4 Min. (231,0 km/h)
3. A. Barzi/Deutschland (Autounion) 51:27,4 Min. (228,0 km/h)
4. H. Stuck/Deutschland (Autounion) 51:36,4 Min. (227,4 km/h)
5. M. v. Brauchitsch/Deutschland (Mercedes-Benz) 52:18,4 Min. (220,0 km/h)
6. R. Dreyfuß/Italien (Alfa Romeo) 54:24,4 Min. (215,5 km/h)

Die schnellste Runde fuhr Hans Stuck (Autounion) im Vorlauf in der zweiten Runde mit 259,0 km/h.

Frankfurter Zeitung
vom 27. Mai 1935

Bernd Rosemeyer tödlich verunglückt

Frankfurt a. M., 28. Januar

Eine erschütternde Meldung kommt von der Reichsautobahn Frankfurt am Main – Darmstadt. Bernd Rosemeyer ist mit dem Auto-Union-Rekordwagen tödlich verunglückt.
Nachdem Mercedes-Benz seine Rekordfahrten für Freitag abgebrochen hatte, ging die Auto-Union mit Bernd Rosemeyer am Steuer des Rekordfahrzeugs an den Start zu neuen Versuchsfahrten. Nach der ersten Fahrt erklärte Rosemeyer, daß der scharfe, böige Südwestwind ihn beinahe von der Straße gedrückt habe. Trotzdem startete er abermals, und diese neue Fahrt sollte seine letzte werden. Das Unglück ereignete sich am Kilometerstein 9 beim Zubringer Langen-Mörfelden, kurz vor der Brücke, gerade als Rose-

94 *Rudolf Caracciola war neben Bernd Rosemeyer der erfolgreichste deutsche Automobilrennfahrer, der auch mehrere Geschwindigkeitsweltrekorde aufstellte.*

95 *Einer der legendären Silberpfeile von Mercedes-Benz, die sich packende Kämpfe mit den Auto-Union-Rennwagen lieferten.*

meyer in höchster Geschwindigkeit die Meßstrecke zur Meile beenden sollte. Er geriet in einen Luftwirbel, der das Fahrzeug ergriff und in hohem Bogen gegen die Brückenböschung warf, wo es völlig zertrümmert wurde. Rosemeyer war schon vorher herausgeschleudert worden, Rennarzt Dr. Gläser konnte nur noch den Tod feststellen.

Als Kämpfer gefallen

Wie Augenzeugen berichten, war der Wagen im höchsten Tempo infolge einer heftigen Bö auf den Mittelstreifen nach links geraten und dann von einer zweiten Bö nach rechts gedrückt worden. Der Wagen verließ die Fahrbahn, überschlug sich zweimal, wobei Rosemeyer in hohem Bogen in den Wald flog. Das steuerlose Fahrzeug raste dann noch 500 Meter durch die Luft, über die Köpfe der Wagen- und Zeitnehmer hinweg gegen die Böschung. An der Unfallstelle bedecken unübersehbare Trümmer der Karosserie die Fahrbahn.

Es ist oft von dem einmaligen Talent Rosemeyers die Rede gewesen. Es war auch einmalig. Fast spielerisch beherrschte er das Rennwagensteuer. Lächelnd überwand er die gefährlichsten Augenblicke. Niemals hinterließen sie bei ihm eine Schreckwirkung.

Als 1935 die Auto-Union für ihre neuge-

schaffenen Rennwagen nach Fahrernachwuchs Ausschau hielt, da fiel die Wahl neben vielen langjährigen Rennfahrern und bewährten Langstreckenfahrern auch auf Rosemeyer.
Der Rennleiter der Auto-Union, der sofort die außergewöhnliche Begabung des jungen Rosemeyer erkannte, wußte nach einigen gar zu tollen Bravourstückchen das Temperament dieses Könners zu zügeln, seine einmalige fahrerische Begabung in richtige Bahnen zu lenken. Rosemeyer wurde ruhiger, ohne daß sein Mut, sein unbeugsamer Kampfgeist darunter litt. So wuchs Rosemeyer schneller als man je ahnen durfte zur Größe empor, er stand mit Taracciola und Nuvolari in vorderster Front.
1937 siegte Rosemeyer in der Eifel, im «Vanderbilt-Pokal» in den USA, im ersten Rennen auf der neuen Rennstrecke im Donington-Park in England, und unvergessen ist noch die stattliche Reihe seiner Klassen- und Weltrekorde auf der Frankfurter Autobahn im Oktober des vergangenen Jahres.
Hamburger Fremdenblatt
vom 28. Januar 1938

96 *Gottfried von Cramm drang bis ins Finale von Wimbledon vor und gewann mehrere internationale Meisterschaften.*

Fußballmeister wurde 1936 der 1. FC Nürnberg, die Mannschaft der Stunde aber war Schalke 04, deren Spielweise, der sogenannte «Schalker Kreisel», die Zuschauer begeisterte. 1936 wurde Sepp Herberger Reichstrainer der Fußballnationalmannschaft, die er in kürzester Zeit zu einer spielstarken Elf aufbaute. Als er jedoch die österreichischen Spieler nach dem Anschluß Österreichs in die Mannschaft einbauen mußte, kam es zum Debakel: Bei der Fußballweltmeisterschaft in Italien 1938 scheiterte die deutsche Mannschaft schon frühzeitig.
Die Erfolge der deutschen Sportler kamen für die nationalsozialistischen Sportfunktionäre überraschend, sie waren eigentlich gar nicht eingeplant. Sie erklärten sie schließlich mit der Neuorganisation des Sports in Deutschland. Das stimmte aber nur bedingt. Tatsächlich war mit der 1936 in Berlin erbauten Reichsakademie für Leibeserziehung eine zentrale Sportlehrerausbildungsstätte geschaffen und durch die Gleichschaltung der Turn- und Sportverbände die Kontrolle erleichtert worden. Gefördert wurde aber nicht der Spitzensport, sondern der Breitensport: Jugendliche und Erwachsene, in der Schule, im Betrieb und im Büro wurden angehalten, Sport zu treiben. Sportliches Versagen konnte die berufliche Karriere gefährden.
Spitzensportler wurden in diesem Sportsystem eher geduldet. In der Hitlerjugend galt nicht die sportliche Einzelleistung, sondern die Leistung in der Gruppe. Durch Sport sollte das deutsche Volk

97 *Mit «Kraft durch Freude» 1936 in den Winterurlaub. Die Freizeitorganisation KdF erfreute sich großer Beliebtheit. Vielen Menschen ermöglichte sie überhaupt zum ersten Mal in ihrem Leben Fahrten in die Berge oder an die See.*

bei Lust und Laune gehalten werden. Ein Großteil der Freizeit wurde durch die Teilnahme an sportlichen Wettbewerben und Sportappellen ausgefüllt. Die sportlichen Übungen hatten sehr oft den Charakter vormilitärischer Ausbildung.

Freizeit ohne Freizeitgestaltung war für die Nationalsozialisten undenkbar. Sport war ein Mittel, die Volksgenossen bei Lust und Laune zu halten, ein anderes, weit wirksameres, die Freizeitorganisation «Kraft durch Freude».

98 *KdF-Dampfer wird 1936 in Bremerhaven verabschiedet. Die Schiffsreisen zu den norwegischen Fjorden, nach Madeira oder ins Mittelmeer waren wenigen vorbehalten. Die Masse der KdF-Urlauber machten ein- oder zweitägige Reisen in deutsche Feriengebiete.*

»Ich will, daß dem deutschen Arbeiter ein ausreichender Urlaub gewährt wird, und daß alles geschieht, um ihm diesen Urlaub sowie seine übrige Freizeit zu einer wahren Erholung werden zu lassen. Ich wünsche das, weil ich ein nervenstarkes Volk will, denn nur mit einem Volk, das seine Nerven behält, kann man wahrhaft große Politik machen».

Hitlers Wunsch war Befehl. Am 29. November 1933 wurde die Freizeitorganisation «Nach der Arbeit» gegründet, die kurze Zeit später in «Kraft durch Freude» (KdF) umgetauft wurde. Der Leiter der Deutschen Arbeitsfront (DAF), Robert Ley, wegen seiner Vorliebe für den Alkohol auch «Reichstrunkenbold» genannt, gab während eines Staatsaktes die Zielsetzung der Organisation bekannt: Verwirklichung der Volksgemeinschaft, körperliche Ertüchtigung des arbeitenden Menschen, Kennenlernen des Vaterlandes durch Ferien- und Wochenendfahrten.
Die organisierte Freizeit war keine ureigene Schöpfung der Nationalsozialisten, im faschistischen Italien gab es seit geraumer Zeit die Freizeitbewegung «Dopo-Lavoro», und bei den Sozialdemokraten und Kommunisten besaßen die gemeinsame Freizeit und Erholung längst Tradition.

«Kraft durch Freude»
Am Sonntag, 7. Oktober, trifft um 9.27 Uhr ein Urlauberzug der «Kraft durch Freude», und zwar aus Schwenningen a. N. mit 1200 Teilnehmern hier ein. Die Urlauber werden durch «Kraft durch Freude», Kreis Freiburg, in Empfang genommen und in die einzelnen Gastwirtschaften zur Einnahme des Mittagessens gebracht. Nachmittags führt der Sonderzug die Volksgenossen zu einer Winzerfahrt nach dem Kaiserstuhl, wo in Endingen, Sasbach und Breisach die Fahrt unterbrochen wird. In Breisach findet zu Ehren der Urlauber auf dem historischen Münsterplatz ein Winzerfest mit Tanz statt. Unter den Teilnehmern des Urlauberzuges befindet sich die Standartenkapelle 126, die in den Städten konzertieren wird.
Tagespost
vom 6. Oktober 1933

Die Nationalsozialisten taten nichts aus purer Menschenfreundlichkeit. Sie umgaben nur alles mit aufwendigem Propagandagetöse, so daß die wahren Absichten nur schwer zu durchschauen waren. Wenn sie den Deutschen seit 1934 Ferienreisen ermöglichten, und zu geringen Preisen, manchmal sogar umsonst, Konzerte besuchen, Filme sehen, an Fortbildungskursen oder Tanzgruppen teilnehmen, Wanderfahrten und Sportveranstaltungen mitmachen ließen – und alles das bot KdF –, dann war das für die Mehrzahl der Teilnehmer eine große Sache: Zum ersten Mal in ihrem Leben erlebten sie Dinge, von denen sie früher höchstens träumen konnten. Dahinter stand aber die klare Absicht, den Arbeiter zu ködern und ihn an das Regime zu binden.
Der Clou waren natürlich die Reisen. Im Februar 1934 fuhren die ersten Sonderzüge in deutsche Feriengebiete, bald auch nach Italien. Mit dem Schiff konnte man vor der norwegischen Küste kreuzen oder nach Madeira fahren. Zwei Millionen Menschen machten in diesem Jahr mit KdF Urlaub. 1938 nahmen 180000 Deutsche an einer Kreuzfahrt teil und 10 Millionen, davon drei Fünftel Arbeiter, an KdF-Reisen aller Art. Bei einer Arbeiterschaft

von 20 Millionen bedeutete dies, daß einer von je 200 Arbeitern eine Reise ins Ausland machte, und daß jeder dritte Arbeiter eine zeitlang außerhalb seiner häuslichen Umwelt war.

Zwei Wochen Aufenthalt in den Alpen, Unterkunft, Verpflegung, Hin- und Rückfahrt, alles inbegriffen, kosteten höchstens 65 Reichsmark, eine Woche an der Nordsee 25 Reichsmark und eine Italienreise 155 Reichsmark. Die Reisen konnten so niedrig gehalten werden, weil sie von der DAF aus dem Vermögen der aufgelösten Gewerkschaften subventioniert wurden.

Der Erfolg von KdF war ungeheuer. Die Menschen wollten reisen, und man ließ sie reisen. Am Ferienort konnten sie im Prinzip machen, was ihnen Spaß machte. Es gab aber immer wieder nationalsozialistische Bildungs- und Propagandaeinlagen, wenn die mitreisenden Funktionäre sich gemüßigt fühlten, an historischen Stätten «nationalen» Geschichtsunterricht zu erteilen oder einen Toast auf den Führer auszubringen, der das alles ermöglicht hatte.

99 *Die Originalunterschrift zu diesem Bild lautet: «KdF-Urlauber unter Afrikas Sonne! Die deutschen KdF-Dampfer ‹Wilhelm Gustloff› und ‹Stuttgart› in Tripolis. Jubelnde Freude spiegelt sich in den Gesichtern dieser Arbeiter».*

BAYERN, 1. Bericht: Daß mit der Madeirafahrt eine Riesenreklame gemacht wurde, brauche ich nicht besonders zu erwähnen. Bemerkenswert ist, daß diese Fahrt sogar auf einen älteren Genossen großen Eindruck gemacht hat. Er erzählte z. B: «Weißt, das muß ich zugeben, Kameradschaft hat während der ganzen Fahrt geherrscht, wie sie bei uns früher leider nicht vorhanden war. Den Bedürftigeren wurde von den Bessergestellten sogar mit Geldgeschenken ausgeholfen, damit sie sich nirgends zurückgesetzt fühlen brauchten. Es gab auf dem Schiffe keine Unterschiede, alles war ein Herz und eine Seele. Man muß sagen, daß hier wirklich etwas von einer Gleichheit da war, wie wir Sozialisten uns das immer erhofft haben. Und besonders der Ley war sehr kameradschaftlich. Täglich hielt er in seiner Kabine Sprechstunden ab, forderte gerade die Handarbeiter auf, daß sie zu ihm in die Kabine kommen sollen, um ihm ungeniert über ihre Verhältnisse im Betrieb zu berichten. Hier seien sie mit ihm allein, hier sei kein Unternehmer da, der zuhöre, hier sollen sie einmal ihr Herz ausschütten und offen berichten, wo sie der Schuh drückt usw. Dieser freundlichen Aufforderung Leys kamen die Proleten auch nach und – hats auch keinen Sinn gehabt, geschmeichelt fühlten sie sich doch.» In Lissabon hat man den Leuten die Elendsviertel gezeigt und ihnen dann erklärt, daß sie den Unterschied erkennen sollen zwischen der Lebensweise des deutschen Arbeiters und des Arbeiters in anderen Ländern usw. Und der Genosse, der noch nie in einer Hafenstadt war und deshalb keine Vergleichsmöglichkeiten hat, meinte selbst, da habe er allerdings gestaunt, wie schlecht die Leute dort wohnen und leben. Alle Mitfahrenden seien von der Fahrt hoch befriedigt gewesen, auch die früheren Sozialdemokraten.

Deutschlandbericht der SPD vom Juli 1935

BAYERN: Bei den Gesellschaftsfahrten zeigt sich eine starke Differenzierung. Die «besseren Leute» machen nur große Fahrten mit, die eine ausgewähltere Gesellschaft versprechen. Die großen Massenreisen sind für das Proletariat. Man sucht jetzt die Orte auf, die keinen KdF-Betrieb haben. «Nicht von KdF besucht», gilt heute schon als besonderer Vorzug für Sommerfrischen. Ein Gastwirt aus einem oberbayerischen Gebirgsdorf hat im Werbeprospekt für seine Sommerfrische geschrieben: «Wird von KdF-Reisenden nicht besucht!» Die Arbeitsfront, der dieser Prospekt zugeleitet wurde, hat gegen den Gastwirt Klage erhoben. Er mußte den Prospekt zurückziehen und durfte Sommergäste nicht aufnehmen. Trotzdem verbreitet sich immer mehr die Kenntnis über Sommeraufenthalte, die von KdF nicht besucht werden

Deutschlandbericht der SPD vom April 1939

Hotels und Gaststätten profitierten ebenso von der organisierten Freizeit wie die wirtschaftlich unterentwickelten Reisegebiete Bayrischer Wald, Rhön, Eifel und Masurische Seenplatte. Reisen wurde bald selbstverständlich und man freute sich schon auf den neuen KdF-Reiseprospekt.
An der Ostsee entstanden Ferienzentren, geplant waren Ferienzentren für jeweils 20000 Menschen. KdF-Schiffe wurden gebaut. Aus den Ferienburgen wurden bei Kriegsausbruch sofort Lazarette, die weiße Flotte mit der «Robert Ley», der «Wilhelm Gustloff», der «Stuttgart» und wie sie alle hießen, wurden Lazarettschiffe. Und auch der Volkswagen, das KdF-Auto für jedermann, entpuppte sich zum Militärfahrzeug: Kein Sparer, der monatlich fleißig 20 Reichsmark gespart hatte, hat jemals einen bekommen.

100 *Volkswagen 1938. Der Wagen fürs Volk sollte 990 Reichsmark kosten. Mit monatlich 20 Reichsmark war man dabei. Aber kein Sparer erhielt je einen Wagen, und vom Geld sah er auch nichts mehr.*

BERLIN: Der Rundfunk verkündet in aller Welt, daß so und soviel Bestellungen auf den Volkswagen eingehen. Das stimmt! Aber wie kommt es zustande? In allen öffentlichen und halböffentlichen Betrieben gingen Listen herum, in die sich die Angestellten und Arbeiter als Käufer eines Volkswagens einzeichnen mußten. Es wurde ein regelrechter Druck ausgeübt. Auch in unserem Betrieb wurde ein solcher Zeichnungsbogen vom Betriebsführer herumgereicht. Selbstverständlich beginnt mit dem Eintragen auch gleich die Zahlungspflicht, d. h. monatlich 20,– RM. Ein Angestellter machte darauf aufmerksam, dies sei doch ein sonderbarer kaufmännischer Brauch. Man müsse etwas kaufen und bezahlen, was man nicht gesehen habe und was noch nicht hergestellt werden könne. Ihm wurde gesagt, daß die amtliche Stelle Wert darauf lege, schon jetzt viele Bestellungen zu registrieren, damit man im Ausland damit Eindruck mache. Es sei auch angedeutet worden, daß für die Betriebe, die viele Bestellungen erzielen, staatliche Aufträge in Aussicht ständen. Dadurch ließen sich leider viele Angestellte verleiten, tatsächlich Bestellungen auf diesen «Volkswagen» aufzugeben, der frühestens in 5–6 Jahren geliefert werden kann, wenn er überhaupt geliefert wird. Die Leute in Berlin sagen, dies sei eines der größten Schwindelmanöver, das die Nazis ausgeheckt haben. Die Nazis bekommen Millionenbeträge herein für etwas, das sie wahrscheinlich nie leisten werden. Denn alle Menschen sind der Meinung, daß inzwischen der Krieg kommt. Der Berliner Witz nennt die neuen Volkswagen schon die «Bomberwagen», d. h., sie werden nie geliefert, das Geld wird für Bomben gebraucht.

Deutschlandberichte der SPD vom April 1939

Plan der Reichsautobahnen

101 *Die Reichsautobahn im Jahre 1936. Sie sollte, so hieß es, den Deutschen ihre Heimat erschließen, doch nur ganz wenige konnten sich ein Auto leisten. Für die Masse sollte es den Volkswagen geben.*

6. Wider den undeutschen Geist

17. Juli 1937. München, die «Hauptstadt der Bewegung», war beflaggt, Hunderttausende säumten die Straßen, um den Umzug zur Eröffnung der ersten «Großen deutschen Kunstausstellung» mitzuerleben. Der Festzug stand unter dem Motto «2000 Jahre deutsche Kultur». Der Festzug war mehr ein militärisches als ein künstlerisches Schauspiel. Zwei Drittel aller Teilnehmer waren Krieger: von den speerbewehrten Kämpen der Germanenzeit bis zu den am Schluß des Zuges maschierenden Heeres- und Parteiformationen. Da sah man schwitzende germanische Krieger, die eine riesige Sonne und die stanniolverpackte Weltesche Yggdrasil schleppten und auf Stelzen gehende Nornen, die geschickt den Straßenbahnoberleitungen auswichen.

Was die Deutschen Künstler von der neuen Regierung erwarten.
Von Bettina Feistel-Rohmeder
Sie erwarten, daß es auch in der Kunst von nun an nur eine Richtschnur des Handelns geben darf, daß ist die Weltanschauung eines leidenschaftlichen, fest in die Wirklichkeit des Blutes und der Geschichte verankerten Volks- und Staatsbewußtseins! Der Erhebung und Stärkung dieses völkischen Gemeinschaftswesens hat die Kunst zu dienen, und alle, die dazu beitragen wollen und können, sind von der Gemeinschaft an dieser Aufgabe zu beteiligen ...
Sie erwarten, daß Materialismus, Marxismus und Kommunismus nicht nur politisch verfolgt, verboten, ausgerottet werden, sondern daß der geistige Kampf, den die völkischen Künstler durch mehr als ein Jahrzehnt ohne jegliche Hilfe des Staates geführt haben, nunmehr vom Volksganzen in die Hand genommen und der bolschewistischen Unkunst und Unkultur Vernichtung geschworen wird, wobei es Ehrensache des Staates zu sein hat, die erprobten Soldaten dieses Kulturkampfes in die vorderste Reihe zu stellen!
Auf dem Gebiete der bildenden Kunst bedeutet das:
1. daß aus den deutschen Museen und Sammlungen alle Erzeugnisse mit weltbürgerlichen und bolschewistischen Vorzeichen entfernt werden. Man kann sie vorher in einer Häufung der Öffentlichkeit vorführen, kann diese mit den dafür aufgewandten Summen, den Namen der dafür verantwortlichen Galeriebeamten und Kultusminister bekanntmachen – worauf die Werke der Unkunst nur noch einen Nutzwert haben können: nämlich als Heizmaterial öffentliche Gebäude zu erwärmen;
2. daß alle Museumsleiter, die sich durch die gewissenlose Vergeudung öffentlicher Mittel in schwerster Zeit am verarmten Staat, am darbenden Volke versündigten, die unter der Pressefuchtel volksfremder Kunstgeschichte allem Undeutschen unsere Kunsthallen öffneten ... sofort «beurlaubt», ihrer Ämter für immer verlustig erklärt werden ...
Deutscher Kunstbericht 1933, Folge 66, S. 181

Nach dem Umzug weihte Hitler in der Prinzregentenstraße das «Haus der deutschen Kunst» ein, dessen Grundstein er 1933 gelegt hatte. In der Eröffnungsansprache sparte er nicht mit wütenden Ausfällen gegen die Klecksereien der sogenannten modernen Kunst, die durch eine ebenso gewissen- wie charakterlose Literatentätigkeit hochgelobt worden seien. Dem stellte er seinen unabänderlichen Entschluß entgegen, «wie auf dem Gebiet der

102 *Die «Große Deutsche Kunstausstellung 1937» in München sollte den Eindruck des Niedagewesenen, der «geistigen Erneuerung», erwecken. Geboten wurde Altes und Veraltetes: Landschaften, Bauern- und Handwerksidylle, Stilleben, Porträts, Akte, Gruppenbilder und Allegorien im Stil des 19. Jahrhunderts.*

103 *Constantin Gerhardinger «Bäuerlicher Brotsegen» (1937): Die Bauernmalerei nahm in der Vorkriegszeit einen beherrschenden Platz in der NS-Kunst ein. Gemalt wurden vor allem Porträts, Familien- und Feierabendszenen, Darstellungen der Feldarbeit und der Bauernkriege.*

politischen Verwirrung nunmehr auch hier mit den Phrasen im deutschen Kunstleben aufzuräumen.» Er erklärte, daß Kunst von Können käme, und daß «Deutsch sein klar sein heißt».

Dann betrat das Premierenpublikum die Ausstellungsräume. Die 884 Gemälde und Skulpturen, die

> Jemand, der dauernd mit etwa 100 bildenden Künstlern zu tun hat, berichtet, daß nur die charakterlich Unerfreulichsten den Versuch unternommen haben, sich – aus materiellen Motiven – dem System an den Hals zu werfen. Die übrigen blieben reserviert und sind allgemein von tiefer Abneigung gegen das heutige Deutschland erfüllt. Die materielle Lage dieser Künstler hat sich seit 1933 erheblich verschlechtert. Nur zwei von den etwa 100 sind in der Lage, sich und ihre Familie mit ihrer künstlerischen Arbeit zu erhalten. Die übrigen hängen von der Erwerbsarbeit ihrer Frauen, von eigener Nebenarbeit oder von öffentlicher Unterstützung ab. Allgemein hört man, daß die Nazis für Kunstdinge, die nicht Reklamewert für sie besitzen, kein Geld übrig haben. Daher unterbleibt auch so mancher Ausstellungsversuch. Viele Künstler haben überhaupt keine Lust, noch auszustellen, da sie einer Jury, wie sie heute zustandekommt, weder künstlerische Urteilsfähigkeit noch Objektivität zutrauen. Immer wieder hört man von Künstlern, daß sie sich im Zustand innerer Lähmung fühlen. Einen «neuen Impuls» habe die braune Epoche nicht gegeben. Ein Hamburger Künstler sagte mir: «Alles ist tot oder vegetiert. Während nach 1918 das künstlerische Leben nur so sprudelte, sprudeln jetzt bloß Erlasse! Gewiß, man kann im ersten Halbjahr nach einer Umwälzung noch nichts Neues erwarten, weil erst die Trümmer des Zerstörten beseitigt werden müssen. Aber im Zeitraum von zwei Jahren müssen doch wenigstens Keime des Neuen sichtbar werden. Aber es ist buchstäblich nichts zu sehen!»
>
> *Deutschlandberichte der SPD*
> *vom Februar 1935*

104 *Hans Schmitz-Wiedenbrück «Kämpfendes Volk» (1942). Dieses Bild versucht in quasireligiöser Theatralik einen Beitrag zur Mystifizierung des Krieges beizutragen.*

106 *Hermann Otto Hoyer «Am Anfang war das Wort» (1937). Die Idealisierung der «Kampfzeit» war ein weiterer Themenschwerpunkt der NS-Maler, damit sollte der «revolutionäre Umbruch» glorifiziert werden.*

105 *Wilhelm Sauter «Vormarsch im Westen» (1941). Kriegsbilder wurden erst seit Kriegsbeginn in verstärktem Maße in Ausstellungen gezeigt: Kameradschaft und Tapferkeit wurden herausgestellt, aber die Schrecken des Krieges verdrängt.*

aus 15000 eingesandten Arbeiten ausgewählt worden waren , hatten als «Symbol des wiedererstarkten reinen deutschen Wesens» die «gesundete deutsche Gegenwart» zu spiegeln. Die ausgestellten Werke strahlten entweder seelenvolle Erbauung oder einen herausfordernden Heroismus aus. Gußeiserne Würde wechselte mit ländlicher Idylle ab. Die vielen bäuerlichen Familienszenen zeigten ganze Sippen von spartanisch lebenden Menschen, die hart, derb, fruchtbar und oft barfüßig waren. Sämtliche Gemälde vermittelten den Eindruck einer heilen Welt, in der es die Belastungen und Probleme des Alltags nicht gab. Der arbeitende Mensch war meistens Bauer, der mit Pflug und Ochsenkarren hantierte, sein braves Weib zog am Spinnrocken Fäden. Kein einziges Bild beschäftigte sich mit der modernen Arbeitswelt oder dem städtischen Leben. Erst bei der nächsten Ausstellung im Jahre 1938 wurden zwei Bilder mit industriellen Motiven gezeigt: eine monumentale Autobahnbrücke im Bau und eine ebenso monumentale Teerzubereitungsanlage.

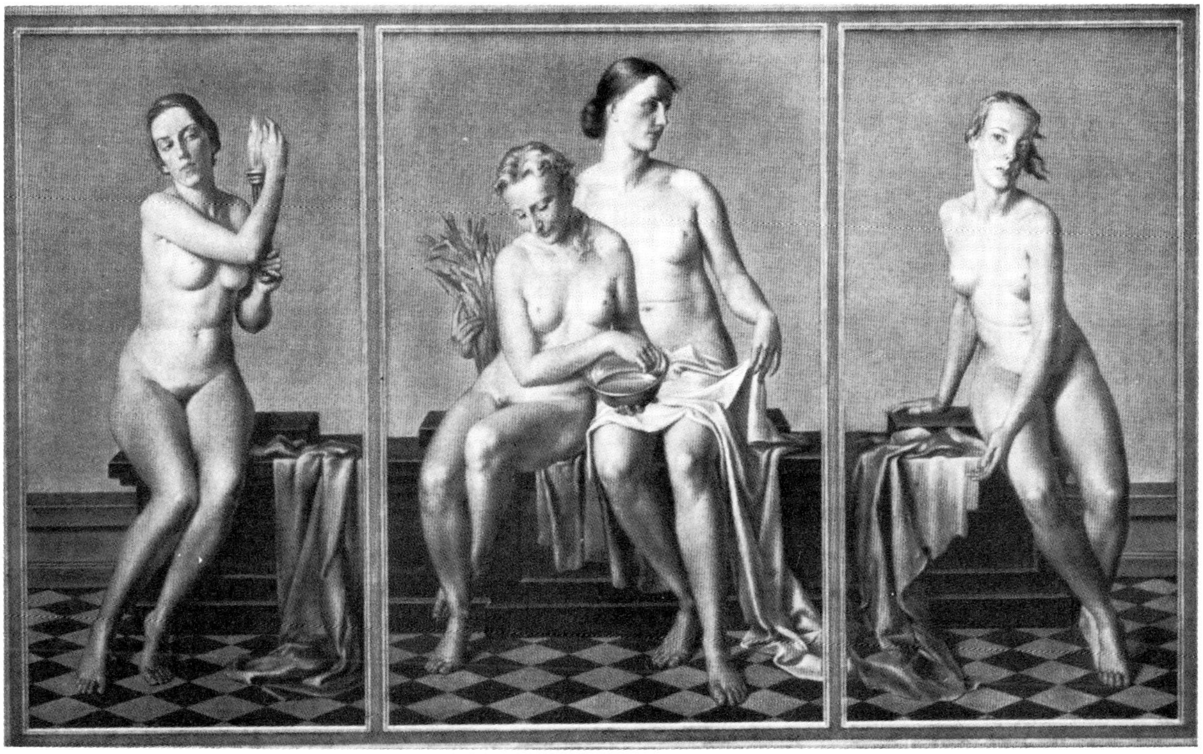

107 *Adolf Ziegler «Die vier Elemente» (1937). Für die Aktmalerei hatten die Nationalsozialisten eine besondere Vorliebe. Immerhin ein Zehntel der ausgestellten Bilder im Haus der Deutschen Kunst waren Aktbilder.*

Goebbels verbietet die Kunstkritik

... Da auch das Jahr 1936 keine befriedigende Besserung der Kunstkritik gebracht hat, untersage ich mit dem heutigen Tage endgültig die Weiterführung der Kunstkritik in der bisherigen Form.

An die Stelle der bisherigen Kunstkritik, die in völliger Verdrehung des Begriffes «Kritik» in der Zeit jüdischer Kunstüberfremdung zum Kunstrichtertum gemacht worden war, wird ab heute der Kunstbericht gestellt; an der Stelle des Kritikers tritt der Kunstschriftleiter. Der Kunstbericht soll weniger Wertung, als vielmehr Darstellung und damit Würdigung sein. Er soll dem Publikum die Möglichkeit geben, sich selbst ein Urteil zu bilden, ihm Ansporn sein, aus seiner eigenen Einstellung und Empfindung sich über künstlerische Leistungen eine Meinung zu bilden ...

... Der künftige Kunstbericht setzt die Achtung vor dem künstlerischen Schaffen und der schöpferischen Leistung voraus. Er verlangt Bildung, Takt, anständige Gesinnung und Respekt vor dem künstlerischen Wollen. Nur Schriftleiter werden in Zukunft Kunstleistungen besprechen können, die mit der Lauterkeit des Herzens und der Gesinnung des Nationalsozialisten sich dieser Aufgabe unterziehen. Es ist daher auch mit Recht immer wieder verlangt worden, daß der Kunstbericht nicht anonym erfolgen darf.

Ich ordne daher an: In Zukunft ist jede Kunstbesprechung mit vollem Namen des Verfassers zu zeichnen ...

Verfügung des Reichsministers für Volksaufklärung und Propaganda vom 27. November 1936

108 *Josef Thorak «Zwei Menschen» (1941). Während die Moderne Malerei als «entartet» diffamiert wurde, blieb die Plastik von solchen Anwürfen weitgehend verschont.*

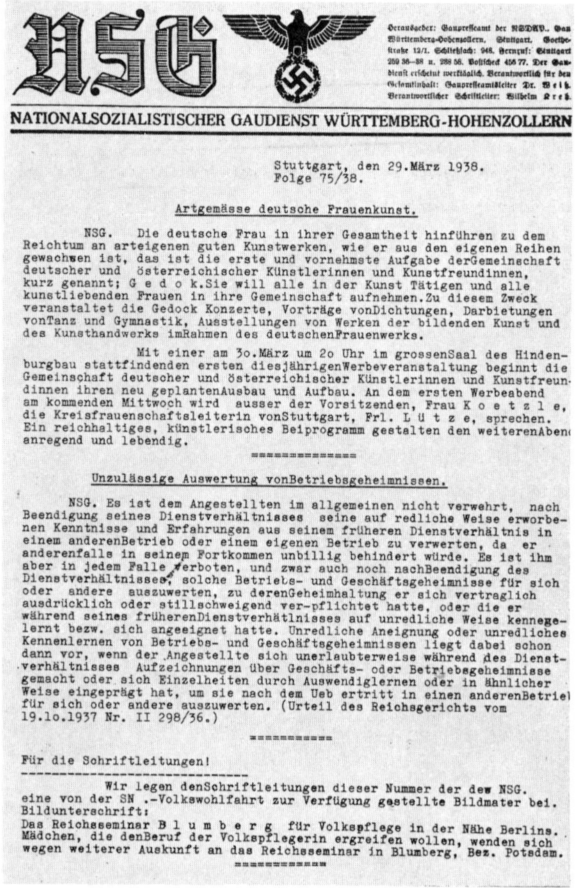

NSG

Herausgeber: Gaupresseamt der NSDAP., Gau Württemberg-Hohenzollern, Stuttgart, Goethestraße 12/I. Schließfach: 948. Fernruf: Stuttgart 259 36–38 u. 288 58. Postscheck 456 77. Der Gaudienst erscheint werktäglich. Verantwortlich für den Gesamtinhalt: Gaupresseamtsleiter Dr. W e i ß. Verantwortlicher Schriftleiter: Wilhelm K r e ß.

NATIONALSOZIALISTISCHER GAUDIENST WÜRTTEMBERG-HOHENZOLLERN

Stuttgart, den 29.März 1938.
Folge 75/38.

Artgemässe deutsche Frauenkunst.

NSG. Die deutsche Frau in ihrer Gesamtheit hinführen zu dem Reichtum an arteigenen guten Kunstwerken, wie er aus den eigenen Reihen gewachwen ist, das ist die erste und vornehmste Aufgabe derGemeinschaft deutscher und österreichischer Künstlerinnen und Kunstfreundinnen, kurz genannt; G e d o k.Sie will alle in der Kunst Tätigen und alle kunstliebenden Frauen in ihre Gemeinschaft aufnehmen.Zu diesem Zweck veranstaltet die Gedock Konzerte, Vorträge vonDichtungen, Darbietungen vonTanz und Gymnastik, Ausstellungen von Werken der bildenden Kunst und des Kunsthandwerks imRahmen des deutschenFrauenwerks.

Mit einer am 3o.März um 2o Uhr im grossenSaal des Hindenburgbau stattfindenden ersten diesjährigenWerbeveranstaltung beginnt die Gemeinschaft deutscher und österreichischer Künstlerinnen und Kunstfreundinnen ihren neu geplantenAusbau und Aufbau. An dem ersten Werbeabend am kommenden Mittwoch wird ausser der Vorsitzenden, Frau K o e t z l e, die Kreisfrauenschaftsleiterin vonStuttgart, Frl. L ü t z e, sprechen. Ein reichhaltiges, künstlerisches Beiprogramm gestalten den weiterenAben anregend und lebendig.

==============

Unzulässige Auswertung vonBetriebsgeheimnissen.

NSG. Es ist dem Angestellten im allgemeinen nicht verwehrt, nach Beendigung seines Dienstverhältnisses seine auf redliche Weise erworbenen Kenntnisse und Erfahrungen aus seinem früheren Dienstverhältnis in einem anderenBetrieb oder einem eigenen Betrieb zu verwerten, da er anderenfalls in seinem Fortkommen unbillig behindert würde. Es ist ihm aber in jedem Falle verboten, und zwar auch noch nachBeendigung des Dienstverhältnisses, solche Betriebs- und Geschäftsgeheimnisse für sich oder andere auszuwerten, zu derenGeheimhaltung er sich vertraglich ausdrücklich oder stillschweigend ver-pflichtet hatte, oder die er während seines früherenDienstverhätlnisses auf unredliche Weise kennegelernt bezw. sich angeeignet hatte. Unredliche Aneignung oder unredliches Kennenlernen von Betriebs- und Geschäftsgeheimnissen liegt dabei schon dann vor, wenn der Angestellte sich unerlaubterweise während des Dienstverhältnisses Aufzeichnungen über Geschäfts- oder Betriebsgeheimnisse gemacht oder sich Einzelheiten durch Auswendiglernen oder in ähnlicher Weise eingeprägt hat, um sie nach dem Ueb ertritt in einen anderenBetrie für sich oder andere auszuwerten. (Urteil des Reichsgerichts vom 19.1o.1937 Nr. II 298/36.)

===========

Für die Schriftleitungen!

Wir legen denSchriftleitungen dieser Nummer der dew NSG. eine von der SN .-Volkswohlfahrt zur Verfügung gestellte Bildmater bei.
Bildunterschrift:
Das Reichsseminar B l u m b e r g für Volkspflege in der Nähe Berlins. Mädchen, die denBeruf der Volkspflegerin ergreifen wollen, wenden sich wegen weiterer Auskunft an das Reichsseminar in Blumberg, Bez. Potsdam.

============

109 *«Artgemäße deutsche Frauenkunst»: Rundschreiben des nationalsozialistischen Gaudienstes Württemberg-Hohenzollern vom März 1938.*

Einen breiten Raum nahm die Aktmalerei ein. Prallbrüstige fleischesfrohe Frauenkörper von eindeutig zweideutigem Zuschnitt waren mit anschaulichen Strichen auf die Leinwand gebracht. Adolf Ziegler, der sich mit seinem detailgeübten Pinsel den Ehrentitel «Meister des Schamhaars» ermalte, hielt es vor allem mit der Allegorie. «Die vier Elemente» nannte er zum Beispiel ein Gemälde, auf dem vier spitzende Schönheiten symbolisch garniert mit Fackel, Ähren, einem Topf Wasser und wehenden Haaren, die «Freude am gesunden Körper» darstellten. Der Star der Ausstellung von 1938 war der Bildhauer Josef Thorak, der im Volksmund wegen seiner Vorliebe für herkulische Männlichkeit «Professor Thorax» genannt wurde.
Die acht Ausstellungen, die bis 1944 im «Haus der deutschen Kunst» gezeigt wurden, erfreuten sich großer Beliebtheit. Die Besucherzahlen stiegen von Jahr zu Jahr: von 480000 im Jahre 1937 auf 720000 im Jahre 1943. Die griechisch-germanische Renaissance und die Traumbilder von einem schöneren, beschaulicheren Leben stießen auf ein breites Publikumsinteresse: Die Verkaufsziffern der ausgestellten Werke waren ungewöhnlich hoch.

Das satirische Wochenblatt «Simplizissimus» hatte dafür eine Erklärung parat: «Es gab Zeiten, da besuchte man Ausstellungen und diskutierte, ob die Bilder Kunst waren oder Mist, ob der Maler sein Handwerk verstand und so weiter. Jetzt gibt's keine Diskussionen – alles an den Wänden ist Kunst, und damit basta».
Das Regime unternahm alles, den dem 19. Jahrhundert entlehnten und nationalsozialistisch aufpolierten Kunststil hoffähig zu machen: Der Umfang der amtlich geförderten Kunstereignisse war beachtlich. 1938 gab es 170 Wettbewerbe für Maler, Graphiker, Bildhauer und Architekten, bei denen Preise im Gesamtwert von 1,5 Millionen Reichsmark vergeben wurden, und 1941 wurden im Reich 1000 Kunstausstellungen veranstaltet.

110 *Werbeplakat der «Großen antibolschewistischen Ausstellung» auf dem Reichsparteitag 1937. Antibolschewistische Ausstellungen gab es seit 1936; seit Abschluß des Antikominternpaktes zwischen Deutschland, Japan und Italien mehrere, die die deutsche Bevölkerung auf den möglichen Gegner einstimmten.*

Was will die Ausstellung «Entartete Kunst»?
Sie will am Beginn eines neuen Zeitalters für das neue Deutsche Volk anhand von Originaldokumenten allgemeinen Einblick geben in das grauenhafte Schlußkapitel des Kulturzerfalls der letzten Jahrzehnte vor der großen Wende.
Sie will, indem sie das Volk mit seinem gesunden Urteil aufruft, dem Geschwätz und Phrasendrusch jener Literaten- und Zunft-Cliquen ein Ende bereiten, die manchmal auch heute noch gern bestreiten möchten, daß wir eine Kunstentartung gehabt haben.
Sie will klarmachen, daß diese Entartung der Kunst mehr war als etwa nur das flüchtige Vorüberrauschen von ein paar Narrheiten, Torheiten und allzu kühnen Experimenten, die sich auch ohne die nationalsozialistische Revolution totgelaufen hätten.
Sie will zeigen, daß es sich hier auch nicht um einen «notwendigen Gärungsprozeß» handelt, sondern um einen planmäßigen Anschlag auf das Wesen und den Fortbestand der Kunst überhaupt.
Sie will die gemeinsame Wurzel der politischen Anarchie und der kulturellen Anarchie aufzeigen, die Kunstentartung als Kunstbolschewismus im ganzen Sinne des Wortes entlarven.
Sie will auch zeigen, in welchem Ausmaß diese Entartungserscheinungen von den bewußt treibenden Kräften übergriffen auf mehr oder weniger unbefangene Nachbeter, die trotz einer früher schon und manchmal später wieder bewiesenen formalen Begabung gewissen-, charakter- oder instinktlos genug waren, den allgemeinen Juden- und Bolschewismusrummel mitzumachen.
Sie will die weltanschaulichen, politischen, rassischen und moralischen Ziele und Absichten klarlegen, welche von den treibenden Kräften der Zersetzung verfolgt wurden.
Sie will gerade damit aber auch zeigen, wie

111 *Zur »Wehrhaftmachung» des deutschen Volkes wurde die Ausstellung «Gebt mir vier Jahre Zeit» gezeigt – hier die Halle der Wehrmacht.*

112 *Die Wanderausstellung «Der ewige Jude» wurde im November 1937 in München eröffnet. Sie diente dem Zweck, «das schädliche Wirken des Judentums in der ganzen Welt zu veranschaulichen». In zwanzig Ausstellungsräumen konnten sich die Besucher anhand von Lichtbildern, Plakaten, Akten und Urkunden einen Überblick über die jüdische Kultur verschaffen, so wie die Nationalsozialisten sie gesehen haben wollten. In der Abteilung «Moralische Verkommenheit der Juden» waren nur Erwachsene zugelassen.*

gefährlich eine von ein paar jüdischen und politisch eindeutig bolschewistischen Wortführern gelenkte Entwicklung war, wenn sie auch solche Menschen kulturpolitisch in den Dienst der bolchewistischen Anarchiepläne stellen konnte, die ein parteipolitisches Bekenntnis zum Bolschewismus vielleicht weit von sich gewiesen hätten.
Sie will damit aber erst recht beweisen, daß heute keiner der an dieser Kunstentartung damals irgendwie beteiligten Männer kommen und nur von «harmlosen Jugendeseleien» sprechen darf.

Führer durch die Ausstellung «Entartete Kunst», München 1935, S. 2–4

Es war kein Zufall, daß zur gleichen Zeit, als die «Große Deutsche Kunstausstellung» ihre Tore öffnete, die Ausstellung «Entartete Kunst» in München zu sehen war, später dann auch in anderen Städten. Die Ausstellung wurde am 17. Juli 1937 unweit vom «Haus der Deutschen Kunst» in den Räumen des Galeriegebäudes in den Hofgartenarkaden der Öffentlichkeit zugänglich gemacht. Hier wurden als abschreckendes Beispiel Kunstwerke gezeigt, die unerwünscht waren. Die Ausstellung war die populärste Ausstellung, die jemals im «Dritten Reich» veranstaltet wurde: Sie zog im ersten Jahr 2 Millionen Besucher an und damit fünfmal soviel wie die Ausstellung im «Haus der Deutschen Kunst». Mehrmals mußte sie wegen Überfüllung geschlossen werden. Das Publikum, das die verbotenen Schöpfungen in Augenschein nahm, kam zum größten Teil aus Neugierde. Viele aber nutzten diese letzte Gelegenheit, großen, jetzt verfemten Werken der Moderne zu begegnen.

Die mit so großem Erfolg in den Ausstellungshallen am Düsseldorfer Ehrenhof gestartete Wanderausstellung «Entartete Kunst», die einen einprägsamen Überblick über die politisch verseuchte Verfallskunst einer überwundenen Zeit gibt, weist von Tag zu Tag steigenden Besuch auf. Nachdem das vergangene Wochenende wieder einen Rekordandrang gebracht hatte, so daß wiederholt die Ausstellung wegen Überfüllung zeitweise geschlossen werden mußte, haben nunmehr über 100000 Volksgenossen unseres Gaugebietes diese einzigartige Schau gesehen. Wegen dieses steigenden Erfolges hat sich die Reichspropagandaleitung der NSDAP veranlaßt gesehen, die Ausstellung für Düsseldorf bis zum 31. Juli einschließlich zu verlängern. Die Schau ist täglich geöffnet von 10 bis 21 Uhr (letzter Einlaß 20 Uhr). Der Eintrittspreis beträgt an der Kasse RM 0,50. Im Vorverkauf sind Eintrittskarten zum Preise von RM 0,35 bei allen Dienststellen der Partei zu haben. Bei geschlossenem Besuch von mindestens 20 Teilnehmern werden von der Deutschen Arbeitsfront, NS-Gemeinschaft ‹Kraft durch Freude›, verbilligte Eintrittskarten von RM 0,25 je Person ausgegeben. Bei diesen niedrigen Eintrittspreisen sollte kein Volksgenosse den Besuch dieser einzigartigen Schau, die der Führer selbst vor einem Jahr in München eröffnet hat, versäumen.

Der Mittag vom 19. Juli 1938

Gezeigt wurde, was deutsche Wirklichkeit nicht sein konnte und nicht sein durfte. Als Dokumente des Kunstverfalls wurden angeprangert: Die Arbeiten aus dem Kreis der «Brücke» und der «Blauen Reiter», die abstrakten Bilder eines Kandinsky und eines Klee, die sozialen Anklagen der Käthe Kollwitz und des George Grosz. Die Bilder waren in einem wilden Durcheinander, zumeist ohne Rahmen ausgestellt. Spruchbänder sollten den Besuchern die richtige Kunstbetrachtung erleichtern: «So schauten kranke Geister die Natur – Deutsche Bauern, jiddisch gesehen – Beschimpfung der deutschen Helden des Weltkrieges – Verhöhnung der deutschen Frau». Nicht ohne Genugtuung übermittelte die Ausstellungsleitung ihrer vorgesetzten Stelle in Berlin spontane Publikumsäußerungen: «Man sollte die Künstler neben ihren Bildern anbinden, damit ihnen jeder Deutsche ins Gesicht spucken kann, aber nicht nur den Künstler, sondern auch die Museumsleute, die in der Zeit, als Millionen Hungernde auf den Straßen waren, Hunderttausende den Fabrikanten solcher Machwerke in den Rachen warfen».

Schreiben des Präsidenten der Reichskammer der Bildenden Künste an den Maler Karl Friedrich Schmidt-Rottluff

Der Präsident
der Reichskammer der Bildenden Künste
Aktenzeichen: I/M 756/870
Berlin W. 35, den 3. April 1941
Blumeshof 4/6
Einschreiben!

Anläßlich der mir seinerzeit vom Führer aufgetragenen Ausmerzung der Werke entarteter Kunst in den Museen mußten von Ihnen allein 608 Werke beschlagnahmt werden. Eine Anzahl dieser Werke war auf den Ausstellungen «Entartete Kunst» in München, Dortmund und Berlin ausgestellt.

Aus dieser Tatsache mußten Sie ersehen, daß Ihre Werke nicht der Förderung deutscher Kultur in Verantwortung gegenüber Volk und Reich entsprechen.

Obwohl Ihnen außerdem die richtungweisenden Reden des Führers anläßlich der Eröffnung der Großen Deutschen Kunstausstellungen in München bekannt sein mußten, geht aus Ihren nunmehr zur Einsichtnahme hergereichten Original-Werken der Letztzeit hervor, daß Sie auch heute noch dem kulturellen Gedankengut des nationalsozialistischen Staates fernstehen.

Ich vermag Ihnen auf Grund dieser Tatsachen nicht die für die Mitgliedschaft bei meiner Kammer erforderliche Zuverlässigkeit zuzuerkennen. Auf Grund des § 10 der Ersten Durchführungsverordnung zum Reichskulturkammergesetz vom 1. 11. 1933 (RGBl. I. S. 797) schließe ich Sie aus der Reichskammer der Bildenden Künste aus und untersage Ihnen mit sofortiger Wirkung jede berufliche – auch nebenberufliche – Betätigung auf den Gebieten der bildenden Künste.

Das auf Ihren Namen lautende Mitgliedsbuch M 756 meiner Kammer ist ungültig geworden; Sie wollen es umgehend an mich zurücksenden.

gez. Ziegler

113 *Das «Stuttgarter Fremdenblatt» informiert über das Theater- und Kinoprogramm im Juni 1937. In den Theatern des «Dritten Reiches» wurde die Wirklichkeit nahezu verdrängt und durch Lustspiele und Operetten, heroische Dramen und Opern ersetzt.*

Staatstheater

	Großes Haus		Kleines Haus	
Mittwoch 23. Juni	8–10.45	**Die Macht des Schicksals** Oper von Verdi	NSKG. 8–10.30	**Viel Lärm um nichts** Lustspiel von Shakespeare
Donnerstag 24. Juni	8–10.30	**Fidelio** Oper von L. van Beethoven	8–10.45	**Frau ohne Bedeutung** Schauspiel von Oskar Wilde Bearbeitet von Karl Lerbs
Freitag 25. Juni	Geschl. Vorst. 7.30–10.30	Festvorstellung anläßl. des Gautages der NSDAP. **Der Freischütz** Oper von C. M. von Weber	NSKG. 8–11	**Das kleine Hofkonzert** Ein musikalisches Lustspiel von P. Verhoeven u. T. Impekoven
Samstag 26. Juni	7.30–10	Neuinszenierung **Manon Lescaut** Oper von Puccini	7.30–10.15	**Frau ohne Bedeutung** Schauspiel von Oskar Wilde Bearbeitet von Karl Lerbs
Sonntag 27. Juni	NSKG. Geschl. Vorst. 2.30–5.30 Außer Miete 8–10.15	**Der Vogelhändler** Operette von Karl Zeller (Münchner Fassung) **Die Regimentstochter** Komische Oper von Donizetti	Außer Miete 7.30–10.30	**Das kleine Hofkonzert** Ein musikalisches Lustspiel von P. Verhoeven u. T. Impekoven
Montag 28. Juni	Geschl. Vorst. 2–5	Festvorstellg. für d. Jugend-Gr. I **Maria Stuart** Trauerspiel von Fr. Schiller	NSKG. 8–11	**Das kleine Hofkonzert** Ein musikalisches Lustspiel von P. Verhoeven u. T. Impekoven
Dienstag 29. Juni	NSKG. Nachm. Abends	**Fidelio** Oper von L. van Beethoven **Zigeunerliebe** Operette von Franz Lehár	Abends	**Viel Lärm um nichts** Lustspiel von Shakespeare

MINERALBAD LEUZE
An der König-Karls-Brücke, Fernruf 404 20, Haltestelle „Leuze"
Das Bad gegen Rheumatismus, Ischias, Nervenschwächen, Unfallfolgen, Herz- und Frauenleiden
Mineral-Schwimmbad aus kristallklarem, stark kohlensaurem Mineralwasser

GUTE UHREN
von E. KUTTER im Mittnachtbau
Königstraße 46 Eingang Büchsenstraße

1100 Werke wurden gezeigt: 1100 von 16000 Gemälden, Zeichnungen, Radierungen und Plastiken, die als «entartete Kunst» aus den Beständen von 101 Museen entfernt worden waren. Schon vor der Machtergreifung hatten die Nationalsozialisten gegen die moderne Kunst gewettert und gedroht, ihr den Garaus zu machen. Es dauerte aber noch bis 1936, bis der Startschuß zu einer großangelegten Säuberungsaktion gegeben wurde. Im Herbst 1936 bereiste ein Säuberungsausschuß Galerien und Museen im Reich und befahl die Entfernung von Gemälden, Zeichnungen und Plastiken, die als «entartet» eingestuft worden waren. Darunter die Werke von Nolde, Haeckel, Schmidt-Rottluff,

115 *Wohin gingen die Stuttgarter im September 1938? Die «Stuttgarter Wochenschau» gibt Auskunft.* ▷

Stuttgarter Schauspielhaus

Direktion: Max Heye, Kleine Königstr. 7, hinter dem Wilhelmsbau, Tel. 22455 u. 27319

Vom 23. bis 29. Juni, täglich abends 8 Uhr:

Der Graf von Luxemburg

Operette von Franz Lehár
in Neuinszenierung

Preise der Plätze von —.80 bis 4.50 RM.
Kassenstunden 11—1 Uhr und 5—8 Uhr, Sonntags 11—8 Uhr

Lichtspieltheater

Universum Königstraße 4 — Telefon 21761	Bis 24. Juni: Liebe im Dreivierteltakt Ab 25. Juni: Togger
Ufa-Palast Ludendorffstraße — Tel. 21761	Bis 28. Juni: Hilde und die 4 PS Ab 29. Juni: Das Gäßchen zum Paradies
Königsbau Ludendorffstraße — Tel. 21761	Bis 24. Juni: Vor Liebe wird gewarnt 25.—28. Juni: Das schöne Fräulein Schragg Ab 29. Juni: Und du, mein Schatz, fährst mit
Palast-Lichtspiele Königstraße 1 — Telefon 26604	Bis 24. Juni: Treffpunkt Paris 25.—28. Juni: Mazurka Ab 29. Juni: Broadway-Melodie
Kammer-Lichtspiele Marienstr. 18 — Telefon 60744	Bis 24. Juni: Der lachende Dritte Ab 25. Juni: Lumpazivagabundus
Filmpalast Bad Cannstatt Seelbergstraße 11 — Tel. 51446	Bis 24. Juni: Gleisdreieck 25.—28. Juni: Gordian, der Tyrann Ab 29. Juni: Die unerhörte Frau
Bad-Lichtspiele Bad Cannstatt Badstraße 8 — Telefon 52744	Bis 24. Juni: Die Leute mit dem Sonnenstich 25.—28. Juni: Die Jugendsünde Ab 29. Juni: So ein Flegel

HOTEL MARQUARDT
Eingang Königstraße: **SIECHEN-BIERSTUBEN**
KONDITOREI MARQUARDT
Die Gaststätte für Jedermann!

Kleinkunstbühne **MAXIM** *Gute Programme Geöffnet bis 3 Uhr*

114 *Theater auf dem Lande. Selbst in dem letzten Winkel des Reiches wollte Propagandaminister Goebbels die (neu-)deutsche Kultur an den Mann bringen. Fahrende Theater und Kinos hatten Hochkonjunktur.*
▽

Kirchner, Beckmann und Kokoschka, von Pechstein, Barlach, Dix, Corinth und Lehmbruck, aber auch von Cézanne, Picasso, Matisse, Gauguin, van Gogh, Pissarro und Max Ernst.
Im März 1939 wurden dann im Hof der Berliner Hauptfeuerwache 4000 Gemälde und Aquarelle verbrannt. Diese Aktion wurde 1943 im besetzten

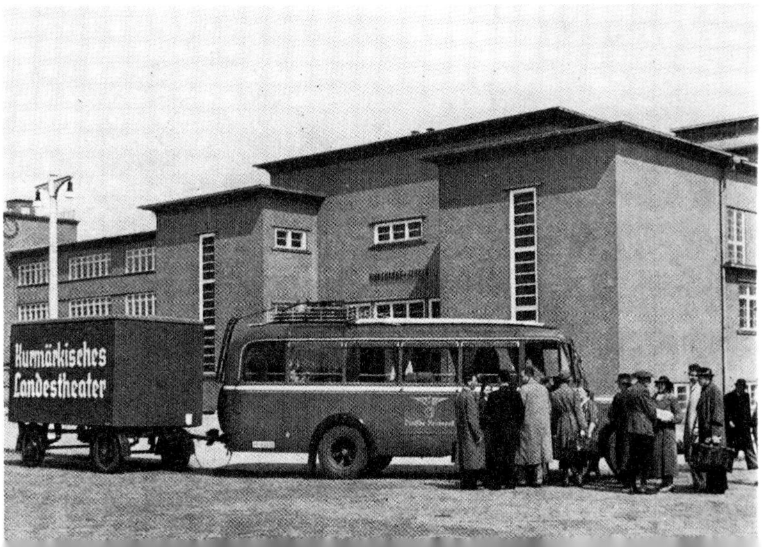

Wohin geht man?

17. bis 26. September
103. Cannstatter Volksfest

Samstag, 17. September:
12.30 Uhr: **Eröffnungsfestzug**
14.00 Uhr: Feierliche Eröffnung vor der Fruchtsäule
14.30 Uhr: **Brieftaubenauflaß** (20 000 Brieftauben)
20.00 Uhr: Auffahrt der illuminierten Boote auf dem Neckar Uferbeleuchtung

Sonntag, 18. September:
15.30 Uhr: Herbstregatta der Ruderer zwischen Untertürkheim und Gaisburger Brücke
20.30 Uhr: **Großfeuerwerk**

Montag, 19. September:
Tag der Arbeits- und Kriegsopfer

Dienstag, 20. September:
Tag der Sänger (es singen im Ehrenhof 10 000 Sänger)

Mittwoch, 21. September:
Billiger Volksfest-Nachmittag

Donnerstag, 22. September:
Großes Lampionfest
Illuminierung des ganzen Volksfestgeländes

Freitag, 23. September:
Sportfest der Unentwegten

Samstag, 24. September:
15.00 Uhr: **Pferderennen**
20.00 Uhr: Auffahrt der illuminierten Boote auf dem Neckar Uferbeleuchtung

Sonntag, 25. September:
15.00 Uhr: **Pferderennen**
20.00 Uhr: **Großfeuerwerk**

Montag, 26. September:
Ausklang des Schwabenfestes

17. bis 21. September
Tagung der Gesellschaft Deutscher Naturforscher und Aerzte

17. September bis 30. Oktober
Expeditionsausstellung Schulz-Kampfhenkel „Rätsel der Urwaldhölle"
In dem Städt. Ausstellungsgebäude auf dem Interimstheaterplatz

Sonntag, 18. September
Beginn 7.30 Uhr
Sportappell der Betriebe 1938
Festwiese Cannstatter Wasen

Auskunft u. Ausstellungen nächste Seite!

Unterhaltungsstätten Seite 11

AUSSTELLUNGEN

Gewerbehalle:
Vom 18. bis 25. September:
Ausstellung „Forschen und Heilen"

Landesgewerbemuseum:
Im Ausstellungsgebäude:
Vom 18. bis 25. September
Ausstellung anläßlich der Tagung der Geographen und Raumforscher
Ferner voraussichtlich im Monat Oktober: Eine Ausstellung „Italienische Kunst" sowie eine Ausstellung von „Japanischen Arbeiten"

Staatsgalerie:
Württembergische Porträts von 1750 bis 1850
Als Leihgabe
Flügelaltar aus Oberstenfeld von 1512

Kunsthaus Schaller (Marienstraße):
Bis 28. September:
Ausstellung
der Maler Rombach, Bietigheim und Albert Unseld, Ulm
Ab 30. September:
Ludwig Dill, Karlsruhe, Gemälde, und Alfred Kubin, Neue Graphik
Geöffnet werktags von 8.30 bis 19 Uhr

Kunsthaus Fischinger:
Maler Berger aus Neuyork

Kunstgebäude:
„Unsere schöne Heimat"
Ausstellung schwäbischer Künstler

AUSKUNFT

Auskunftsstellen des Fremdenverkehrsvereins Stuttgart, Königstraße 12 und im Hauptbahnhof, Gleis 5, Fernruf 259 65. Ebenda stehen auch Fremdenführer und Dolmetscher zur Verfügung. Weitere Auskunftsstellen beim Kurverein in Bad Cannstatt, Badstraße 2, Fernruf 515 37, und beim Landesfremdenverkehrsverband Württbg.-Hohenzollern im Hauptbahnhof. Bahnamtliche Auskunft durch die Reichsbahn selbst im Hauptbahnhof; außerhalb der Dienststunden: Nachlöseschalter Gleis 14. DDAC., Gau 13, Württemberg, Stuttgart N, Blücherstraße 7, Fernruf 239 76 und 236 47.

STAATSTHEATER

	GROSSES HAUS	KLEINES HAUS
17. Sa	Außer Miete **Tannhäuser** Oper von Rich. Wagner Beginn 19 Uhr	Außer Miete **Das schöne Abenteuer,** Lustspiel Deutsch von Alf Teichs Beginn 19.30 Uhr
18. So	Ausw. Miete 1/18 **Der Troubadour** Oper von Verdi Beginn 19.30 Uhr	Miete A 33 **Das schöne Abenteuer,** Lustspiel Deutsch von Alf Teichs Beginn 19.30 Uhr
19. Mo	Geschlossene Vorstellung Nachmittags 2.30 Uhr **Der Vogelhändler** Operette von Zeller Außer Miete Abends 8 Uhr **Undine** Zauberoper von Lortzing	KdF.-Kulturgem. 146 **Hamlet** Tragödie v. Shakespeare Beginn 19.30 Uhr
20. Di	KdF.-Kulturgem. 147 **Undine** Zauberoper von Lortzing Beginn 20 Uhr	Miete C 33 **Torquato Tasso** Schauspiel von Goethe Beginn 20 Uhr
21. Mi	Geschlossene Vorstellung **Aida** Oper von Verdi Beginn 20 Uhr	KdF.-Kulturgem. 148 **Einen Jux will er sich machen** Posse m. Gesang v. Nestroy Beginn 20 Uhr
22. Do	Miete A 34 **Mignon** Oper von Thomas Beginn 19.30 Uhr	Außer Miete **Das schöne Abenteuer,** Lustspiel Deutsch von Alf Teichs Beginn 20 Uhr
23. Fr	KdF.-Kulturgem. 150 **Enoch Arden** Oper von Gerster Beginn 20 Uhr	Miete B 25 **Jan und die Schwindlerin** Komödie von Per Schwenzen Beginn 19 Uhr
24. Sa	Miete D 34 **Dr. Johannes Faust** Oper von Herm. Reutter Beginn 19.30 Uhr	Miete E 33 Erstaufführung **Der Hochverräter** Schauspiel von Curt Langenbeck Beginn 19.30 Uhr

Spielplanänderung vorbehalten!

Fortsetzung nächste Seite

Unterhaltungsstätten Seite 11

25. So
26. Mo
27. Di
28. Mi
29. Do
30. Fr

ATER

	KLEINES HAUS
	Außer Miete **Das schöne Abenteuer,** Lustspiel Deutsch von Alf Teichs Beginn 19.30 Uhr
	KdF.-Kulturgem. 149 **Hamlet** Tragödie v. Shakespeare Beginn 19.30 Uhr
	Molière-Abend **„Der Geizige“ und „Der eingebildet Kranke“**
	Torquato Tasso Schauspiel von Goethe
ve hár	**Einen Jux will er sich machen** Posse m. Gesang v. Nestroy
	Der Hochverräter Schauspiel von Curt Langenbeck

Spielplanänderung vorbehalten!

LHAUS

evue

t ohnegleichen“

TEN

KINOS

Spielplanänderungen vorbehalten!

Universum	bis 19. Sept.: Heimat 20. bis 29. Sept.: Liebesbrief aus dem Engadin ab 30. Sept.: Tanz auf dem Vulkan
Ufa-Palast	bis 19. Sept.: Fortsetzung folgt 20. bis 26. Sept.: Die Dschungel-Prinzessin ab 27. Sept.: Frau Sixta
Königsbau	bis 22. Sept.: Capriccio 23. bis 29. Sept.: Geheimzeichen LB 17 ab 30. Sept.: Ich liebe dich
Palast-Lichtspiele	bis 29. Sept.: Spiegel des Lebens ab 30. Sept.: Die Frau am Scheidewege
Kammer-Lichtspiele	bis 22. Sept : Spiegel des Lebens 23. bis 29. Sept.: Schwarzfahrt ins Glück ab 30. Sept.: Wolgaschiffer
Calwer-Lichtspiele	bis 19. Sept.: Roman eines Schwindlers 20. bis 26. Sept.: Scotland Yard greift ein ab 27. Sept.: Heimkehr ins Glück
Union-Theater	bis 19. Sept.: Rekrut Willi Winkie 20. bis 22. Sept.: Gehn wir bummeln 23. bis 26. Sept.: Arzt aus Leidenschaft 27 bis 29. Sept.: Unter falschem Verdacht ab 30. Sept.: Brillanten
Planetarium	bis 18. Sept.: Kampf um den Himalaja 22. bis 25. Sept.: Kampf um den Himalaja ab 29. Sept.: Liebling der Matrosen
Bad-Lichtspiele Bad Cannstatt	bis 22. Sept.: Geheimzeichen LB 17 23. bis 26. Sept.: Scotland Yard greift ein
Filmpalast Bad Cannstatt	bis 19. Sept.: Fahrendes Volk 20. bis 25. Sept.: Capriccio 26. bis 29. Sept.: Unter vier Augen ab 30. Sept.: Heimat

VERGNÜGUNGSSTÄTTEN

Hindenburgbau	Täglich nachmittags 4 Uhr und abends 8.30 Uhr Ottomar Schumer u. sein Kammerorcheste
Bunte Bühne, Wilhelmsbau	Täglich nachmittags 4 Uhr und abends 8.30 Uhr das erstklassige Künstlerprogramm Jeden Dienstag und Donnerstag nachmittags 4 Uhr bei freiem Eintritt Familien- und Hausfrauen-Nachmittag
Tabaris im Friedrichsbautheater	Das neue elegante Tanzkabarett (bis 3 Uhr früh) Nachtprogramm ab 11 Uhr
Kursaal Bad Cannstatt	Donnerstag, Samstag und Sonntag abend Tanz im Kleinen Kursaal sowie Sonntag nachmittags
Kunstgebäude	Restaurant und Garten bei schönem Wetter Konzert und Tanz im Freien
Clou Tanzbar	Täglich 8 Uhr abends Künstlerspiele, Tanzbar, Nachtbetrieb
Pavillon Exzelsior	Täglich ab 9 Uhr abends Kabarett und Tanz im Großen Saal Trocadero, Tanzbar — Nachtbetrieb
Gillitzer	Täglich ab 9 Uhr abends Künstlerspiel mit Tanz — Nachtbetrieb
Haus Vaterland	Täglich nachmittags von 4 bis 6 Uhr und abends 8 Uhr Tanz
Schönblick	Jeden Samstag ab 20 Uhr und Sonntags von 16 bis 20 Uhr Tanz
Maxim	Kleinkunstbühne und Bar Tanz von abends 9 Uhr ab Nachtbetrieb
Platzl	Das schwäbisch-bayrische Bierlokal Jeden Abend von 7 Uhr ab bis 1 Uhr humoristische Darbietungen
Regina-Teestube	Vornehme Tanzbar mit Darbietungen Nachtbetrieb
Konzert-Kaffee Königshof	Täglich nachmittags 4 bis 6.15 Uhr und abends 8 bis 12 Uhr Konzert
Bahnhofsturm	Samstag und Sonntag Tanz

Frankreich wiederholt. Im Mai dieses Jahres wurden 500 bis 600 Werke unter anderem von Klee, Ernst, Leger, Miró verbrannt. Den verfemten Künstlern blieb nichts anderes übrig, als zu emigrieren, oder heimlich weiterzumachen. Die Gestapo führte aber immer wieder Hausdurchsuchungen durch. Wurden die Beamten fündig, hatten die Künstler in der Regel mit Malverbot zu rechnen. Selbst der alte Parteigenosse Emil Nolde durfte bald nicht mehr malen. Wer sich jedoch gegenüber der neuen Kunstrichtung aufgeschlossen zeigte, konnte der Gunst der NS-Mäzenen gewiß sein. Es waren aber nur wenige, die sich bereit fanden, den verordneten Realismus auf die Leinwand zu bringen, es sei denn, sie hingen ohnehin realistischen Ausdrucksformen der Kunst an und hielten sich in scheinbarer Nähe zum offiziell Genehmen.

Einer Anregung des Reichsjustizkommisars Dr. Hans Frank folgend, wird in Rosenheim in Bayern an Neubauten, die seit der Machtübernahme durch den Nationalsozialismus entstanden sind, eine Tafel mit den Worten «Erbaut unter Adolf Hitler» angebracht werden. Die Anordnung gilt zunächst für alle städtischen Neubauten.

Bauwelt 1934, Heft 42

Die Architekten waren da in einer weitaus günstigeren Lage. Das «Dritte Reich» bot ihnen viel Arbeit, aber auch die Möglichkeit, Aufträge dort anzunehmen, wo der Monumentalstil der Nationalsozialisten nicht gefragt war. Die von der Industrie in Auftrag gegebenen Bauwerke waren die schönsten. Viele Autobahnbrücken waren sowohl in technischer als auch in ästhetischer Hinsicht eindrucksvoll. Die von Albert Speer entworfenen Parteibauten in Nürnberg und die Neue Reichskanzlei in Berlin waren ein Vorgeschmack von dem, was Deutschland bevorstand. Die Reichskanzlei war eine Verbindung von antikem Hellas und Preußischem Klassizismus mit der aufgedonnerten und prunkvollen Ornamentik aus der neuheidnischen Symbolwelt der Nationalsozialisten. Neuheidentum trat auch in den Parteibauten am Königsplatz in München zutage, wo massive Verwaltungsgebäude die offenen, von viereckigen Säulen getragenen Hallen flankierten, in denen die Bronzesärge der «Blutzeugen der Bewegung» standen. Noch Monumentaleres kam über Modelle und Pläne nicht hinaus: Die Umgestaltung der Städte Berlin, Linz und München. Kuppelgebäude von 300 Meter Höhe, Triumphbögen und Kunsthallen sollten die Einmaligkeit des «Dritten Reichs» über Jahrtausende hin dokumentieren.

Daß das deutsche Volk ein «Volk der Dichter und Denker» sei, war – was die zeitgenössische Kunst anlangte – überwiegend nur im Bewußtsein einer gebildeten Minderheit beheimatet. Für die Mehrheit waren die Künste ein Buch mit sieben Siegeln. Die breite Masse nahm 1933 den Exodus der Schriftsteller und Dichter, der Schauspieler und Komponisten kaum wahr. Die Max Reinhardt, Erwin Piscator und Leopold Jessner, die in der Weimarer Republik Theatergeschichte geschrieben hatten, verließen ebenso wie die Mimen Ernst Deutsch, Fritz Kortner und Max Pallenberg oder die Dichter Bertolt Brecht, Carl Zuckmayer und Franz Werfel die Bühne, ohne daß ihr Weggang beim Normalbürger sonderlich als Verlust vermerkt wurde. Die Nationalsozialisten taten ein übriges, die Lücken zu füllen. An Erfindungsreichtum mangelte es ihnen nicht.

Protestkundgebung bei der «Wittekind-Aufführung»

Zu den Störungsversuchen anläßlich der Aufführung des Schauspiels «Wittekind» von Edmund Kiß in Hagen im Stadttheater gibt die Hagener Polizeiverwaltung jetzt folgenden offiziellen Bericht:

Hagen, 3. Februar. – Während die Uraufführung am Donnerstag, dem 24. Januar 1935, einen völlig ungestörten Verlauf nahm, wurden in der Aufführung am 29. Januar 1935 Störungsversuche unternommen. Da der Polizei bereits bekannt war, daß ein solcher Versuch unternommen werden sollte, konnte festgestellt werden, daß der dritte Rang fast ausschließlich von jungen Leuten im Alter von 17 bis 25 Jahren besetzt war. Wie sich später herausstellte, gehörten diese der katholischen Kirche an. Diese jungen Leute haben nun durch Trampeln auf den Fußboden

und durch Zwischenrufe die Vorführung gestört, so daß das Spiel einmal unterbrochen und der Vorhang heruntergelassen wurde. Da es zu Tätlichkeiten kam, mußte die Polizei eingreifen. Es sind etwa dreißig Personen mehr oder weniger gewaltsam aus dem Theater entfernt worden. Ferner wurde festgestellt, daß diese jungen Leute nach Verlassen des Theaters sich im katholischen Gesellenhaus in der Bergstraße zusammengefunden haben. Auch die dritte Vorstellung am Mittwoch, dem 30. Januar, wurde trotz Warnung des Oberbürgermeisters vor Beginn der Vorstellung, wobei er auf den hohen künstlerischen Wert des Stückes und auf die Bedeutung der Vorstellung als Festvorstellung hinwies, durch einen Zwischenruf gestört.
Im Gegensatz zur Polizeiverwaltung, die sich jeder Stellungnahme zu der Tendenz des Stückes geflissentlich enthalten hat, haben – wie bekanntgeworden – die katholischen Geistlichen bereits am Sonntag von den Kanzeln zu einem Sühne-Gottesdienst aufgefordert, der am gestrigen Abend in den katholischen Kirchen Hagens stattgefunden hat und als Protest-Kundgebung aufzufassen ist.
Dieser Sühne-Gottesdienst wurde angeblich von einem Teil der Gläubigen ostentativ verlassen. Im übrigen wird der Oberbürgermeister in seiner Eigenschaft als Gau-Inspektor zu der Angelegenheit Stellung nehmen.

Frankfurter Zeitung
vom 4. Februar 1935

... Nun das Entscheidende: Der Autor unterstellt Karl und der Kirche eine ungeheuerliche Absicht, einen gemeinen politischen Plan. Er macht ihnen als eine unausdenkbare Schändlichkeit zum Vorwurf, die sich unserem Wesensbild von Karl dem Großen nicht einfügen kann. Kiß behauptet, Karl habe, von der Kirche geführt und verführt, angeordnet, daß 60000 sächsische Frauen und Mädchen in ein Konzentrationslager am Rhein überführt wurden. Dort sollten sie von einem mittelmeerisch-mischblütigen Gesindel geschändet werden, damit so das sächsisch-heldische Blut in der Wurzel verdorben würde! Die Kirche erscheint im Schauspiel als politische Giftmischerin, Karl als ihr Werkzeug. Kiß unternimmt einen verwegenen Angriff auf die Geschichte, aber die Waffen und die Legitimität seiner Anschauung scheinen weniger historisch gesichert ...

Frankfurter Zeitung
vom 31. Januar 1935

Die Gagen der Bühnenschauspieler wurden erhöht, Stückeschreiber mit Preisen geehrt und der Theaterbesuch für jedermann erschwinglich gemacht. Da von der Rührkomödie bis zum nationalsozialistischen Heldenepos alles angeboten wurde, erfreute sich die Bühnenkunst bald großer Beliebtheit. Ob sich das Theater in seiner Qualität verändert hatte, konnte der Mann auf der Straße nicht beurteilen, für ihn zählte, daß er jetzt durch «Kraft durch Freude» ins Theater kam, woran vorher für viele trotz der zahlreichen Besucherorganisationen überhaupt nicht zu denken gewesen war.
Das Theater, das seit 1933 der zu Goebbels' Propagandaministerium gehörenden Reichstheaterkammer unterstellt war, diente in erster Linie auch dazu, dem Betrachter die Flucht aus der Wirklichkeit zu ermöglichen. Verständlich, daß auf den Bühnen des «Dritten Reiches» neben zahlreichen bedeutenden Klassiker-Aufführungen die Komödie und das Lustspiel den Ton angaben. Dauerbrenner auf den Spielplänen waren «Der Etappenhase», ein Lustspiel aus dem Soldatenleben und «Krach im Hinterhaus» eine bäuerliche Komödie. Andere erfolgreiche Stücke waren «Hilda und die vier Pferdestärken», «Der Sprung aus dem Alltag» und «Towaritsch», ein weißrussisches Emigrantenstück. Beliebt war auch das Stück «Petermann segelt nach Madeira», ein Lustspiel, das im «Dritten Reich» spielte. Sein Held war ein grämlicher Nörgler, dessen mürrisches Wesen in der Fröhlichkeit der Gemeinschaft einer «Kraft durch Freude»-Reise dahinschmilzt.
Eine nationalsozialistische Schöpfung war das Thingspiel. Es handelte sich dabei um Freilichtaufführungen, in denen sich nationalsozialistisches Glaubensbekenntnis mit den Elementen des militärischen Zapfenstreichs, eines heidnischen Orato-

riums und einer Zirkusvorstellung verbanden. Die Thingspielstätten waren an den Hängen von Hügeln angelegt, der erste Thingplatz wurde an den Brandenbergen bei Halle errichtet. Die Thingstätte bei Koblenz faßte 45000 Zuschauer. Die Aufführungen zeichneten sich durch Getöse, Pathos und Menschenmassen aus. An den Schlachtszenen, den Prozessionen und Sprechchören nahmen ganze SA- und HJ-Abteilungen teil. Das bekannteste Stück war die «Deutsche Passion» von Richard Euringer. Fechtvorführungen, Reiterkunststücke und mitternächtliche Fanfarenklänge trugen wesentlich dazu bei, dem Thingspiel eine beträchtliche, wenn auch nur kurzlebige Anziehungskraft auf die Zuschauer zu verleihen. In den letzten Jahren vor dem Krieg war auch die braune Obrigkeit der Thingspiele müde.

Neu auf den reichsdeutschen Spielplänen waren auch die «Blubo»-Dramen, die «Blut- und Boden»-Heimatstücke, die den Bauern, die Sippe und die menschliche Fortpflanzung verherrlichten. Die bekanntesten Blubo-Stücke waren «Vroni Mareiner», dessen Held auf dem Totenbett die geschwängerte Magd heiratet, damit seine Erbschaft gerettet wird, und »Schwarzmann und das Mädchen», in dem eine verführte Magd lieber den Makel der unehelichen Mutterschaft auf sich nimmt, als einer Abtreibung zuzustimmen.

Die Dramen wurden entweder klassisch gespielt, wobei Schiller, Goethe und Kleist den Vorzug hatten, oder «nationalsozialistisch». Sie hatten möglichst heroisch und historisch zu sein. Die NS-Dichter bevorzugten Themen aus der nationalsozialistischen Kampfzeit, der germanischen Mythologie, der Völkerwanderungszeit, dem Mittelalter und dem Ersten Weltkrieg. Ein Kassenschlager war das Stück «Hockehansel», das den Befreiungskampf gegen Napoleon zum Hintergrund hatte. Das Drama «Wittekind» löste auf katholischer Seite Widerspruch aus. Man beschwerte sich, daß das Schauspiel den Sachsenfürsten Wittukind als heidnischen Märtyrer glorifizierte.

Klassikeraufführungen waren auf den meisten Bühnen – Anfang 1938 gab es im Reichsgebiet 395 Theater – äußerst beliebt, aber für die Nationalso-

Pfitzner in Düsseldorf

Hans Pfitzner selbst dirigierte in Düsseldorf zur Eröffnung der Opernspielzeit seine musikalische Legende «Palästrina». Die Aufführung wurde durch die gleichmäßig vollkommene Ausformung der reichen Details wie durch die gewaltige Spannung des dramatischen Bogens zu einem festlichen Erlebnis. Wachsen für den Zuhörer mit jeder Aufführung dieses Werkes die überzeitlichen Werte, die Pfitzner hier gestaltet hat, so verstärkt sich die Achtung und Verehrung für den «deutschesten der lebenden musikalischen Meister» (wie Oberbürgermeister Dr. Wagenführ Hans Pfitzner in einer Begrüßungsansprache nannte), als Bewahrer der großen und echten Worte unserer musikalischen Überlieferung durch seinen Vortrag über das Thema «Robert Schumann – Richard Wagner – eine Sternenfreundschaft».

Frankfurter Zeitung
vom 20. September 1935

Strauß-Premiere in Dresden

Zweimal zwei Stunden und mit allen Zungen Strauß'schen Geistes und Straußischer Künstlerkraft hat des Meisters «Schweigsame Frau» ein hochgestimmtes Haus in Atem gesehen. Der Klassizist Strauß schuf hier mit allen Farben und Mitteln des Impressionisten ein klassisches Werk. Die Uraufführung gestaltete sich zu einem künstlerischen und gesellschaftlichen Ereignis höchsten Grades. Ein stimmlich wie darstellerisch glanzvolles Sängerensemble mit der anmutig beseelten Maria Tebotari in der Titelpartie und Friedrich Plaschke (Morofus), Martin Krämer (Henry), Matthieu Ahlersmeyer (Barbier) in den übrigen Hauptrollen machte es dem Regisseur Joseph Gielen nicht schwer, eine beschwingte Lustspielatmosphäre auf der Bühne zu erzeugen. Der Erfolg entschied sich schon im Verlauf des ersten Aktes, dessen delikates A-Dur-Septett bei offener Szene Beifall erntete.

Deutsche Allgemeine Zeitung
vom 24. Juni 1935

zialisten nicht immer ganz unproblematisch. Es kam wiederholt vor, daß das Publikum bei Anspielungen auf das Regime applaudierte. In Berlin wurde «Don Carlos» von Friedrich Schiller abgesetzt, weil Marquis Posas Bitte, «Sire, geben Sie Gedankenfreiheit» jedesmal mit frenetischem Beifall bedacht wurde.
Aber nicht nur Kritik am Regime, sondern auch an den aufgeführten Stücken war den Kulturzensoren ein Greuel. Zur Vereinfachung der Theaterkritik erließ Propagandaminister Goebbels einen Erlaß, wonach die bisher übliche Kulturkritik untersagt und durch die Kunstbetrachtung ersetzt wurde, die sich auf die Beschreibung der Stücke beschränkte. Die Folgen, die sich daraus für das Theater ergaben, hat der Schauspieler Werner Krauss nach dem Krieg beschrieben: «Früher hatten wir vor jeder Premiere gezittert. Nun zitterten wir nicht mehr, denn niemand durfte wagen, zu behaupten, daß wir schlecht seien. Aber das wurde langweilig, und vor allem lernten wir nichts mehr. Wir wußten selbst nicht mehr, ob wir gut oder schlecht waren».
Die Nationalsozialisten hatten auch etwas gegen Humor, der auf ihre Kosten ging. Das Kabarettsterben setzte bereits 1933 ein. Das Kabarett «Katakombe» hielt sich bis 1935. Werner Fincks witzig-spritzige Improvisionen hatten es weit über Berlin bekannt gemacht. Fincks letzter Auftritt erfolgte in einem Sketch, in dem er von einem Schneider Maß für seinen Anzug nehmen ließ (S. 131). Nach Ansicht der Nationalsozialisten, war damit das Faß übergelaufen, das Kabarett wurde geschlossen, Finck in das Konzentrationslager Esterwegen eingewiesen. Die Nationalsozialisten reagierten nicht immer so hart. Mancher Witz, der das Regime kritisierte, wurde als eine Form der Therapie und nicht als Widerstand ausgelegt.

Verbot des Nigger-Jazz
Auf der Intendantentagung im Großen Sendesaal des Münchener Funkhauses am Sonnabend machte Reichssendeleiter Hadamowsky grundlegende Ausführungen über die Gestaltung des Winterprogramms des deutschen Rundfunks. Der Redner erinnerte an die zersetzende Tätigkeit des kulturbolschewistischen Judentums gerade im deutschen Rundfunkwesen und fuhr fort:
Nachdem wir heute zwei Jahre lang mit diesen Kulturbolschewisten aufgeräumt haben und Stein an Stein fügten, um in unserem Volk das verschüttete Bewußtsein für die deutschen Kulturwerte wieder zu wecken, wollen wir auch mit den noch in unserer Unterhaltungs- und Tanzmusik verbliebenen zersetzenden Elementen Schluß machen. Dieses Verbot ist kein Symptom für eine irgendwie geartete Auslandsfeindschaft des deutschen Rundfunks, vielmehr reicht der deutsche Rundfunk allen Völkern die Hand zum freundschaftlichen Kultur- und Kunstaustausch. Was aber zersetzend ist und die Grundlage unserer ganzen Kultur zerstört, das werden wir ablehnen. Wir werden dabei ganze Arbeit leisten.
Der Niggerjazz ist von heute ab im deutschen Rundfunk *endgültig ausgeschaltet.* Zwischen dem Präsidenten der Reichsmusikkammer und dem Leiter des Berufsstandes deutscher Komponisten, der Hitler-Jugend, dem Reichsverband deutscher Rundfunkteilnehmer, der Rundfunkfachpresse, der Parteipresse und der Reichssendeleitung wurde die Schaffung eines *Prüfungsausschusses für deutsche Tanzmusik* bei der Reichssendeleitung vereinbart. Dieser Ausschuß entscheidet für den Rundfunk endgültig über die Aufführungsgenehmigung oder Verbot eines Werkes.
Alle Sender des deutschen Rundfunks bringen heute zu noch unbestimmter Zeit innerhalb eines Unterhaltungskonzerts eine Jazzparodie, der Art, wie sie in Deutschland zukünftig nicht mehr geduldet werden. Eine gleich darauf folgende, der deutschen Tanzmusik entsprechende Instrumentierung der gleichen Melodie soll die Unterschiede klar machen, die zwischen Niggersang und deutschem Tanzlied bestehen.
Völkischer Beobachter
vom 13. Oktober 1935

Die Besucherzahlen bei Theateraufführungen verdoppelten sich innerhalb von zehn Jahren, auch

das Publikumsinteresse bei Konzerten und Opernaufführungen war eindrucksvoll. Opern und Operetten wurden reichlich gespielt, Konzerte mit Stardirigent Wilhelm Furtwängler waren schon Wochen vorher ausverkauft. Ähnlich wie in der Bildenden Kunst unterschied man zwischen artgerechter und degenerierter Musik. Nahezu alles was modern war, wurde aussortiert oder in Ausstellungen als die «Musik von Verwirrten» lächerlich gemacht.
Viele musikalische Talente verließen bereits 1933 Deutschland, unter ihnen die Komponisten Schönberg, Berg, Weill und Hindemith. Richard Strauss blieb und wurde als erster Präsident der Reichsmusikkammer das Aushängeschild des «Dritten Reiches». Seine «Arabella» wurde kurze Zeit nach der Machtergreifung in Dresden uraufgeführt, und obwohl seine Kompositionen nicht dem Geschmack der Nationalsozialisten entsprachen, konnte er weiter komponieren.

Keine Schlager und modernen Tänze
Der Inspekteur West im Jugendherbergsverband hat für alle westdeutschen Jugendherbergen die Aufführung von modernen Tänzen und das Spielen von Schlagern verboten. In Zukunft sollen in den Jugendherbergen nur noch deutsche Weisen zu hören und alte Volkstänze zu sehen sein.
Frankfurter Zeitung
vom 23. August 1933

Neben Strauss waren Hans Pfitzner, Werner Egk und Carl Orff die einzigen Komponisten von Weltrang. Die Uraufführung von Egks «Peer Gynt» im November 1938 in Berlin war ein großes Musikereignis. Carl Orffs «Carmina Burana» fand gerade noch die Gnade der Zensoren.
In den Konzertsälen und Opernhäusern wurde alles gespielt, was nicht modern war, was nicht von jüdischen Komponisten stammte und was nicht jüdische Themen zum Inhalt hatte. Wenn das Regime es für ratsam hielt, wurden Musikstücke neu interpretiert oder die Libretti umgeschrieben. Händels Oratorium «Judas Makkabäus» hieß in seiner arisierten Form «Wilhelm von Nassau». Während des Krieges wurden «feindliche» Komponisten wie Ravel, Debussy und Tschaikowsky von den Spielplänen abgesetzt.
Die Unterhaltungsmusik unterlag wie die ernste Musik einer strengen Kontrolle. Das ging soweit, daß das Saxophon als Symbol negroider Unzüchtigkeit verboten wurde. Vergeblich waren die Attacken gegen die «perverse Jazzmusik», die eine erstaunliche Widerstandskraft bewies. Wenn es nach den dogmatischen Nationalsozialisten gegangen wäre, hätten die Deutschen nur im Ringelreihen tanzen dürfen. In ihren Augen war jede Art von Tanz eine sexuelle Verderbtheit. Aber Verbote und Strafen konnten nicht verhindern, daß in den Tanzpalästen der Städte der Swing und der Lambeth Walk weiterhin getanzt wurden. Hochgeschätzt waren die Gastgeber, die Verbindungen ins Ausland besaßen, und die heißbegehrte amerikanische Tanzmusik von der Schallplatte ihren Gästen vorspielen konnten.
Die Literatur der Weimarer Republik genoß weltweites Ansehen, die Nationalsozialisten bezeichneten sie als «Schmutz- und Schund-Literatur». Mit einer Bücherverbrennung leiteten sie am 10. Mai 1933 das ein, was sie als «Erneuerung der deutschen Literatur» bezeichneten. Am Abend dieses Tages versammelten sich Studenten und Gruppen der Parteiorganisationen auf dem Franz-Joseph-

Ein «Bücherstürmer» in Dessau
Dessau, 4. Februar
Der Polizeidezernent Bürgermeister Hofmann, der der NSDAP angehört, hat mit sofortiger Wirkung folgende Bücher aus der städtischen Bücherei entfernen lassen: «Volksbuch vom Großen Krieg» (Kästner), «Vom weißen Kreuz zur Roten Fahne» (Max Hölz), «Ein Prolet erzählt» (Tureck), sämtliche Werke Trotzkis und Remarques «Im Westen nichts Neues». Ferner hat Hofmann ein Verzeichnis aller Bücher kommunistischen und pazifistischen Inhalts und eine Vorschlagsliste nationaler Bücher angefordert, die an Stelle der pazifistischen und kommunistischen treten sollen.
Frankfurter Zeitung
vom 6. Februar 1933

Das Fragment vom Schneider

(Dieser Sketch, gespielt von Werner Finck und Ivo Veit im Märzprogramm 1935, war ein Anlaß zum Verbot der «Katakombe», zum Auftrittsverbot für Werner Finck und zu seiner «Überstellung» in das Konzentrationslager Esterwegen.)

Werner Finck kommt als Kunde zum Schneider

SCHNEIDER. Womit kann ich dienen?

FINCK *beiseite*. Spricht der auch schon vom Dienen? *Laut*. Ich möchte einen Anzug haben ... *Vielsagende Pause. Dann nachdenklich*. Weil mir was im Anzug zu sein scheint.

SCHNEIDER. Schön –

FINCK. Ob das so schön ist – Na, ich weiß nicht ...

SCHNEIDER *ein wenig ungeduldig*. Was soll's denn nun sein? Ich habe neuerdings eine ganze Menge auf Lager.

FINCK. Auf's Lager wird ja alles hinauslaufen.

SCHNEIDER. Soll's was Einheitliches oder was Gemustertes sein?

FINCK. Einheitliches hat man jetzt schon genug. Aber auf keinen Fall Musterung!

SCHNEIDER. Vielleicht etwas mit Streifen?

FINCK. Die Streifen kommen von alleine, wenn die Musterung vorbei ist. *Resigniert*. An den Hosen wird sich ein Streifen nicht vermeiden lassen ...

SCHNEIDER. Fangen wir erst mal mit der Jacke an. Wie wäre denn eine mit Winkel und Aufschlägen?

FINCK. Ach, Sie meinen eine Zwangsjacke.

SCHNEIDER. Wie man's nimmt. Einreihig oder zweireihig?

FINCK. Das ist mir gleich. Nur nicht diesreihig. *Finck sprach das Wort so aus, daß es wie «Dies Reich» klang.*

SCHNEIDER. Wie wünschen Sie die Revers?

FINCK. Recht breit, damit ein bißchen was draufgeht.* Vielleicht gehen wir alle mal drauf. Der Kronprinz hat ja gesagt: Immer feste druff.

SCHNEIDER. Dann darf ich vielleicht einmal Maß nehmen?

FINCK. Doch, doch, das sind wir gewöhnt.

Der Kunde nimmt Haltung an, der Schneider stellt sich mit dem Zentimetermaß neben ihn. Er nimmt Maß, während der Kunde die Hände stramm an die Hosennaht legt.

SCHNEIDER *auf das Maßband schauend*. 14/18 – Ach bitte, steh'n Sie doch einmal gerade.

FINCK. Für wen?

SCHNEIDER. Ach so – ja ... Und jetzt bitte den rechten Arm hoch – mit geschlossener Faust. 18/19. Und jetzt mit ausgestreckter Hand ... 33 ... Ja, warum nehmen Sie denn den Arm nicht herunter? Was soll denn das heißen?

FINCK. Aufgehobene Rechte ...

* Hier wird auf die Ordenssucht Hermann Görings angespielt.

Platz zwischen der Universität und der Staatsoper in Berlin und vernichteten in den von Scheinwerfern angestrahlten Scheiterhaufen, die zur gleichen Zeit in München, Dresden, Breslau und Frankfurt am Main errichtet worden waren, stapelweise «undeutsches» Schrifttum. Darunter die Werke von Albert Einstein, Friedrich Wilhelm Foerster, Sigmund Freud, Emil Ludwig, Kurt Tucholsky, Carl von Ossietzki, Heinrich Mann und Heinrich Heine. Markige Feuersprüche begleiteten das Autodafé. Um Mitternacht erschien Propagandaminister Goebbels, der eine Rede hielt. Die Demonstration schloß mit dem Horst-Wessel-Lied.

Weitere gelenkte Aktionen folgten: Stadt- und Leihbüchereien, Bibliotheken und größere Buchhandlungen wurden von übereifrigen Studenten und Bibliothekaren gesäubert. Die «verbrannten» Dichter wurden schließlich öffentlich an den Pranger gestellt. In der Presse erschienen laufend Listen von Autoren und Büchern, die unerwünscht waren. Die Preußische Akademie der Künste wurde von Grund auf erneuert, und in der Abteilung

Zwei «Freudenhäuser» mußten schließen

Die jüdischen «Kleinkunstbühnen» Katabombe und Tingel-Tangel in Berlin sind von der Polizei geschlossen worden.

«Es ist ein Jammer», werden die krummnasigen und -beinigen Jünglinge mit der Intelligenzbrille vor den leicht basedowsch blickenden Augen sagen, nun hat man uns wieder zwei »Schmusentempel» geschlossen, in denen wir so ganz unter uns waren, mit unseren garantiert echt «blonden Damen». «Wieder haben die humorlosen Nationalsozialisten mit rauhen Händen ein Idyll zerstört, das uns um so teurer war, je mehr Eintrittskarten verkauft wurden.»

«Wer fand sich bei uns nicht alles verständnisinnig zusammen. Die Künstler zunächst, die so tun mußten, als ob sie ganz auf dem Boden der Tatsachen stünden und in Wirklichkeit die alten Zeiten herbeisehnten und hier einen Erinnerungsplatz gefunden hatten; die sogenannten Autoren dann, deren morbide Geistesblüten, von Jazz umklungen und «neugeistig» vorgetragen, wirklich «starke Stücke» waren, und das Publikum, das genau wußte, *wann* es zu wiehern hatte und wann nicht. Diese Gemeinschaft ist vorbei; genau wie so viele geistige Schuttabladeplätze anderer Freundesinstitute abgetragen wurden, so auch dieser. Wo sollen wir denn wühlen? Nicht? – So wehklagt es durch den intelligenten Westen, so mauschelt es den Kurfürstendamm entlang. Ja, der Liberalismus, das war doch noch etwas, der ließ sich wenigstens etwas gefallen, der war großzügig, der ließ sich mit Schmutz bewerfen, der warf sogar selbst mit.

Das Schwarze Korps
vom 15. Mai 1935

Während der Verbrennung der Bücher spielten SA- und SS-Kapellen vaterländische Weisen und Marschlieder, bis neun Vertreter der Studentenschaft, denen die Werke nach einzelnen Gebieten zugeteilt waren, mit markanten Worten die Bücher des undeutschen Geistes dem Feuer übergaben.

1. Rufer: Gegen Klassenkampf und Materialismus, für Volksgemeinschaft und idealistische Lebenshaltung! Ich übergebe der Flamme die Schriften von Marx und Kautsky.

2. Rufer: Gegen Dekadenz und moralischen Verfall! Für Zucht und Sitte in Familie und Staat! Ich übergebe der Flamme die Schriften von Heinrich Mann, Ernst Glaeser und Erich Kästner.

3. Rufer: Gegen Gesinnungslumperei und politischen Verrat, für Hingabe an Volk und Staat! Ich übergebe der Flamme die Schriften von Friedrich Wilhelm Foerster.

4. Rufer: Gegen seelenzerfressende Überschätzung des Trieblebens, für den Adel der menschlichen Seele! Ich übergebe der Flamme die Schriften des Sigmund Freud.

5. Rufer: Gegen Verfälschung unserer Geschichte und Herabwürdigung ihrer großen Gestalten, für Ehrfurcht vor unserer Vergangenheit! Ich übergebe der Flamme die Schriften von Emil Ludwig und Werner Hegemann.

6. Rufer: Gegen volksfremden Journalismus demokratisch-jüdischer Prägung, für verantwortungsbewußte Mitarbeit am Werk des nationalen Aufbaus! Ich übergebe der Flamme die Schriften von Theodor Wolff und Georg Bernhard.

7. Rufer: Gegen literarischen Verrat an Soldaten des Weltkrieges, für Erziehung des Volkes im Geist der Wahrhaftigkeit! Ich übergebe der Flamme die Schriften von Erich Maria Remarque.

8. Rufer: Gegen dünkelhafte Verhunzung der deutschen Sprache, für Pflege des kostbarsten Gutes unseres Volkes! Ich übergebe der Flamme die Schriften von Alfred Kerr.

9. Rufer: Gegen Frechheit und Anmaßung, für Achtung und Ehrfurcht vor dem unsterblichen deutschen Volksgeist! Verschlinge, Flamme, auch die Schriften der Tucholsky und Ossietzki!

Neuköllner Tageblatt
vom 12. Mai 1933

Dichtung mußten die Mitglieder Thomas Mann, Jakob Wassermann und andere ihren Hut nehmen. Sie wurden durch «national gesinnte» Autoren ersetzt.
In Scharen verließen daraufhin die diskreditierten Schriftsteller und Dichter Deutschland und suchten im Ausland Zuflucht: Thomas Mann, Bertolt Brecht und Ernst Toller gingen nach Amerika, Stefan Zweig nach Brasilien, wo er mit seiner Frau 1942 Selbstmord beging. Bis 1938 erschienen in 14 Ländern fast 700 Übersetzungen der «verbrannten» Bücher, meist in den berühmt gewordenen Verlagen Querido, Amsterdam, und Bermann-Fischer, Stockholm.
Nur wenige namhafte Autoren blieben: Sie boten entweder, wie Gottfried Benn, dem Regime ihre

Aus der Volksgemeinschaft ausgestoßen
Volksverräter und Lumpen sind keine Deutschen
Berlin, 8. November
Auf Grund des § 2 des Gesetzes über den Widerruf von Einbürgerungen und die Aberkennung der deutschen Staatsangehörigkeit hat der Reichs- und Preußische Minister des Innern, Dr. Frick, im Einvernehmen mit dem Reichsminister des Auswärtigen folgende Reichsangehörige der deutschen Staatsangehörigkeit für verlustig erklärt, weil Sie durch ihr Verhalten, das gegen die Pflicht zur Treue gegen Reich und Volk verstößt, die deutschen Belange aufs schwerste geschädigt haben:
1. *Willi Bredel*, ehemaliger Schriftleiter der kommunistischen Blätter «Hamburger Volkszeitung» und «Norddeutsche Zeitung», hält sich jetzt vermutlich in Prag auf. Im September erschien von ihm ein wüster Hetzartikel in der in Prag herausgegebenen Emigrantenzeitschrift «Neue deutsche Blätter».
2. *Erwin Piscator*. Es handelt sich um den berüchtigten Regisseur, der sich jetzt in Moskau und Paris umhertreibt. Im Juli 1934 hat er für den Prager «Gegenangriff» einen Artikel mit blutrünstigen Verleumdungen über Deutschland geschrieben.
3. *Bode Uhse*, Schriftsteller, sein jetziger Aufenthaltsort im Ausland ist nicht bekannt.
4. *Gustav von Wangenheim*, Schauspieler, jetzt vermutlich in Paris.
5. *Erich Weinert*, Schriftsteller, jetziger Aufenthaltsort in Forbach (Frankreich). Er tritt als Redner in Emigrantenversammlungen auf und schreibt für Emigrantenblätter.
6. *Leonhard Frank*, kommunistischer Schriftsteller, hält sich jetzt in Prag auf und ist dort Mitarbeiter der Emigrantenzeitschrift «Der Monat». Während des Krieges lebte er in der Schweiz und schrieb das Buch «Der Mensch ist gut», das in seiner Tendenz gegen Deutschland gerichtet ist und der Zersetzung der Front diente.
7. *Carola Henschke (Neher)* hat den Saaraufruf mit unterzeichnet (Vergleiche Nr. 2). Ihr ausländischer Aufenthaltsort ist nicht bekannt.
8. *Helmuth Herzfeld* (John Heartfield), zur Zeit vermutlich in Prag, kommunistischer Schriftsteller.
9. *Wieland Herzfelde*, Inhaber des Prager Malik-Verlages, ist ein prominenter Vertreter des Emigrantentums im deutschfeindlichen Hetzzentrum Prag.
10. *Alfred Kantorowicz* (Jude), kommunistischer Journalist und fanatischer Hetzer, ist Mitarbeiter der deutschfeindlichen Blätter «Freie Presse» in Amsterdam und «Blaue Hefte» in Wien. Sein Aufenthaltsort im Auslande ist unbekannt.
11. *Klaus Mann*, Sohn des bekannten Schriftstellers Thomas Mann, ist Schriftleiter der Monatszeitschrift «Sammlung» und Mitarbeiter der «Neuen Freien Presse», beides sind Hetzblätter. Auch im «Neuen Tagebuch» (Paris, Amsterdam) ist im Januar 1934 ein Hetzartikel gegen Deutschland aus seiner Feder erschienen.

Völkischer Beobachter vom 6. November 1934

Mitarbeit an, oder gingen in die innere Emigration, indem sie wie Erich Kästner für den Film Drehbücher schrieben. Zur letzten Gruppe gehörte auch der katholische Dichter Reinhold Schneider, der in seinen Schriften aus religiös-historischer Überzeugung Hitlers «widergöttliche Macht» bekämpfte. Aus protestantisch–preußischer Sicht tat das Jochen Klepper, der 1942 mit seiner jüdischen Frau und seiner Tochter in den Tod ging. Die von «linken, pazifistischen und jüdischen Elementen» gereinigten Literaten wurden in der Reichskulturkammer gleichgeschaltet und unterstanden hinfort der staatlichen Kontrolle. Zensoren im Propagandaministerium begutachteten ihre Werke, von ihrer Erlaubnis hing es ab, ob ein eingereichtes Buch gedruckt werden durfte. Wer gegen die gesetzten Normen verstieß, konnte mit Schreibverbot belegt werden. Kein Verleger hätte gewagt, ein Buch herauszubringen, das nicht von oben abgesegnet worden war.

Die «völkische» Literatur, die es auch schon vor 1933 gegeben und in weiten Kreisen des deutschen Volkes Verbreitung gefunden hatte, variierte immer wieder die gleichen Themen: Heimat, nationalsozialistische Kampfzeit, Blut und Boden. Alljährlich wurden Literaturpreise verliehen, als Ersatz für den Nobelpreis, der den Deutschen anzunehmen verboten war. Niemand wagte es, diese preisgekrönte Literatur einer kritischen Würdigung zu unterziehen. Denn die Literaturkritik, wie man sie bis dahin verstand, war abgeschafft worden. Was die staatlichen Stellen passierte, hatte einfach gut zu sein.

Von allen Formen der Dichtkunst ist für den Autor im Dritten Reich die Lyrik am ungefährlichsten, denn sie kann sich in völlig unpolitischen Gefilden tummeln, kann zarteste, unangreifbare Stimmungen ausdrücken und am Weltanschaulichen vorbeisehen. Auch die Novelle kommt ohne «Weltbild» aus. Anders der Roman. Die Milieuzeichnung, die Charakterentwicklung, die Auseinandersetzung mit der Umwelt, unterscheiden ihn von der Erzählung, machen seine Merkmale aus. Infolgedessen gibt es in Deutschland den *Gesellschaftsroman*, den großen bunten Querschnitt mitten durch die Gesellschaft, seit 1933 nicht mehr. Denn er müßte ja die ganze Hitlerwelt überqueren und in den Kreis seiner Betrachtungen rükken. Jede realistische Schilderung dieses Deutschlands von heute bliebe in den Fängen der Zensur hängen, von anderen für den Autor verhängnisvollen Konsequenzen nicht zu reden. Darum beschränkt sich der deutsche Roman von heute lediglich auf politisch ungefährliche Teilausschnitte aus der Welt der Bauern, der engeren Heimat, des Krieges, der Arbeit, der Erotik. Oder er wird ins *Ausland*, in die Vergangenheit, ins *Historische* verlegt. *Der deutsche Gesellschaftsroman ist tot.* Was an romanartigen Büchern erscheint, dreht sich um vorgeschriebene oder überkommene Postulate: eine imaginäre Volksgemeinschaft, Pflichttreue, Kameradschaft, Heroismus, Mutter- und Kinderfreudigkeit, Blut- und Boden- und «Rassebewußtsein». Die Folge dieser Stoffeinengung: eine wachsende innere Verarmung und Monotonie dieser Gattung. Der Blubo-Roman, der nirgends die Höhe jener Heimatkunst erreicht, wie sie etwa eine Clara Viebig in ihren Eifelgeschichten aufwies, hängt den Lesern ebenso zum Halse heraus, wie der nationalsozialistische, antibolschewistische Tendenzroman. Und ausländische Romane liest der Leser schon lieber, wenn sie von ausländischer Feder stammen. An den neudeutschen, historischen Romanen spürt er überall die politische Gebundenheit, die Scheuklappen. Wo «Volksgemeinschaft» gemacht wird, geschieht es nach lächerlich veraltetem Schema ...

Deutschlandberichte der SPD vom November 1937

116 *Die «Blut-und-Boden»-Literatur fand auch ohne Werbung eine große Leserschaft. Diese Heimatromane um Bauern, geschwängerte Mägde, Naturkatastrophen und ländliches Idyll waren die heimlichen Bestseller: Angeblich las sie niemand, aber kaum ein häuslicher Bücherschrank, der nicht mindestens einen Titel führte.* ▷

Mit Beilage: Bestellzettel

Börsenblatt für den Deutschen Buchhandel

Eigentum des Börsenvereins der Deutschen Buchhändler zu Leipzig

Umschlag zu Nr. 1 Leipzig, Montag den 2. Januar 1939 106. Jahrgang

Berlin Charlottenburg 2, den 14. Januar 1943
Der Präsident der Reichsschriftumskammer
Herrn
Erich Kästner,
Berlin-Charlottenburg,
Roscherstr. 16

Auf Grund einer neuerlichen Entscheidung der Reichskulturkammer wird die Ihnen unter dem 25. 7. 1942 erteilte Sondergenehmigung widerrufen. Sie sind somit nicht mehr berechtigt, im Zuständigkeitsbereich der Reichsschriftumskammer als Schriftsteller tätig zu sein. Zuwiderhandlungen gegen diese Berufsuntersagung können von mir gemäß § 28 der Ersten Durchführungsverordnung zum Reichskulturkammergesetz mit Ordnungsstrafen belegt werden.

Im Auftrage gez. unleserlich

Der deutsche Buchhandel stellt sich für die Buchwoche folgende besondere Aufgabe: Es gibt in Deutschland noch Volksgenossen, Häuser und Familien, die des Führers Werk «Mein Kampf» nicht besitzen. «Mein Kampf» aber ist das heilige Buch des Nationalsozialismus und des neuen Deutschland, das jeder Deutsche besitzen muß. Es ist kein Buch zum Durchlesen, sondern ein Buch zum Durcharbeiten und Durchleben. Der Buchhandel sorge dafür, daß nach dieser Buchwoche «Mein Kampf» in jeder deutschen Familie zu finden ist. Dem ärmeren Volksgenossen müßten für den Erwerb des Buches besondere erleichternde Möglichkeiten geschaffen werden, die der Buchhandel in gemeinschaftlicher Überlegung mit dem Verlag gewiß finden kann.

Will Vesper in: Die Neue Literatur vom November 1935

Die Buchproduktion stieg von Jahr zu Jahr. Im Jahre 1939 zählte man 20000 Neuerscheinungen. Ein Großteil der Neuerscheinungen ging auf das Konto von Übersetzungen. Nach dem Exodus der Schriftstellerelite versuchte man, mit ausländischen Autoren gewisse Lücken zu schließen. Es wurden nur solche Bücher übersetzt, die als unbedenklich galten. Einen bevorzugten Platz unter den Übersetzungen nahmen die Bücher aus Skandinavien ein. Knut Hamsun, mit seinen erdverbundenen Romanen, war sehr genehm.
Es wurden aber auch Werke von Galsworthy, Steinbeck, Caldwell übersetzt. «Die Zitadelle» von A. J. Cronin wurde dem deutschen Leser ausdrücklich empfohlen, weil das Buch den Zusammenhang zwischen ärztlichen Kunstfehlern und dem jüdischen Einfluß auf die Ärzte in England zeige.
Das Buch der Bücher während des «Dritten Reiches» war Hitlers «Mein Kampf». Dieses unleserliche Buch, das bis 1940 in 6 Millionen Exemplaren verkauft, aber vermutlich kaum gelesen wurde, war der einsame Spitzenreiter auf der deutschen Bestsellerliste. Und wer es noch nicht besaß: Spätestens bei der standesamtlichen Trauung bekam er es gratis.

7. Vom Rechtsstaat zum Unrechtsstaat

9. November 1938. In Deutschland brannten die Synagogen. Zwei Tage zuvor, am 7. November, war der siebzehnjährige Herschel Grünspan in die Pariser deutsche Botschaft eingedrungen und hatte im Glauben, den Botschafter vor sich zu haben, den Legationssekretär Ernst vom Rath niedergeschossen. Mit dieser Tat wollte er sich dafür rächen, daß Ende Oktober 17000 in Deutschland lebende polnische Juden, darunter auch seine Eltern, über die polnische Grenze abgeschoben worden waren. Am 9. November erlag der Diplomat seinen schweren Verletzungen.

Die Kurzschlußhandlung des jungen Polen kam den Scharfmachern in der NSDAP sehr gelegen. Propagandaminister Goebbels stellte am Abend jenes 9. November in einer Rede vor «Alten Kämpfern» der Partei in München das Verbrechen als eine gelenkte Aktion des internationalen Judentums gegen den nationalsozialistischen Staat hin und hetzte zu «spontanen» Gegenaktionen auf. SA-Kolonnen setzten sich daraufhin in Bewegung. Überall im Reich wurden jüdische Geschäfte, Wohnungen und Schulen demoliert und Synagogen in Brand gesteckt. Es kam zu Mißhandlungen ein-

117 *9. November 1938 – in Frankfurt am Main brennt die Synagoge am Börneplatz. Propagandaminister Goebbels hatte die Ausschreitungen gegen die Juden befohlen. Es sollte eine «spontane» Aktion sein, aber die Mehrheit der Deutschen stand abseits, nur wenige waren bereit, den bedrängten Juden zu helfen.*

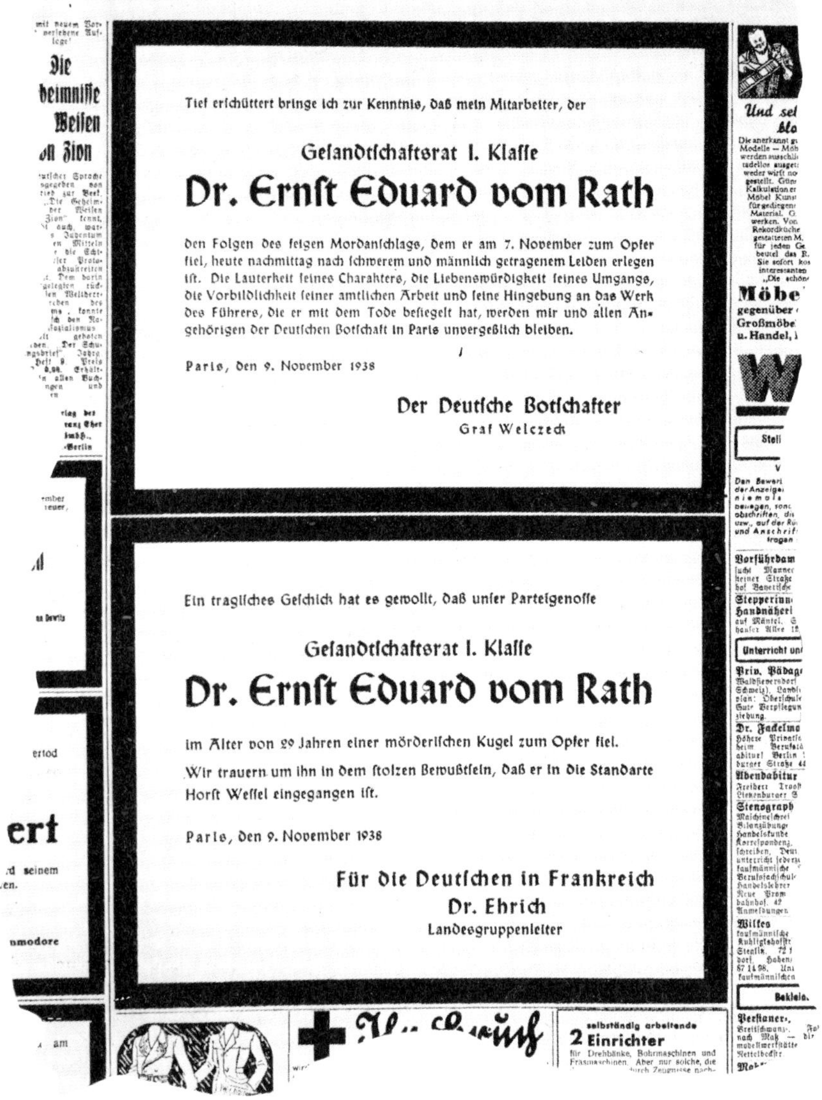

Tief erschüttert bringe ich zur Kenntnis, daß mein Mitarbeiter, der

Gesandtschaftsrat I. Klasse

Dr. Ernst Eduard vom Rath

den Folgen des feigen Mordanschlags, dem er am 7. November zum Opfer fiel, heute nachmittag nach schwerem und männlich getragenem Leiden erlegen ist. Die Lauterkeit seines Charakters, die Liebenswürdigkeit seines Umgangs, die Vorbildlichkeit seiner amtlichen Arbeit und seine Hingebung an das Werk des Führers, die er mit dem Tode besiegelt hat, werden mir und allen Angehörigen der Deutschen Botschaft in Paris unvergeßlich bleiben.

Paris, den 9. November 1938

Der Deutsche Botschafter
Graf Welczeck

Ein tragisches Geschick hat es gewollt, daß unser Parteigenosse

Gesandtschaftsrat I. Klasse

Dr. Ernst Eduard vom Rath

im Alter von 29 Jahren einer mörderischen Kugel zum Opfer fiel.

Wir trauern um ihn in dem stolzen Bewußtsein, daß er in die Standarte Horst Wessel eingegangen ist.

Paris, den 9. November 1938

Für die Deutschen in Frankreich
Dr. Ehrich
Landesgruppenleiter

118 *Anlaß zu den Ausschreitungen gegen die Juden war die Ermordung des Gesandtschaftsrates Ernst von Rath durch den Juden Herschel Grünspan, der mit dieser Tat gegen die antijüdische Politik des NS-Regimes protestieren wollte.*

zelner Juden, ja sogar zu Raub, Plünderung und Totschlag. Zahlreiche Juden wurden verhaftet, etliche von ihnen gefoltert. Schließlich mußte die Polizei gegen Plünderer vorgehen, um weiteren Sachschaden zu verhindern.

»Als in jener Novembernacht 1938 die Synagoge angezündet wurde, raste ich nach einem Telefonanruf zur Brandstelle, sah aber sofort, daß dort nichts mehr zu retten war, nachdem die Brandstifter tatsächlich Öl ins Feuer gossen. So ging ich, in mein Büro Ecke Garten- und Hospitalstraße, das direkt neben der Synagoge lag, und beseitigte eine große Anzahl von Schriftstücken, die nicht in die Hände der Nazis fallen durften. Es war höchste Zeit, denn kurz darauf wurde ich als erster Stuttgarter (was ich später erfuhr) von einigen Gestapo- bzw. SS-Leuten dort ohne Grundangabe verhaftet, per Auto auf die Gestapo transportiert und in eine Einzelzelle im Untergeschoß gesperrt. Die Zelle ent-

behrte jeder Ausstattung, aber weil ich todmüde war, legte ich mich auf den nackten Boden und schlief, bis eine Frau mit einer Tasse Kaffee vor mir stand. Ich glaubte zu träumen – es war eine Sekretärin der Gestapo, die sich selbst in Gefahr setzte. Mein nächster Aufenthalt war das Polizeipräsidium in der Büchsenstraße, wo ich erst durch die Anwesenheit von Hunderten von Schicksalsgenossen erfuhr, was in der Brandnacht vorgefallen war. Nachdem wir durch die Gefängnisroutine gegangen waren, die sich bis in die Nacht hinein erstreckte, wurden wir gruppenweise abtransportiert. Mich steckte man in einen vollgepfropften Gefangenenwagen, der uns schließlich in einem Gefängnishof absetzte; wo, wußten wir nicht. Verglichen mit der Gestapo-Zelle, erschien mir die überfüllte Gefängniszelle fast wie ein Hotelzimmer; denn da waren immerhin einige Strohsäcke (wenn auch zuwenig), ein Tisch, einige Stühle und sogar ein Abort. Endlich konnten wir feststellen, wo wir waren, denn ich erkannte am Glockenschlag, daß wir in der Nähe der Stiftskirche sein mußten. Da die meisten der Mitgefangenen ganz verzweifelt waren, organisierte ich, um sie etwas abzulenken, einen Zellendienst, eine Art kulturelle Betreuung. Jeder sollte aus seinem speziellen Erfahrungsgebiet erzählen. Ich übernahm die Gebiete Musik und Englisch (das ich selbst erst ganz kurz vorher zu lernen begonnen hatte) und Atem- und Freiübungen. Das Schreibmaterial bestand aus den weißen Rändern des im Abort aufgehängten Zeitungspapiers und einem winzigen Bleistiftstümplein, das der Gefangenendurchsuchung entschlüpft war. – Beim täglichen Appell, wo wir viele alte Freunde zwar sehen, aber natürlich nicht sprechen konnten, wurde uns so recht die Tragik der Situation bewußt. Unser Schicksal lag im Dunkeln wie unsere Zellen. Der Lichtschein der Sonne oben an dem winzigen vergitterten Fenster wurde täglich um die Mittagszeit sehnsüchtig erwartet.
Es schien länger, aber nach etwa acht Tagen wurde ich entlassen. Vorher mußte ich versprechen, jede kulturelle Betätigung einzustellen, dafür aber für die Auswanderung der Juden – ausgenommen meiner eigenen – Sorge zu tragen. Bisher hatte ich an eine Auswanderung kaum gedacht, da ich an meiner Heimat hing und hier meine Aufgabe sah. Erst als ich aus dem Gefängnis nach Hause kam, erfuhr ich den ganzen Umfang der Tragödie».

Karl Adler, Leiter der Stuttgarter jüdischen Kunstgemeinschaft

119 *Nach Palästina sollten die Juden auswandern. Aber das war leichter gesagt als getan. Die westlichen Länder sperrten sich gegen die uneingeschränkte Einwanderung deutscher Juden. Und die Engländer befürchteten, durch jüdischen Zuzug in ihr Mandatsgebiet den Gegensatz zwischen Arabern und Juden weiter zu verschärfen.*

Es war geplant gewesen, die SA-Leute lediglich als Provokateure auftreten zu lassen, um im Volk eine «spontane» Aktion auszulösen. Von «spontanem» Volkszorn konnte aber nirgendwo die Rede sein. Die Masse schaute untätig zu, teils eingeschüchtert, teils entsetzt, nur wenige halfen uneigennützig den bedrängten Juden. Für die Ausschreitungen war allein die Partei verantwortlich. Es gab aber unter den Parteileuten einige, die den Befehl ignorierten. In den Landgemeinden mußten die Brandstiftungen nicht selten von auswärtigen SA-Männern besorgt werden.

Stuttgarter Neues Tagblatt

Extrablatt

Südwestdeutsche Handels- und Wirtschafts-Zeitung

Preis 10 Rpf. | Stuttgart, 12. November 1938, 17.30 Uhr | Preis 10 Rpf.

Einschneidende Maßnahmen zur Lösung der Judenfrage

Eine Verordnung Görings über die wirtschaftliche Betätigung von Juden - Strafe für den ruchlosen Mord in Paris: Eine Milliarde Reichsmark

dnb. Berlin, 12. November.

Unter dem Vorsitz des Beauftragten für den Vierjahresplan, Generalfeldmarschall Göring, fand heute im Reichsluftfahrtministerium eine Chefbesprechung der beteiligten Minister mit ihren nächsten Mitarbeitern über die dringend notwendig gewordene Lösung der Judenfrage statt. An dieser Besprechung nahmen die Reichsminister Dr. Frick, Dr. Goebbels, Dr. Gürtner, Graf Schwerin von Krosigk und Funk teil.

Die Besprechung ergab vollkommene Uebereinstimmung in der Beurteilung und Behandlung der zur Debatte stehenden Fragen. Es wurden eine Reihe von einschneidendsten Maßnahmen zur Lösung der Judenfrage besprochen und zum Teil schon entschieden. Der Beauftragte für den Vierjahresplan, Generalfeldmarschall Göring, erließ eine Verordnung, derzufolge Juden vom 1. Januar 1939 ab der Betrieb von Einzelhandelsverkaufsstellen, Versandgeschäften oder Bestellkontoren sowie der selbständige Betrieb des Handwerks untersagt wird. Ebenso kann nach dieser Verordnung ein Jude vom 1. Januar 1939 ab nicht mehr Betriebsführer im Sinne des Gesetzes zur Ordnung der nationalen Arbeit vom 1. Januar 1934 sein. Ist ein Jude in leitender Stelle eines Wirtschaftsunternehmens tätig, ohne Betriebsführer zu sein, so kann das Anstellungsverhältnis durch den Betriebsführer mit einer Frist von sechs Wochen gekündigt werden.

Weiterhin erließ der Beauftragte für den Vierjahresplan eine Verordnung, derzufolge alle Schäden, welche durch die Empörung des Volkes über die Hetze des internationalen Judentumes gegen das nationalsozialistische Deutschland am 8., 9. und 10. November 1938 an jüdischen Gewerbebetrieben und Wohnungen entstanden ist, von den jüdischen Inhabern beziehungsweise jüdischen Gewerbetreibenden sofort zu beseitigen sind. Die Kosten der Wiederherstellung hat der Inhaber der betroffenen jüdischen Gewerbebetriebe beziehungsweise Wohnungen zu tragen. Versicherungsansprüche von Juden deutscher Staatsangehörigkeit werden zugunsten des Reiches beschlagnahmt.

Die weiteren einschneidenden Maßnahmen zur Ausscheidung des Judentumes aus dem deutschen Wirtschaftsleben und zur Abstellung provokatorischer Zustände werden in kürzester Frist in Form von Verordnungen und Gesetzen getroffen werden. Vor allem wurde der Beschluß gefaßt, den deutschen Juden in ihrer Gesamtheit in Form einer Geldbuße von einer Milliarde Reichsmark die Strafe für den ruchlosen Mord in Paris aufzuerlegen. Dieser Betrag verfällt in voller Höhe dem Reich. Der Beauftragte für den Vierjahresplan hat bereits eine dementsprechende Verordnung erlassen.

*

Reichsminister Dr. Goebbels hat bereits am Donnerstag angekündigt, daß den Juden die Antwort der Reichsregierung auf den Mord in Paris gegeben werde. Er hat gesetzgeberische Maßnahmen gegen das Judentum in Deutschland angekündigt. Diese Maßnahmen sind jetzt erfolgt. Sie treffen in ihrer vollen Schärfe die noch in Deutschland verbliebenen Juden, deren Vertreter wie Emil Ludwig Cohn und Lion Feuchtwanger im Ausland nicht genug gegen die Deutschen hetzen konnten. Die Beschlüsse der Reichsregierung sind ein Warnungszeichen für die jüdischen Hetzer in der Welt.

Deutschland zeigt damit, daß es nicht gewillt ist, das Leben und die Sicherheit der Deutschen im Ausland durch jüdische Mörder gefährden zu lassen. Das Weltjudentum hat sich die Maßnahmen, die ihre Rassegenossen in Deutschland treffen, selbst zuzuschreiben. Für das Volk, das bereits am Mittwoch und Donnerstag seiner Empörung über den Pariser Mord Ausdruck gegeben hat, hat jetzt die Reichsregierung mit Maßnahmen gesprochen, die in vollem Umfange den Erwartungen aller Deutschen entsprechen.

Keine Juden mehr bei kulturellen Veranstaltungen

Eine Anordnung des Reichsministers Dr. Goebbels – Schwere Strafen für Uebertretungen

dnb. Berlin, 12. November. (Funkspruch.)

Dr. Goebbels hat in seiner Eigenschaft als Präsident der Reichskulturkammer mit sofortiger Wirkung allen Theaterleitern, Konzert- und Vortragsveranstaltern, Filmtheaterunternehmern, artistischen Unternehmern, Veranstaltern von Tanzvorführungen und Veranstaltern öffentlicher Ausstellungen kultureller Art untersagt, jüdischen Personen den Besuch ihrer Unternehmen zu gestatten. Uebertretungen ziehen für die Veranstalter und besonders

In seiner Anordnung verweist Reichsminister Dr. Goebbels darauf, daß der nationalsozialistische Staat den Juden seit nunmehr schon über 5 Jahren innerhalb besonderer jüdischer Organisationen die Pflege ihres eigenen Kulturlebens ermöglicht habe. Damit besteht keine Veranlassung mehr, den Juden den Besuch der bezeichneten Veranstaltungen und Unternehmungen zu gestatten.

*

* Der Ausschluß der Juden von unseren kulturellen Veranstaltungen ist nach dem Verbot des Waffenbesitzes der zweite Teil der deutschen Antwort auf das langem fällig war. Denn wenn die Juden im deutschen Kunstschaffen nichts mehr zu suchen haben, ist es nur logisch, daß sie auch vom Genuß der ihnen artfremden Schöpfungen ausgeschlossen werden. Die Juden haben seit Jahren Gelegenheit, das, was sie unter Kunst und Kultur verstehen, unter sich zu pflegen. Es bleibt ihnen unbenommen, zu dichten, zu malen, zu musizieren, wenn sie solche ihnen von Haus aus artfremde „Geschäfte" weiter ausüben wollen. Aber die deutsche Oeffentlichkeit dürfen sie damit nicht behelligen und folgerichtig können sie auch am deutschen Kulturleben, das ihnen aus rassischen Gründen innerlich doch fremd sein muß, nicht teilnehmen.

Druck und Verlag Stuttgarter Zeitungsverlag G. m. b. H., Verantwortlicher Schriftleiter: Dr. Haenle, Stuttgart

120 *Die SA demolierte und zerstörte jüdische Geschäfte und Synagogen, und die Juden mußten für den Schaden aufkommen. Außerdem wurde ihnen eine Buße in Höhe von einer Milliarde Reichsmark für die Ermordung des deutschen Diplomaten auferlegt.*

Nach einem Bericht des Sicherheitsdienstes wurden im Reich 815 Geschäfte zerstört, 29 in Brand gesetzt, 191 Synagogen gingen in Flammen auf, weitere 76 wurden vollständig demoliert. 36 Juden wurden getötet und 20000 «zur eigenen Sicherheit» in «Schutzhaft» genommen. Wegen der vielen zertrümmerten Schaufenster bezeichneten die Berliner den 9. November als «Reichskristallnacht». Die Nationalsozialisten zeigten sich über die ablehnende Einstellung der Bevölkerung zu den antisemitischen Ausschreitungen höchst unzufrieden. Der Stuttgarter «NS-Kurier» hielt in seiner Ausgabe vom 12./13. November in einem Artikel «Zwiesprache mit unserem Leser»:

»Man sagt, daß der Schwabe ein Gemütsmensch sei. Das hat aber doch keinesfalls etwas mit Gefühlsduselei zu tun ... Gerade in den letzten Tagen sind mir ein paar Menschen begegnet, die ein Jammern und Wehklagen wegen den Aktionen gegen die Juden anstimmten. Sie weinen den paar Schaufenstern jüdischer Spekulanten nach und trauern um die Synagogen ... Und ganz Gescheite diskutieren über ‹Bolschewistenzustände›, Mangel an vielgepriesener Kultur und Autorität ... Sollte man es für möglich halten, daß es im Jahre 1938 noch solche verbohrte Menschen gibt! ... Wie viele, hauptsächlich Frauen, kauften noch in jüdischen Geschäften ein. Man sage mir nicht, daß es dort billiger sei! Bei dem Erzjuden Salberg florierte das Geschäft in der Königsstraße. Solche Leichtsinnige! Man muß sich schämen ... Seid dankbar, daß wir das Glück haben, in einer so großen Zeit zu leben! Wer hätte das gedacht, daß unsere Generation unvergängliche Geschichte machen wird. Unsere Nachkommen werden uns darum beneiden!«

Als Goebbels am 10. November das Ende der Demonstrationen befahl, mußte selbst die nationalsozialistische Führung einsehen, daß sie zu weit gegangen war. Das Ausland protestierte heftig, aber das störte die Nationalsozialisten nicht weiter. Die nächsten rüden Maßnahmen gegen die deutschen Juden waren schon beschlossene Sache, sie wurden jetzt nur durch Gesetze legalisiert. Es war reiner Hohn, daß die Juden dazu verpflichtet wurden, die Spuren der SA-Ausschreitungen selbst zu beseitigen. Außerdem mußten sie als Buße für die Ermordung des Diplomaten eine Milliarde Reichsmark aufbringen, die später um eine Viertelmilliarde aufgestockt wurde.
Weitere diskriminierende Vorschriften folgten: Juden durften ab sofort keine Kinos und Theater mehr besuchen. Die Führerscheine wurden eingezogen. Alle noch bestehenden jüdischen Geschäf-

121 *Die Dienstleistungen der Juden beschränkten sich seit 1939 nur noch auf Juden. Innerhalb von sechs Jahren hatte das Regime die Juden aus Wirtschaft und Gesellschaft herausgedrängt. Viele Juden emigrierten, da sie diesen Zustand der Entrechtung nicht ertragen konnten, viele blieben, weil sie Deutschland, ihr Heimatland, nicht verlassen wollten.*

Schreiben des Badischen Ministerpräsidenten an den Minister des Innern vom 26. Oktober 1934 Nr. 12269
Wie ich gelegentlich erfahren habe, sollen an Ortseingängen der Städte Y. und Z. Tafelschilder angebracht sein mit der Aufschrift: «Juden sind hier unerwünscht». Die Anbringung solcher Schilder halte ich mit Rücksicht auf ihre schädigende Einwirkung auf den internationalen Fremdenverkehr für bedenklich. Ich wäre Ihnen dankbar, wenn Sie im Benehmen mit den in Betracht kommenden Parteiinstanzen die Frage auch Ihrerseits prüfen und möglichst auf eine Beseitigung der Schilder hinwirken wollten.
Für eine gefällige Mitteilung über den Ausgang der Angelegenheit würde ich dankbar sein.

122 *Bekanntmachung über die Musterung der Wehrpflichtigen vom 3. Juni 1936. Mit der Wiedereinführung der allgemeinen Wehrpflicht im Jahre 1935 eröffnete das Regime eine Reihe von Wochenend-Coups, mit denen es einseitig die Deutschland betreffenden Bestimmungen des Versailler-Vertrages von 1919 außer Kraft setzte.*

te, Handwerksbetriebe und Industrieunternehmen wurden enteignet – «arisiert» oder «entjudet», wie es in der Sprache des Nationalsozialismus hieß – oder aufgelöst. Die Warenlager jüdischer Firmen mußten zu Schleuderpreisen veräußert werden. Juden konnten künftig ihren Lebensunterhalt nur noch als Hilfsarbeiter verdienen. Sie mußten aber in geschlossenen Gruppen abgesondert von der übrigen Belegschaft oder in eigens für sie eingerichteten Arbeitsräumen beschäftigt werden. Viele ältere Leute gerieten in Not, als sie über ihre Ersparnisse nicht mehr verfügen konnten. Die öffentliche Fürsorge wurde weitgehend eingestellt. Jüdischen Kindern wurde der Besuch von deutschen Schulen und Universitäten ebenso untersagt wie der Besuch von öffentlichen Bibliotheken.

Die Regierungspräsidenten erhielten das Recht, den Juden das Betreten bestimmter Bezirke zu untersagen oder ihr Erscheinen in der Öffentlichkeit auf wenige Stunden am Tag einzuschränken. Die Juden mußten schließlich die Zusatznamen «Israel» beziehungsweise «Sarah» annehmen, soweit sie keinen eindeutig jüdisch klingenden Namen besaßen. Der Besuch von Hotels und die Benutzung von Badeanstalten wurde ihnen verboten, jüdische Ärzte durften nur noch Juden behandeln. Anfang 1939 hatten die Nationalsozialisten erreicht, was sie wollten: Die vollständige gesellschaftliche Isolierung der Juden in Deutschland.
Die Entrechtung der Juden hatte 1933 mit dem relativ harmlosen Boykott der jüdischen Geschäfte begonnen. Danach verschärften die Nationalsozia-

... Die immer stärkere Zunahme der Juden im Fremdenverkehr des Werdenfelser Landes hat die dortige Kreisleitung der NSDAP veranlaßt, eine Großaktion gegen die Juden im Kreisgebiet durchzuführen. Den Höhepunkt dieser Aktion bildete eine Massenversammlung im Olympiafestsaal zu Garmisch-Partenkirchen, die unter dem Motto stand: «Fremdensaison ohne Juden». Es kam dort der einmütige Wille der Bevölkerung zum Ausdruck, daß der Besuch von Juden im Werdenfelser Land unerwünscht ist. Der Aufforderung, an den Hotels, Gaststätten, Pensionen, Ladengeschäften usw. Judenabwehrschilder anzubringen, ist in weitestem Umfange Rechnung getragen worden. In dem bisher von Juden gern besuchten Ettal sind in diesem Winter die Juden ausgeblieben ...

Aus Monatsbericht des Regierungspräsidenten von Oberbayern vom 10. März 1938

listen ihre antijüdische Politik von Jahr zu Jahr. Zunächst wurde nur der öffentliche Dienst von Juden «gesäubert». Juden, die im Ersten Weltkrieg hochdekoriert worden waren, blieben vorerst auf Einspruch von Reichspräsident Hindenburg auf ihrem Posten. Nach Hindenburgs Tod wurde diese Einschränkung aufgehoben. Jüdischen Ärzten entzog man die Zulassung zu den Krankenkassen. Viele von ihnen standen im Ruf großer Tüchtigkeit und hatten darum auch beträchtlichen Zulauf. Die jüdischen Viehhändler, angeblich die Ursache des Antisemitismus auf dem Lande, wurden von den Märkten verdrängt.

Verfügung der Außenhauptstelle Ulm des Württ. Politischen Landespolizeiamts Nr. 81 A an das Oberamt Riedlingen vom 6. Februar 1936

Ich ersuche die nachstehende Verfügung der Außenhauptstelle Ulm in geeigneter Weise in der Presse zu veröffentlichen und den Landjägern entsprechende Weisung zu erteilen. Anzeigen hierüber ersuche ich der Außenhauptstelle Ulm vorzulegen.

Jüdische Viehhändler!

Es herrscht immer noch die Unsitte, daß jüdische Viehhändler deutsche Bauern beim Viehhandel, namentlich aber auf Viehmärkten mit «Du» anreden.

Im Ansehen der deutschen Bauernschaft sehe ich mich genötigt, diese Unsitte zu untersagen, und ich werde jeden jüdischen Viehhändler, der einen deutschen Bauern, Bäuerin oder deren erwachsene Kinder mit «Du» anredet, wegen groben Unfugs in Strafe nehmen!

Parallel zu diesen Maßnahmen verschärften Staat und Partei den Druck auf die Bevölkerung, den Kontakt mit Juden einzustellen. Harmlose Freundschaften mit jüdischen Mitbürgern, selbst kleine gesellschaftliche Aufmerksamkeiten, galten als anrüchig. Die Juden sollten nicht mehr gegrüßt werden, sie sollten überhaupt keinen Kontakt mehr zur übrigen Bevölkerung haben. Auch den alteingesessenen jüdischen Bürger begannen Freunde und Bekannte zu meiden; sie wagten kaum noch seinen Gruß zu erwidern. Zahlreiche Gemeinden stellten an den Ortseingängen Schilder mit der Inschrift «Juden nicht erwünscht» auf. Es wurde eine Ghettoatmosphäre ohne Ghetto geschaffen.

123 *Rekrutenvereidigung in Frankfurt am Main 12. November 1937. Hitlers außenpolitisches Ziel war seit den 20er Jahren die Beherrschung des europäischen Kontinents. Auf dieses Ziel richtete er die deutsche Wirtschaft und Gesellschaft aus.*

Brief eines BDM-Mädel aus Hamburg

Lieber Stürmer!

Ich besuche eine bekannte Hamburger Oberrealschule. Leider haben wir noch immer sehr viel jüdische Schülerinnen und leider ist es Sitte, daß viele deutsche Mädel mit diesen Jüdinnen eng befreundet sind. An besonderen Tagen, wenn wir unsere Uniform auch in der Schule tragen, gehen dann diese Mädel *in Uniform* mit ihren jüdischen «Freundinnen» eingehackt auf dem Schulhof spazieren! Daß dies immer einen sehr netten Eindruck macht, kannst Du Dir denken. Wenn man dann den betreffenden deutschen Schülerinnen ihr Tun klarmachen will, heißt es «Hetz doch nicht immer! Juden sind doch Menschen» und «Eva» ist doch wirklich ein «bescheidenes» «anständiges» «nettes» Mädel!» (Das Schlimme ist, daß auch die Eltern derselben Ansicht sind.) Ich halte solche Freundschaften für sehr gefährlich, *denn die Jüdinnen zersetzen mit ihren Verderben bringenden Ansichten, unmerklich, aber sicher die Seele des Mädchens*. Und ein Mädchen von 14 Jahren ist noch zu unerfahren, in den meisten Fällen wenigstens, um die Verschlagenheit und die eigentliche Absicht der jüdischen «Freundin» zu durchschauen. Ich selbst bin erst knapp 15 Jahre alt und daher nicht imstande, meinen Mitschülerinnen zu beweisen, wie blödsinnig ihre Anschauungen sind und daß Mitleid mit Juden, unseren größten Feinden, wie Du ganz richtig immer sagst, der reinste Selbstmord ist! Darum möchte ich Dich bitten: Kann Dein «Fritz Brand» nicht einmal einen derartigen Artikel darüber starten lassen? Es wäre bestimmt erfolgreich, denn Mädel sind über die Einzelheiten der Judenfrage viel zu wenig aufgeklärt. Richtige deutsche Jungs haben bestimmt keine Judenfreunde mehr. und wenn das bei den Mädeln noch nicht der Fall ist, so liegt es nur daran, weil eben niemand da ist, der ihnen alles mal gründlich erklärt. Und noch eins: Ich kenne Leute, die wirklich gegen die Juden sind und die dann, zu meinem grenzenlosen Erstaunen, doch in die jüdischen Warenhäuser zum Einkaufen gehen. Wenn ich frage, sagen sie: «Mein Geld kriegt der Jude doch, so oder so! Der kleine deutsche Geschäftsmann ist ja gezwungen, bei den jüdischen Fabrikanten zu kaufen, das Großkapital ist ja in jüdischen Händen. Da ist es doch gleichgültig, ob ich zum Juden oder Deutschen gehe, und im Warenhaus habe ich noch den Vorzug der größten Auswahl!» Ist es nich unglaublich, daß noch heute deutsche Frauen, und sogar deutsche Frauenbündler, solche Ansichten haben? Von einem 15jährigen Mädel lassen sie sich natürlich nicht bekehren! Aber wenn Du doch mal was darüber bringen würdest!?

Zum Schluß möchte ich noch etwas fragen, aber bitte nicht lachen! Ich möchte Dir brennend gern bei Deinem Aufklärungswerk helfen und Mitarbeiterin werden! Aber das ist wohl für Mädchen ausgeschlossen? Und wenn nicht, was muß man da können und leisten? Jetzt bin ich selbstverständlich noch viel zu jung (ich muß ja noch lange zur Schule gehen, evtl. Abitur machen, wenn ich es zur Journalistin brauche), ich bin in der Obertertia, d. h. Ostern komme ich rein, aber ich könnte mich doch schon darauf einrichten und vorbereiten, stenographieren und vielleicht ab und zu kleine Beiträge schicken!

Heil Hitler!

Ursula M., B.D.M., Hamburg

Liebe kleine Ursula! Dein Brief hat dem «Stürmer» Freude gemacht. Du bist ein Mädel wie unsere Zeit es braucht. Wenn Du auch erst 15 Jahre alt bist, so bist Du mit Deinem Wissen vom Juden viel viel weiter als Leute, die älter sind als Du. Wir begrüßen Dich als Mitarbeiterin. Schreib immer frei von der Leber weg, so, wie Dein junges Herzblut es Dir befiehlt.

Sei herzlich gegrüßt von Deinem Stürmer!

Der Stürmer
vom 8. Juli 1935

Schutzlos waren Juden Anpöbelungen ausgesetzt. Auf den Dörfern und in den Kleinstädten mußten sie jederzeit damit rechnen, daß ihre Schaufenster eingeschlagen wurden. Nächtliche Überfälle waren an der Tagesordnung. Immer wieder fand die Polizei erschlagene oder erschossene Juden in abgelegenen Waldschonungen. Nachforschungen nach den Tätern wurden nur pro forma angestellt. Den Beschwerden der Juden wurde in der Regel nicht nachgegangen.

Gauleiter Julius Streicher ergänzte die staatlich betriebene Diskriminierung der Juden mit seinem pornographischen Hetzblatt «Der Stürmer», um der «Schlange Alljuda den Kopf zu zertreten». Er konnte stets damit rechnen, daß seine Hetze von den maßgeblichen Parteistellen wohlwollend beurteilt und gefördert wurde. Die Schaukästen, in denen die einzelnen Nummern des «Stürmers» zur Lektüre aushingen, wurden in fast allen Gemeinden ausgestellt. Der geschürte Antisemitismus blieb nicht ohne Wirkung: Er fand auf dem Land stärkeren Widerhall als in den Großstädten, und in evangelischen Gegenden war er intensiver als in katholischen. Am ausgeprägtesten war er in Pommern, Thüringen und Sachsen, da gab es ihn aber auch schon bevor die Nationalsozialisten an die Macht kamen.

Am 15. September 1935 wurden die «Nürnberger Gesetze» erlassen, die die bereits bestehende Kluft zwischen Ariern und Juden unüberbrückbar machten. Im «Reichsbürgergesetz» wurde festgelegt, daß Reichsbürger nur sein konnte, der deutsch oder artverwandten Blutes war. Juden wurde nur noch die deutsche Staatsangehörigkeit zugebilligt, sie waren fortan Bürger zweiten Grades. Das «Gesetz zum Schutze des deutschen Blutes und der deutschen Ehre» verbot Ehen zwischen Juden und Ariern. «Rassenschänder» hatten künftig mit strengen Strafen zu rechnen.

124 *Werbeplakat. Hitler redete von Frieden und begann gleichzeitig Deutschland und die Deutschen durch forcierte Rüstung und «Wehrhaftmachung» auf den nächsten Krieg vorzubereiten. Luftschutzübungen gehörten bald ebenso zum Alltag des «Dritten Reiches» wie Kriegsbücher und Kriegsfilme.*

Unverständliche Gerichtsurteile in Rassenschande-Prozessen

Nachstehend werden die seit 1. 1. 1936 im hiesigen Gebiet zur Aburteilung gelangten Rassenschandefälle zur Kenntnis gebracht:

Der Jude *N. B.*, Versicherungsbeamter, geb. ... 1903 zu W., wohnhaft Stuttgart-Bad Cannstatt, der selbst mit einer Arierin verheiratet ist, und die Ehefrau *G. R.*, geb. ... 1904 zu Z., wohnhaft O. b. Stgt., wurden am 21. 11. 1935 in der Wohnung der *R. wegen Rassenschande festgenommen. Die B.* wurde am gleichen Tage wieder aus der Haft entlassen.

In der Verhandlung vor der Strafkammer des Landgerichts Stuttgart vom 28. 1. 1936 wurde *B.*, der seine Tat mit Unkenntnis der Gesetze entschuldigen wollte, wegen eines fortgesetzten Verbrechens der Rassenschändung zu der Gesamtgefängnisstrafe von 6 Monaten und Tragung der Kosten des Verfahrens verurteilt.

Der ausländische Jude C. V., Schausteller, geb. ... 1898 zu Odessa, wohnhaft Stuttgart,

125 *Deutsche Truppen beim Einmarsch ins entmilitarisierte Rheinland am 7. März 1936. Hitlers Sonntagscoup versetzte die Deutschen in Staunen und verblüffte die westliche Welt.*

126 *Plakat zur Reichstagswahl am 29. März 1936. Nach der Rheinlandbesetzung ließ Hitler den Reichstag auflösen, um «dem deutschen Volk die Gelegenheit zu geben, der dreijährigen Politik der Wiederherstellung der nationalen Ehre und Souveränität erteilen zu können». Das Wahlergebnis brachte 98,8 Prozent für die Liste der NSDAP. Knapp eine halbe Million Wähler hatten sich gegen Hitler ausgesprochen. Die NS-Presse jubelte: «Adolf Hitler und Deutschland sind eins!»*

wurde auf Grund eines fortgesetzten Vergehens der Rassenschändung von der Strafkammer des Landgerichts Stuttgart zu der Gesamtgefängnisstrafe von 1 Jahr und 6 Monaten, unter Anrechnung von 1 Monat Untersuchungshaft, verurteilt.
Wegen wiederholten, mit einer arischen Ehefrau gegen Entgelt gepflogenen Geschlechtsverkehrs wurde der Jude F. O., led., Kaufmann, geb. ... 1910 zu Stuttgart, wohnhaft Stuttgart ..., von der 2. Strafkammer des Landgerichts Stuttgart zu der Gesamtgefängnisstrafe von 4½ Monaten verurteilt. Der Antrag des Staatsanwaltes lautete auf 8 Monate Gefängnis.
Der Jude M. Z., led., Kaufmann, geb. ... 1904 zu Stuttgart, wohnhaft Stgt., ..., hatte mit der led. Haustochter B. B., geb. ... 1913 zu H., wohnhaft H., Marstallstr. 36, noch nach dem 15. 9. 1935, letztmals am 1. 1. 1936 Geschlechtsverkehr.
Trotz völlig klarliegenden Tatbestandes verurteilte die 1. Strafkammer des Landgerichts Stuttgart den Juden Z. zu der unverhältnismäßig niedrigen Gesamtgefängnisstrafe von nur 5 Monaten, unter Anrechnung von 3 Monaten Untersuchungshaft. Das Urteil wurde auch in der Presse als besonders milde Strafe für einen Rassenschänder herausgestellt.

Auszug aus dem Bericht des Sicherheitsdienstes
Reichsführer SS Oberabschnitt Südwest
vom 27. Mai 1936

Als 1937 die Arbeitslosigkeit im Reich gebannt war, glaubten die Nationalsozialisten auf die jüdischen Geschäftsleute und Unternehmer verzichten zu können, ohne daß der Wirtschaft ein zu großer Schaden entstand. Zunächst entzog man den Juden alle öffentlichen Aufträge, machte ihnen Schwierigkeiten beim Absatz ihrer Produkte und hetzte die Arbeiter gegen die «jüdischen Blutsauger» auf. Vielen jüdischen Unternehmern blieb keine andere Wahl, als ihre Betriebe zu Schleuderpreisen zu verkaufen und auszuwandern.
Zwischen 1933 und dem Kriegsausbruch 1939 wanderte etwa die Hälfte der jüdischen Bevölkerung

127 *Hitler in der Frankfurter Festhalle während einer Wahlkampfrede am 31. März 1938. Nach der «Wiedervereinigung» Deutschlands mit Österreich am 13. März hatte Hitler am 18. März den Reichstag aufgelöst und eine allgemeine Volksbefragung über seine bisherige Politik auf den 10. April festgesetzt.*

Erlaß des Reichsministers des Innern an den Württ. Innenminister vom 22. Oktober 1937 Nr. I B 1 G 181

Dem jüdischen Mischling ersten Grades M. N. in Stuttgart, ... Str. 15a, ist die auf Grund des § 3 der Ersten Verordnung zur Ausführung des Gesetzes zum Schutze des deutschen Blutes und der deutschen Ehre vom 14. November 1935 (RGBl. I S. 1334) erbetene Genehmigung zur Eheschließung mit der deutschblütigen Staatsangehörigen L. B. in Stuttgart-Botnang, ... str. 3, im Einvernehmen mit dem Stellvertreter des Führers versagt worden. Ich ersuche, den Antragsteller von der Ablehnung des Antrages mit dem Hinzufügen zu benachrichtigen, daß die Entscheidung endgültig ist.

Von dieser Entscheidung ersuche ich der zuständigen Staatspolizeistelle Kenntnis zu geben.

Die dortigen Vorgänge werden demnächst übersandt werden.

aus, fast 250000 Menschen, vorwiegend nach den Vereinigten Staaten, Großbritannien und Palästina. Viele Juden aber waren nicht bereit, ihr Heim aufzugeben, auch wenn sie die für eine Aufnahme im Gastland benötigten Verwandten angeben konnten. Sie lebten seit Generationen in Deutschland, hatten sich eine Existenz aufgebaut und fühlten sich ebenso wie die ‹Arier› als Deutsche. So nahmen sie lieber die Entrechtung in Kauf, als irgendwo in einem fremden Land noch einmal von vorne beginnen zu müssen.

Juden, Kommunisten und Sozialisten waren die ersten, die erleben mußten, was es heißt, in einem Staat zu leben, der durch Gesetze legalisierte, was normalerweise ungesetzlich war. Aber Juden, Kommunisten und Sozialisten waren auch in der Weimarer Republik von der Rechtsprechung benachteiligt worden. Daran hatten sich die meisten Deutschen gewöhnt, viele stimmten diesem Verfahren uneingeschränkt zu. Die Nationalsozialisten änderten daran nichts und somit schien in der Rechtsprechung alles beim alten zu bleiben. Einige Juristen verstiegen sich zu der Behauptung, daß das «Dritte Reich» in höherem Maße ein Rechtsstaat sei, als es die Weimarer Republik gewesen war.

Durchgreifende Änderungen im Rechtssystem ließen aber nicht lange auf sich warten: Richter und Rechtsanwälte wurden gleichgeschaltet und den Beamten wurde eingeschärft, daß sie zwangspensioniert würden, wenn Zweifel bestünden, daß sie nicht «im Interesse des nationalsozialistischen Staates handelten». Nach und nach wurde die Justiz den nationalsozialistischen Bedürfnissen angepaßt. 1935 verkündete «Reichsrechtsführer» Hans Frank die «vollkommene Identität von Staat und Rechtsprechung».

Die Stimmung der Juden schwankt außerordentlich. Einmal scheint es so, als wenn irgendeine Maßnahme des Regimes alle Hoffnungen vernichtet, dann wieder glaubt man Anzeichen dafür wahrnehmen zu können, daß die offizielle Verfolgung der Juden nicht weiter betrieben wird. Aber viele Juden haben nicht den Mut, sich zu entscheidenden Entschlüssen aufzuraffen und alle Brücken abzubrechen. Es sind ja nicht nur die finanziellen und wirtschaftlichen Schwierigkeiten, die es den Juden beinahe unmöglich machen, Deutschland zu verlassen. So unwahrscheinlich es klingt, so muß man doch sagen, sie hängen an Deutschland trotz aller Verfolgungen und es versucht jeder, wenn irgend möglich, doch in Deutschland zu bleiben. Ja, es ist so, daß manche Juden, die 1933/34 ausgewandert sind, wieder zurückkehren. Ein Vertreter einer jüdischen Hilfsorganisation sagte kürzlich: «Man ahnt ja nicht, wie viele jüdische Eltern sich hier einfinden, um sich darüber zu informieren, welche Möglichkeiten bestehen, ihre Kinder wieder zurückzuholen. Selbst wenn man ihnen erklärt, daß die Kinder ein halbes Jahr Konzentrationslager zu erwarten haben, sagen die Eltern doch: ‹Na gut, dann müssen sie das durchmachen. Aber es ist besser, sie sind hier in Deutschland›».

Deutschlandbericht der SPD vom Juli 1937

Der Reichsminister der Justiz Berlin, d.
31. Januar 1938

Streng vertraulich

An die Herren
Oberlandesgerichtspräsidenten
Betr.: Vertretung von Schutzhäftlingen durch Rechtsanwälte.

Zur Vorbereitung einer Entschließung des Herrn Reichsführers SS und Chefs der Deutschen Polizei darüber, ob einzelnen Rechtsanwälten die Übernahme der Vertretung von Schutzhäftlingen allgemein gestattet werden kann, bitte ich alsbald zu prüfen, ob und welche Rechtsanwälte Ihres Bezirkes hierfür in Betracht kommen würden. Eine Vertretung von Schutzhäftlingen erfordert ein ganz besonderes Maß an Eignung und Zuverlässigkeit. Bei der Auswahl wird also ein sehr strenger Maßstab anzulegen sein. Die Zugehörigkeit zur NSDAP wird, soweit sie erst nach dem 30. Januar 1933 erworben worden ist, für sich allein das erforderliche Maß an Zuverlässigkeit in aller Regel noch nicht gewährleisten; andererseits wird diese Voraussetzung nicht schon deshalb zu verneinen sein, weil der Anwalt der Partei nicht angehört. In Betracht kommen nur Rechtsanwälte, deren Haltung keinen Zweifel darüber aufkommen läßt, daß sie mit den politischen Bestrebungen des Staates und den weltanschaulichen Zielen der Bewegung voll übereinstimmen ...

Wie bereits nach dem nationalsozialistischen Verfassungsentwurf von 1923 zu erwarten war, ist nach dem neuen Strafgesetzentwurf die Todesstrafe außerordentlich häufig, besonders bei politischen Straftaten, angedroht. Sie ist für folgende Fälle vorgesehen: Verrat an der Reichshoheit, Verrat an der Grundordnung des deutschen Volkes, Verrat am Führer des deutschen Volkes, Vorbereitung zum Hochverrat besonders gefährlicher Art, Verrat von Staatsgeheimnissen, verräterische Ausspähung von Staatsgeheimnissen, verräterische Herbeiführung einer Kriegsgefahr, verräterische Waffenhilfe, verräterische Begünstigung des Feindes, verräterische Untreue, besonders schwere Wehrmittelbeschädigung, Kindesraub, besonders schwere Fälle der Brandstifung, der Verursachung einer Explosion, gefährlicher Sprengstoffbesitz, Herbeiführung einer Überschwemmung, Brunnen- und Luftvergiftung und Transportgefährdung, Mord, Notzucht und Raub mit Todesfolge..

Deutschlandberichte der SPD vom September 1937

Die sichtbarste Veränderung vollzog sich im Gerichtssaal. Faire Prozesse gehörten überwiegend der Vergangenheit an. Die Parteilichkeit der meisten Richter und Staatsanwälte ließ das gar nicht mehr zu. Zwar konnten die Angeklagten weiterhin den Anwalt ihres Vertrauens benennen, ob der aber zum Verfahren zugelassen wurde, hing vom Richter ab, der nicht selten bei politischen Prozes-

Volksabstimmung und Großdeutscher Reichstag

Stimmzettel

Bist Du mit der am 13. März 1938 vollzogenen

Wiedervereinigung Österreichs mit dem Deutschen Reich

einverstanden und stimmst Du für die Liste unseres Führers

Adolf Hitler?

Ja

Nein

128 *Stimmzettel der Volksbefragung vom 10. April 1938. Es war die letzte Volksbefragung, die im «Dritten Reich» veranstaltet wurde. In Deutschland stimmten 99,08 Prozent für Hitlers Politik, in Österreich 99,75 Prozent. Die Abstimmung war eine Farce, eine Alternative gab es nicht. Die beiden Fragen waren so geschickt miteinander verbunden, daß es für die meisten Deutschen ungemein schwierig war, mit «Nein» zu stimmen: Zumindest eine der Fragen konnten sie positiv beantworten.*

sen einen Anwalt seines Vertrauens bestellte. Den Verteidigern war es kaum möglich, ihre Mandanten zu verteidigen, da sie sich selbst in Gefahr begaben, wenn sie «Staatsfeinde» und «Volksschädlinge» vor der Todesstrafe retten wollten.

Die Staatsanwälte waren die starken Männer im Gerichtssaal. Ihr Wort war sehr oft gewichtiger als das des Richters. Es wurde schließlich üblich, daß Richter und Staatsanwälte vor Beginn einer Verhandlung miteinander konferierten, um das Ergebnis schon im voraus festzulegen. Ein Verfahren, daß von großen Teilen der Richterschaft ohne Zweifel begrüßt wurde: Es befreite sie von der Last der allgemeinen Verantwortung für die Gerichtsentscheidungen.

Im Strafprozeß wurden nicht kriminelle Handlungen beurteilt, sondern die Angeklagten in vorgegebene Grundtypen wie «Gewaltverbrecher», «Volksschädling» oder «Kriegsgewinnler» einge-

129 *Nach der «Eingliederung» des Sudetenlandes wurden die Sudetendeutschen an die Wahlurne gerufen, um am 4. Dezember 1938 ihre Stimme der NSDAP abzugeben. Diese «Ergänzungswahlen zum Großdeutschen Reichstag» brachten der NSDAP «nur» 98,9 Prozent.*

stuft. Das hatte zur Folge, daß die Gerichte mehr Interesse an der Familiengeschichte des Angeklagten zeigten als an dem jeweils spezifischen Tatbestand.

Da die nationalsozialistische Justiz auf Abschreckung angelegt war, wurde insbesondere in den Kriegsjahren selbst für geringfügigen Vergehen die Todesstrafe beantragt, auch Kinder waren davon nicht ausgenommen. Die Häufung der Todesurteile zeigte Wirkung: Morde, aber auch Verbrechen wie Raub, Einbruch und Diebstahl nahmen in beträchtlichem Maße ab. Auf der anderen Seite nahmen Strafverfolgungen wegen falscher Beschuldigung, übler Nachrede und Verleumdung zu. Nur allzu verständlich in einem Staat, der das Spitzelwesen und das Denunziantentum förderte. Wer seine Haftstrafe hinter Gittern abgesessen hatte, mußte damit rechnen, daß er in ein Konzentrationslager überstellt wurde. Die übliche polizeiliche Aufsicht war den Nationalsozialisten zu aufwendig, und sie wurde 1936 durch die «Vorbeugehaft» ersetzt. Politische Gefangene fanden sich häufig nach ihrer Strafentlassung in einer Irrenanstalt oder ähnlichen Einrichtungen wieder. Die SS übernahm seit 1942 alle Häftlinge, die mehr als sechs Jahre in Gefängnissen verbracht hatten, in ihre Konzentrationslager.

Während die Justiz immerhin noch einen Schein von Rechtsstaatlichkeit wahrte und zahlreiche Verfahren noch das Bemühen darum erkennen ließen, machte sich die Geheime Staatspolizei, die Gestapo, nicht diese Mühe. Geheimpolizei gab es auch

130 *Mit der Vergabe von Orden, Titeln und Urkunden waren die Nationalsozialisten nicht kleinlich. Das kostete nichts und band die Geehrten noch enger an das Regime. Die abgebildeten Orden wurden 1938 eingeführt.*

vor 1933 in den einzelnen Ländern. Nach der Machtergreifung wurde die Geheimpolizei von Reichsführer SS Heinrich Himmler übernommen, der sie neu organisierte und mit erheblichen Befugnissen ausstattete.
Die Hauptaufgabe der Gestapo bestand darin, jede staatsfeindliche Tätigkeit schon im Keim zu ersticken. Weiterhin hatte sie ausführlich Berichte über alle Vorkommnisse und über die Stimmung der Bevölkerung anzufertigen. Überall saßen ihre Vertrauensmänner, die jede politische Regung registrierten und verdächtige Personen Tag und Nacht überwachten.
Die Gestapo konnte Verhaftungen vornehmen, ohne erst die Entscheidung einer Regierungs- und Justizstelle abzuwarten. Sie entschied auch selbständig darüber, wer wegen strafbaren Verhaltens in «Schutzhaft» zu nehmen oder wer zu entlassen sei und vollzog ebenso selbstherrlich die Einweisung in ein Konzentrationslager. Gegen die Verhängung der «Schutzhaft» gab es nicht einmal Einspruchsmöglichkeiten. Gestapo-Beamte, die überfallartig in den frühen Morgenstunden Haussuchungen durchführten und Verdächtige verhafteten, wurden bald der Schrecken auch der unbescholtenen Bürger.
Die politischen Gegner machten den Nationalsozialisten bis zum Ende des «Dritten Reiches» zu schaffen. Sie bildeten auch den Stamm der Häftlinge in den zahlreichen Konzentrationslagern, die seit 1933 wie Pilze aus dem Boden schossen. Die KZ-Insassen hatten mit einfachen technischen

Hilfsmitteln und unter größtem körperlichen Einsatz zu arbeiten. Die Einteilung in Arbeitskommandos erfolgte im allgemeinen ohne Berücksichtigung der jeweiligen Vorkenntnisse. Die Häftlinge trugen Sommer wie Winter gestreifte Leinenjakken und Leinenhosen und dazu Holzsandalen. Die ärztliche Versorgung wurde nicht von inhaftierten Ärzten, sondern von ungeschulten Häftlingen unternommen.

Vertrauliches Schreiben der Staatspolizeistelle Hannover an die Landräte

Staatspolizeistelle

Hannover, den 15. November 1933

Im Gebiet der Staatspolizeistelle Hannover soll eine Nachrichtenübermittelungsmöglichkeit zu dem Zwecke aufgebaut werden, die Staatspolizeistelle und durch deren Vermittlung das Geheime Staatspolizeiamt und den Herrn Minister des Innern und Ministerpräsidenten über die Stimmung und Gedankenströmungen im Volk unterichten und auf dem Laufenden zu halten, damit durch eine derartige genaueste Orientierung über die Stimmung im Volk die Entschlüsse der Regierung im Einklang mit dieser gefaßt werden können:

1. Möglichst in jedem Ort ist eine Persönlichkeit zu gewinnen, die
   a. alt genug ist, um ein reifes Urteil zu besitzen,
   b. vollkommen verschwiegen ist,
   c. keinerlei andere Bindungen in Bezug auf Nachrichtenübermittelung hat,
   d. sich verpflichtet, keinerlei derartige Bindungen einzugehen.
2. Diese Personen geben ihre für die Volksstimmung wichtigen Beobachtungen, Eindrücke, und Erlebnisse an den für sie zuständigen Landjäger (S. B.) weiter. Nur mündlich! Es darf sich nichts Schriftliches in ihrer Hand befinden.
3. Der Oberlandjäger muß in der Lage sein, durch eigene Orts- und Personenkenntnisse eine Sortierung des ihm übermittelten Materials vorzunehmen. Er wird hierzu eines guten Fingerspitzengefühls bedürfen.
4. Das Material gelangt mündlich auf dem Dienstwege an den Kreisleiter der Landjägerei, der seinerseits berichtet, und zwar schriftlich durch die Hand des Herrn Landrats an die Staatspolizeistelle in Hannover. Erst beim Kreisleiter darf eine schriftliche Skizzierung irgendwelcher Nachrichten erfolgen. Bis zu dieser Stelle darf nichts Schriftliches niedergelegt werden.
   Von der Festlegung bestimmter Fristen und Termine zur Berichterstattung wird absichtlich abgesehen, um nicht Fehlanzeigen zu leicht zu machen. Es soll aber dem pflichtgemäßen Ermessen sämtlicher Stellen überlassen bleiben, viel Gutes und Brauchbares zu berichten.
5. Dieser Weg darf nicht derart lange dauern, daß die Nachrichten überholt oder derart veraltet sind, daß sie ihren Wert verloren haben und damit den Beteiligten Lust und Liebe an der Berichterstattung genommen wird.
6. Es steht den Herren Landräten frei – und es ist sogar sehr erwünscht – selbst zu berichten oder zu den Berichten beim Durchgang Stellung zu nehmen.
7. Was ist zu berichten?
   a) Staatsfeindliche Handlungen und Äußerungen, die durch die Personen oder den Personenkreis, von dem sie ausgehen, einen Einfluß auf eine Reihe von Einwohnern ausüben können.
   b) Staatsfeindliche Strömungen, auch Stimmungsbilder – nicht eines Einzelnen, sondern vielleicht einer Berufsgruppe –, die in irgendeiner Weise die Maßnahmen der Regierung auch auf wirtschaftlichem Gebiete bekritteln.
   c) Allgemeine Meinungsäußerungen darüber, welche Maßnahmen der Regierung für falsch angesehen werden oder wie sie die Bevölkerung geändert wissen möchte. Das darf nicht dazu führen, daß der Berichtende seine eigene Meinung zum Ausdruck bringt. Zweck der ganzen Sache ist, die Stimmung im Volk zu erforschen und höheren Orts vortragen zu können.
   d) Auch günstige Eindrücke über Maß-

131 *Plakat gegen den politischen Katholizismus aus dem Jahre 1935. Der Abschluß des Reichskonkordats mit dem Vatikan im Jahre 1933 war für die Nationalsozialisten ein Prestigeerfolg, die Kirche sah darin die Garantierung ihrer Rechte. Aber schon zwei Jahre später mußte die Kirche erkennen, daß sie auf Illusionen gebaut hatte: Das Regime eröffnete auf breiter Front seine Angriffe gegen die Kirche.*

nahmen der Regierung sind zu berichten, damit die Regierung sieht, daß sie nach Ansicht des Volkes auf dem richtigen Wege ist und daß ihre Maßnahmen richtig verstanden werden. Dies darf andererseits nicht in Lobhudelei oder Schönfärberei ausarten. Ich weise auf II des Runderlasses des MdI. v. 26. 8. 33 II 1000/53 noch besonders hin.

132 *Pater Columban als Zeuge in einem klösterlichen Sittlichkeitsprozeß. Mit Schauprozessen versuchte das Regime die Kirche lächerlich zu machen und die Gläubigen der Kirche zu entfremden. Die NS-Presse berichtete im Boulevardstil in allen Einzelheiten über angebliche oder aufgebauschte sittliche Verfehlungen der Geistlichkeit.*

Klarste Objektivität muß der Leitgedanke dieser ganzen Berichterstattung sein.
Es wird ein Haupterfordernis sein, daß die Vertrauensmänner sich nicht von persönlichen Sympathien oder Antipathien leiten lassen und die Berichterstattung nicht zur Anschwärzung persönlicher Feinde benutzen. Es ist nicht Zweck der Sache, einem oder dem anderen einen Aufenthalt im Konzentrationslager zu verschaffen. Die Berichterstattung setzt ein großes Maß von Takt, Gewissenhaftigkeit, Charakterstärke und Umsicht voraus ...

Konzentrationslager Esterwegen
Besondere Lagerverordnung für das Gefangenen-Barackenlager
Konzentrationslager Esterwegen
1. August 1934
Kommandantur
Zweck
Es bleibt jedem Schutzhaftgefangenen überlassen, darüber nachzudenken, warum er in das Konzentrationslager gekommen ist. Hier wird ihm Gelegenheit geboten, seine innere Einstellung gegen Volk und Vaterland zugunsten einer Volksgemeinschaft auf nationalsozialistischer Grundlage zu ändern, oder, wenn es der einzelne für wertvoll hält, für die schmutzige 2. und 3. Juden-Internationale eines Marx oder Lenin zu sterben.
Zucht und Ordnung
Ohne Rücksicht auf Herkommen, Stand und Beruf befinden sich die Gefangenen ausnahmslos in einem untergeordneten Verhältnis. Ob alt, ob jung, hat sich jeder an militärische Zucht und Ordniung vom ersten Tage an zu gewöhnen.
Alle SS-Männer bis zum Kommandanten des Konzentrationslagers sind Vorgesetzte der Gefangenen; ihren Befehlen ist unverzüglich und ohne Widerrede Folge zu leisten.
Ehrenbezeugung
Zur Förderung der Manneszucht sind die Gefangenen gezwungen, vor allen SS-Angehörigen militärische Ehrenbezeugung zu erweisen. Wird ein Gefangener von einem SS-Mann angesprochen, so hat er militärische Haltung anzunehmen.
Auf dem Marsche wird unter Blickwendung die Ehrenbezeugung erwiesen. Vor SS-Führern vom Sturmführer aufwärts wird die Ehrenbezeugung auf Befehl des SS-Mannes, welcher die Abteilung führt, befohlen mit dem Kommando: «Augen rechts», beendet mit: «Rührt euch». Dabei sind die Mützen abzunehmen.
Betritt ein Vorgesetzter eine Arbeitsstelle, dann wird die Kopfbedeckung nicht abgenommen; die Gefangenen arbeiten ungestört weiter. Meldung erstattet der Führer der Begleitposten und der Vorarbeiter der Gefangenen.
Werden Gefangenen-Unterkünfte durch einen Vorgesetzten betreten, dann hat der nächststehende Gefangene durch den Ruf «Achtung» darauf aufmerksam zu machen. Der Stubenälteste meldet die Belegstärke; die Belegschaft hat Haltung anzunehmen.
Ehrenbezeugungen sind grundsätzlich zu erweisen, wenn ein Vorgesetzter das Lager betritt; sie sind zu unterlassen, wenn ein solcher außerhalb des Drahtzaunes des Lagers den Postenweg abgeht.
Pflicht zur Arbeit
Die Gefangenen sind ausnahmslos zur körperlichen Arbeit verpflichtet. Stand, Beruf und Herkommen bleiben außer Betracht. Wer die Arbeit verweigert, sich von ihr drückt oder zum Zwecke des Nichtstuns körperliche Gebrechen oder Krankheit vorschützt, gilt als unverbesserlich und wird zur Verantwortung gezogen.
Die Arbeitszeit im ganzen Lager bestimmt ausschließlich der Lagerkommandant. Beginn und Ende der Arbeit werden durch Hornsignale oder durch die Werkstattglocke bekanntgegeben.
Über die festgesetzte Arbeitszeit hinaus und an Sonn- und Feiertagen kann mit Genehmigung des Kommandanten jederzeit gearbeitet werden, wenn es die Bedürfnisse des Lagers erfordern.
Arbeitenden Gefangenen kann mit Genehmigung des Kommandanten eine Moorzulage gewährt werden.

Verhalten im Lager
Johlen, Schreien und überlautes Rufen ist im Lager untersagt.
Die Baracken und Unterkünfte dürfen nur durch die vorgeschriebenen Eingänge betreten und verlassen werden. Wer bei Tage oder Nacht durch ein Barackenfenster steigt, sich ohne Auftrag auf Barackendächer begibt, Steine über die Lagermauer wirft, während der Nacht – zwischen Zapfenstreich und Wecken – die Baracken verläßt, wird ohne Anruf beschossen. Die gleichen Folgen hat der Gefangene auf sich zu nehmen, welcher die durch Latten begrenzte neutrale Zone ohne Erlaubnis oder Auftrag betritt.
Zusammenrottungen in der Nähe der Drahthindernisse an der Lattengrenze sind verboten. Wird dieses Verbot nicht beachtet, dann wird scharf geschossen. Befehle der Lagerposten sind unverzüglich zu vollziehen; einem Befehl kann, wenn erforderlich, mit der Waffe Nachdruck verliehen werden.
Lagerarzt
Der Lagerarzt ist nur für Kranke, aber nicht für Arbeitsscheue da. Gefangene, welche sich durch eine grundlose oder zimperliche Krankmeldung von der Arbeit zu drücken versuchen, werden der Abtg. »Strafarbeit« zugeteilt. Wer sich zum Arzt meldet, hat am gleichen Tage dort zur Untersuchung zu erscheinen. Wer vom Arzt als arbeitstauglich befunden wird, erhält Strafarbeit. Angehörige der Strafabteilung, die sich grundlos zum Arzt melden, werden nach der Disziplinar- und Strafordnung bestraft.
Aufwiegler
Wer im Lager, an der Arbeitsstelle, in den Unterkünften und auf Ruheplätzen politisiert, aufreizende Reden hält, sich mit anderen zu diesem Zwecke verabredet, zusammenfindet oder umhertreibt, wahre oder unwahre Nachrichten und Lichtbilder über das Lager, dessen Einrichtungen sammelt, solche empfängt, weitergibt, aus dem Lager mittels Kassiber oder auf andere Weise hinausschmuggelt, Entlassenen oder Überstellten mitgibt, in Kleidungs- oder anderen Gegenständen versteckt oder vergräbt, mittels Steinen usw. über die Lagermauer wirft, auf

133 *Neben sittlichen Vergehen wurden der Kirche Vergehen gegen die Devisenbewirtschaftung vorgeworfen. Die Kirche bestritt nicht, daß einzelne Priester oder Mönche strafbare Handlungen begangen hätten, sie wehrte sich aber dagegen, solche Vergehen mit der katholischen Kirche gleichzusetzen.*

Dächer und Bäume steigt und Zeichen oder Lichtsignale gibt oder andere zur Flucht verleitet, hierzu Ratschläge erteilt oder behilflich ist, wird als Aufwiegler behandelt.
Gemeingefährlich
Wer einem Posten Geschenke anbietet, zu bestechen sucht, in seiner Gegenwart den Marxismus oder eine andere Novemberpartei verherrlicht, abfällige Bemerkungen über den nationalsozialistischen Volksstaat und seine Regierung macht, sich widerspenstig zeigt, einem fremden Lagerbesucher heimlich Mitteilung über das Lager und seine Insassen macht, Briefe, Zettel, Lichtbilder und Kleidungsstücke zusteckt, im Lager verbotene Gegenstände, Kleidungsstücke, Mützen, Zigarettendosen, die sich als Verstecke eignen, herstellt, empfängt, weitergibt, verschickt, wird als gemeingefährlich behandelt.
Strafen
Verbrechen, Vergehen und Übertretungen werden nach der Disziplinar- und Strafverordnung für Schutzhaftgefangene geahndet.

Inspektion der Konzentrationslager RFSS
gez. Eicke
SS-Gruppenführer

134 *Plakat einer Sonnwendfeier auf dem Fohrenbühl im Schwarzwald. Neuheidnisches Brauchtum war bei den Nationalsozialisten, vor allem bei Himmlers SS, sehr beliebt.*

Der Tagesablauf der Häftlinge begann um halb fünf mit dem Heulen der Sirene, im Lagerjargon «Hule» genannt. Nach Waschen, Anziehen, Bettenbau, Aufräumen und Frühstück folgte der Zählappell, der sich über mehrere Stunden erstrecken konnte. Die Häftlinge wurden dann zu Arbeitskolonnen zusammengestellt und unter Bewachung zur nahegelegenen Arbeitsstelle, sehr oft ein Steinbruch, geführt. Die tägliche Arbeitszeit betrug neun bis elf Stunden. Über Mittag kamen die Häftlinge zu einer kurzen Essenspause ins Lager zurück. Vor dem Abendessen gab es einen weiteren Zählappell, den die SS-Wächter nur allzu oft dazu benutzten, einzelne Häftlinge einer «Extrabehandlung» zu unterziehen.

Unter den KZ-Häftlingen befanden sich seit 1934 immer mehr Priester und Pfarrer, die den Nationalsozialisten mit ihrer Kritik an den Zuständen unbequem geworden waren. 1933 hatte es noch ausgesehen, als hätten die Kirchen mit dem Nationalsozialismus ihren Frieden geschlossen. Evangelische und katholische Bischöfe ließen es nicht an Ergebenheitsbekundungen gegenüber dem neuen Regime fehlen. Sie konnten sich dabei der Zustimmung eines Großteils der Gläubigen sicher sein, die wie andere Volkskreise den «Neuen Staat» dankbar und erwartungsvoll begrüßten.
Auch die Nationalsozialisten zeigten Entgegenkommen. Ohne daß es von ihnen verlangt wurde, erkannten sie die sieben katholischen Festtage als

gesetzliche Festtage an und führten den Religionsunterricht in Berufsschulen ein. Die SA entdeckte eine neue Frömmigkeit und verwandelte sonntags die Kirchen zum SA-Appell-Platz. Im Führerkorps der SA wurde die Trauung große Mode. Kirchenaustritte wurden rückgängig gemacht und die Zahl der Taufen überstieg in manchen Städten die Zahl der Geburten.
Sollte etwa der Antichrist in den Schoß der Kirche zurückkehren? Wenn die Kirche solche Illusionen hegte, dann wurde sie bald eines besseren belehrt. Nach dieser wohlüberlegten Showeinlage gingen die Nationalsozialisten zur Tagesordnung über, dessen einziger Punkt die Aushöhlung und Zerschlagung der katholischen Institution war. Gleich auf mehreren Kriegsschauplätzen eröffneten sie den Kampf gegen die Kirche.

Anweisung der Staatspolizeistelle Hannover an die Landräte und Oberbürgermeister
Staatspolizeistelle
Hannover, den 9. August 1935
4526/35
Betrifft: Verlesung von Hirtenbriefen und Kanzelabkündigungen in Katholischen Kirchen
Ich bitte auch am Sonntag, dem 11. August 1935, den Gottesdienst in allen Katholischen Kirchen zu überwachen und bis zum 13. August zu berichten, ob und welche Hirtenbriefe und Kanzelabkündigungen zur Verlesung gelangt sind. Soweit Hirtenbriefe bisher noch nicht bekannt geworden sind, sind sie in vierfacher Ausfertigung nach hier zu schikken. Die evtl. Verlesung ist nicht zu verhindern und gegen die betr. Geistlichen ist nicht einzuschreiten.
Fehlanzeige ist erforderlich.

Die Auseinandersetzungen um Alfred Rosenbergs Buch «Der Mythus des 20. Jahrhunderts», in dem der Chefideologe der Nationalsozialisten eine Sammlung von Vorurteilen zusammengestellt hatte, war noch Vorgeplänkel. Die katholische Kirche begegnete Rosenbergs Verleumdungen des Christentums, indem sie die sorgfältig durchdachte Zurückweisung des Bischofs von Münster, Graf Galen, als Beilage zur Diözesanzeitung für Köln und Münster einer nach Hunderttausenden zählenden Leserschaft zugänglich machte. Die Nationalsozialisten antworteten mit Nadelstichen: Sie verwarnten Priester und beschmierten Kirchentüren mit Kot.
1935 wurde zum Sturm geblasen. Die Übergriffe von Parteistellen gegen kirchliche Institutionen nahmen sprunghaft zu. Katholische Vereine und Jugendorganisationen wurden zerschlagen oder in ihrer Tätigkeit so eingeschränkt, daß sie praktisch handlungsunfähig waren. Konfessionelle Zeitungen und Zeitschriften wurden wiederholt beschlagnahmt oder mußten ihre Berichterstattung so vorsichtig, farblos und neutral gestalten, daß sie sich schließlich von der nationalsozialistischen Presse nur noch in Nuancen unterschieden.

... Gegen Pfarrer Maximilian Mayr in Schiltberg wurde unterm 10. November seitens der Gendarmerie Anzeige erstattet, weil derselbe den Bürgermeister Asam von Schiltberg gelegentlich des Hauptgottesdienstes in der Kirche aufforderte, den im «Stürmer»-Kasten ausgehängten «Stürmer» zu entfernen. Das Titelblatt des «Stürmers» war mit einem Juden versehen: dieser Jude hielt ein Buch mit der Aufschrift «Das alte Testament» in der Hand.* Diese Anzeige wurde der Geheimen Staatspolizei München zugeleitet ...

** Neben dem Buch war ein evangelischer Pfarrer zu sehen, davor ein Hitlerjunge und ein BdM-Mädchen. Der Text lautete: «Den Geist, der aus dem Buche spricht, versteht die deutsche Jugend nicht.»*

Aus dem Monatsbericht des Bezirksamts Aichach vom 2. Dezember 1936

Viele Redaktionen entschlossen sich daraufhin, das Erscheinen ihrer Blätter einzustellen. Diözesan-, Dekanats- und Pfarrblätter wurden gezwungen, ihren Umfang erheblich einzuschränken. Die Gestapo überwachte die Predigten und kontrollierte, ob verbotene Hirtenbriefe oder Kanzelankündigungen von den Kaplanen verlesen wurden. Während der Staat sich gegenüber dem hohen Kle-

rus Zurückhaltung auferlegte, hielt er sich dafür an der niedrigen Geistlichkeit schadlos, die Befehle ihrer geistlichen Oberen ausgeführt hatten.
Das jetzt auch für die breite Öffentlichkeit immer mehr in Erscheinung tretende Ringen verschärfte sich zusehends. In Bayern unternahmen die Nationalsozialisten einen Feldzug gegen die konfessionellen Schulen und vermochten die Mehrzahl der Eltern binnen kurzer Zeit so unter Druck zu setzen, daß sie ihre Kinder in gemischt konfessionelle Schulen umschulten. Als Papst Pius XI. in seiner Enzyklika «Mit brennender Sorge» 1937 die Lage der katholischen Kirche in Deutschland beschrieb, nahm er auch zu diesen Vorgängen Stellung und nannte sie einen Bruch des Konkordats. Selbst diese Anklage vor der Weltöffentlichkeit brachte die Nationalsozialisten nicht von ihrem Kurs ab. Das Konkordat hatten sie längst schon zu den Akten gelegt.
Die Bischöfe waren sich einig in der Abwehr des Nationalsozialismus. Einzelgänger wie der Abt Albanus Schachleiter, der offen seine Sympathie für das Regime bekundete, oder Bischof Gröber in Freiburg im Breisgau, der ein Handbuch zu aktuellen religiösen Fragen verfaßte, das Definitionen enthielt, die sich von den Auslassungen in «Mein Kampf» lediglich durch ihren eleganteren Stil unterschieden, blieben Ausnahmen. Nur über die Gegenmaßnahmen gab es sehr unterschiedliche Auffassungen. Es blieb schließlich bei der Verurteilung der «neuheidnischen Irrlehre».
Die Nationalsozialisten verlagerten 1936 und 1937 ihre Angriffe gegen die Klöster und Konvente. Hunderte von Mönchen und Nonnen wurden vor Gericht gestellt, wobei die Anschuldigungen von Verstößen gegen die Devisenbewirtschaftung bis zu Sexualvergehen reichten. In den Zeitungen und im Rundfunk erfolgten auf Goebbels Weisung hin laufend Berichte über schwere Sittlichkeitsdelikte in den Klöstern und Ordensgesellschaften. Die Zeitungen glichen pornographischen Extrablättern. Die großaufgezogenen Prozesse erzielten jedoch nicht die beabsichtigte Wirkung. Im Gegenteil: Das katholische Kirchenvolk scharte sich nur noch enger um die Kirche.
Die Nationalsozialisten versuchten es schließlich mit «spontanen» Volkskundgebungen gegen mißliebige Katholiken in führender Stellung. Im Mai 1938 war ihr Opfer Bischof Sproll von Rottenburg, der sich geweigert hatte, anläßlich der Volksabstimmung über den Anschluß Österreichs seine Stimme abzugeben. Sproll mußte Rottenburg verlassen. Derartige Maßnahmen führten aber nur dazu, daß sich innerhalb des Katholizismus der Wi-

BERLIN: Der Kampf der katholischen Kirche, des Klerus und des ihm eng ergebenen Kirchenvolkes, gegen das Dritte Reich ist heute wohl die wichtigste Widerstandsregung, die man beobachten kann. In unserem Gesichtskreise ist es bevorzugt die katholische Kirche in . . ., die sich durch die aufrecht oppositionelle Haltung ihrer Geistlichen auszeichnet. Hier wird von der Kanzel herab, neben den wohl im ganzen Reich zur Verlesung kommenden Hirtenbriefen, auch noch in der Predigt und in den Auslegungen der Bibel ein offenes Wort gewagt. Nach unseren Beobachtungen handelt es sich aber im ganzen um einen reinen Defensivkampf. Auch der katholischen Kirche fehlt die politische Zielsetzung. In der Praxis ihrer Aufklärungsarbeit ist sie aber auf alle Fälle stark zu beachten, denn in der ihr eigenen Weise versucht sie ja schließlich die Menschen zum Nachdenken anzuregen, wobei ihr weites Wirkungsfeld ein besonders ernst zu nehmender Faktor darstellt. Sie bedient sich dabei immer der Taktik, die Rechtmäßigkeit ihrer Stellung auf Grund des Konkordats nachzuweisen. Die Erfolgsaussichten sind bei der katholischen Kirche nicht gering, denn sie ist nicht an die illegale, konspirative Form gebunden und hat wenigstens zum Teil praktisch und ideologisch die Möglichkeit der freien Betätigung. Allerdings werden diese Möglichkeiten nicht im entferntesten ausgeschöpft. Nur so können wir es uns erklären, daß bis heute in keiner Form die Existenz einer politischen dirigierten katholischen Aktion bemerkbar geworden ist.

Deutschlandberichte der SPD vom März 1937

135 *Polizeimaßnahmen gegen Mitglieder des engeren und weiteren Verwaltungsapparates der Bekenntnissynode der evangelischen Kirche der altpreußischen Union 1935.*

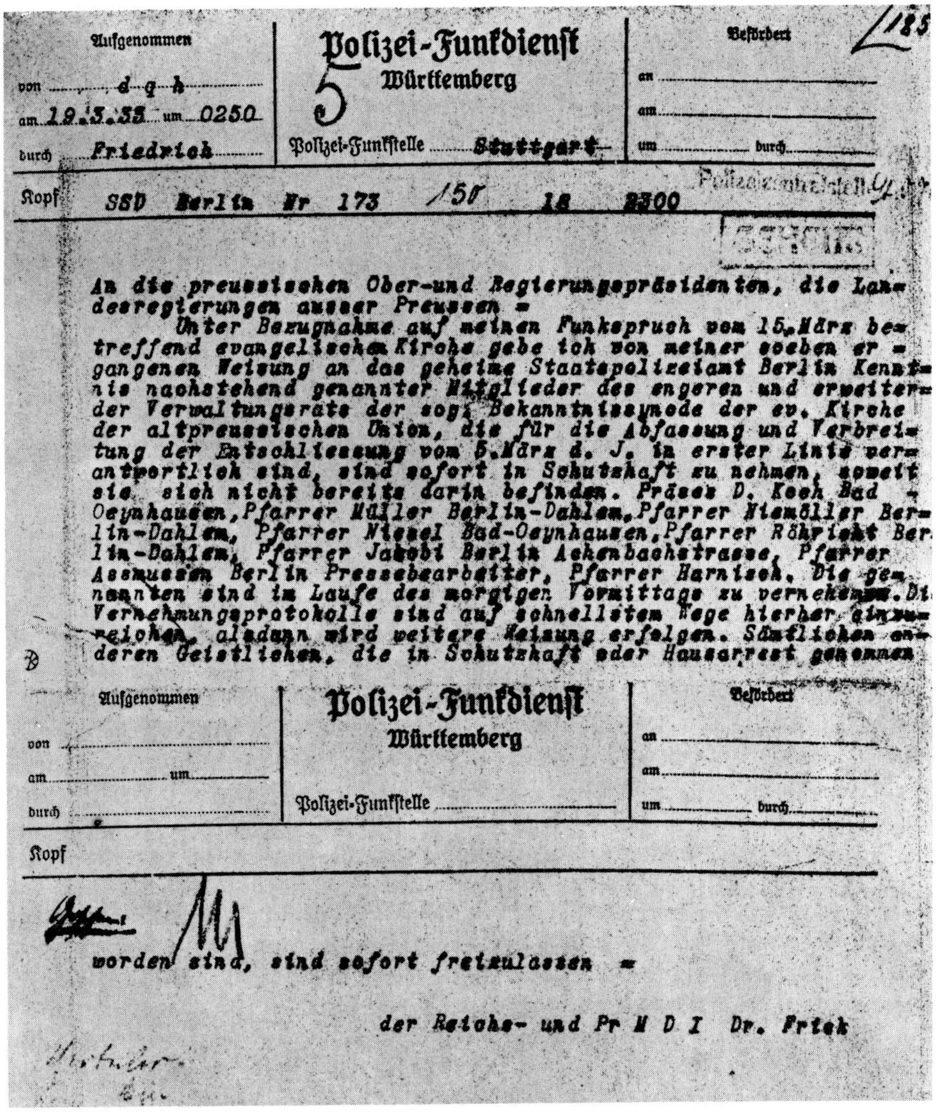

Aufgenommen
von d g h
am 19.3.35 um 0250
durch Friedrich

Polizei-Funkdienst
5
Württemberg
Polizei-Funkstelle Stuttgart

Befördert
an
am
um durch

/185

Kopf SSD Berlin Nr 173 /150 18 2300

An die preussischen Ober-und Regierungspräsidenten, die Landesregierungen ausser Preussen =

Unter Bezugnahme auf meinen Funkspruch vom 15. März betreffend evangelischen Kirche gebe ich von meiner soeben ergangenen Weisung an das geheime Staatspolizeiamt Berlin Kenntnis nachstehend genannter Mitglieder des engeren und erweiterder Verwaltungsrate der sogl Bekenntnissynode der ev. Kirche der altpreussischen Union, die für die Abfassung und Verbreitung der Entschliessung vom 5. März d. J. in erster Linie verantwortlich sind, sind sofort in Schutzhaft zu nehmen, soweit sie sich nicht bereits darin befinden. Präses D. Koch Bad Oeynhausen, Pfarrer Müller Berlin-Dahlem, Pfarrer Niemöller Berlin-Dahlem, Pfarrer Niesel Bad-Oeynhausen, Pfarrer Röhricht Berlin-Dahlem, Pfarrer Jacobi Berlin Achenbachstrasse, Pfarrer Asmussen Berlin Pressebearbeiter, Pfarrer Harnisch. Die genannten sind im Laufe des morgigen Vormittags zu vernehmen. Die Vernehmungsprotokolle sind auf schnellstem Wege hierher einzureichen, alsdann wird weitere Weisung erfolgen. Sämtlichen anderen Geistlichen, die in Schutzhaft oder Hausarrest genommen

Polizei-Funkdienst
Württemberg

worden sind, sind sofort freizulassen =

der Reichs- und Pr M D I Dr. Frick

derstand gegen den Nationalsozialismus verstärkte.

Das Regime ließ nichts unversucht: Feld- und Friedhofskreuze, Kreuzwegstationen und Heiligenstatuen wurden zertrümmert, die Kruzifixe aus den Rathäusern, Schulen und öffentlichen Gebäuden verbannt, wenn auch nicht immer mit dem gewünschten Erfolg. Die Kirchenaustrittskampagne war auch weitgehend ein Schlag ins Wasser. Sie war nur bei den Berufsgruppen erfolgreich, die materiell vom Regime abhingen, also bei Beamten, städtischen Angestellten, Lehrern und hauptberuflichen Mitarbeitern der Partei.

Diese Neuheiden organisierten sich in der «Deutschen Glaubensbewegung», deren Anhänger bei der Angabe der Religion «gottgläubig» in das Formular schrieben. Die Betätigungen dieser Glaubensbewegung erschöpften sich im wesentlichen darin, das Geburt, Heirat und Tod umgebende Ritual zu entchristlichen und Weihnachten im Stil eines heidnischen Sonnwendfestes zu begehen. Trauungen fanden bei den «Gottgläubigen» unter einem Lindenbaum im Freien statt und begannen mit der Ankunft des Brautpaares. Dann wurden Lieder von Mozart gesungen und Gedichte von Hebbel und Hölderlin gesprochen. Nach der Interpre-

tation von Eddaversen durch den Weihwart folgte die Weihwartrede und der Ringtausch. Den Abschluß der Feier bildete die Wiedergabe der Hochzeitskantate von Johann Sebastian Bach.
Während die katholische Kirche sich weitgehend geschlossen dem Totalitätsanspruch des Regimes entgegenstellen konnte, wurde der Abwehrkampf der Protestanten durch Uneinigkeit in den eigenen Reihen geschwächt. Zudem hatten sich die Protestanten gegen die Bestrebungen der mit dem Nationalsozialismus paktierenden «Deutschen Christen» um Reichsbischof Müller zur Wehr zu setzen.

Die evangelische Öffentlichkeit nahm, soweit sie Kirchenfragen gegenüber aufgeschlossen war, regen Anteil an den Auseinandersetzungen zwischen den Anhängern der «Bekennenden Kirche» und dem Reichsregiment, das sich zusehends zu einem staatlichen Unterdrückungsorgan entwikkelte.
Es dauerte einige Zeit, bis die evangelischen Kirchenmänner erkannten, daß man ihnen mit Müller ein Trojanisches Pferd in die eigenen Reihen eingeschleust hatte. Als man den Feind aber ausgemacht hatte, organisierte sich um den Pfarrer Martin Nie-

Erklärung der Zweiten Bekenntnissynode der Deutschen Evangelischen Kirche in Berlin-Dahlem, 20. Oktober 1934

Mit Polizeigewalt hat die Reichskirchenregierung nach der Kurhessischen auch die Württembergische und die Bayerische Kirchenleitung beseitigt. Damit hat die schon längst in der Evangelischen Kirche bestehende und seit dem Sommer 1933 offenbar gewordene Zerrüttung einen Höhepunkt erreicht, angesichts dessen wir uns zu folgender Erklärung gezwungen sehen.

I

...2. Die unter der Parole: «Ein Staat – ein Volk – eine Kirche» vom Reichsbischof erstrebte Nationalkirche bedeutet, daß das Evangelium für die Deutsche Evangelische Kirche außer Kraft gesetzt und die Botschaft der Kirche an die Mächte dieser Welt ausgeliefert wird.
3. Die angemaßte Alleinherrschaft des Reichsbischofs und seines Rechtswalters hat ein in der Evangelischen Kirche unmögliches Papsttum aufgerichtet.
4. Getrieben von dem Geist einer falschen, unbiblischen Offenbarung hat das Kirchenregiment den Gehorsam gegen Schrift und Bekenntnis als Disziplinwidrigkeit bestraft.
5. Die schriftwidrige Einführung des weltlichen Führerprinzips in die Kirche und die darauf begründete Forderung eines bedingungslosen Gehorsams hat die Amtsträger der Kirche an das Kirchenregiment statt an Christus gebunden.
6. Die Ausschaltung der Synoden hat die Gemeinden im Widerspruch zur biblischen und reformatorischen Lehre vom Priestertum aller Gläubigen mundtot gemacht und entrechtet...

II

2. Durch die Vergewaltigung der süddeutschen Kirchen ist uns die letzte Möglichkeit einer an den bisherigen Zustand anknüpfenden Erneuerung der kirchlichen Ordnung genommen worden.
3. Damit tritt das kirchliche Notrecht ein, zu dessen Verkündigung wir heute gezwungen sind.

III

1. Wir stellen fest: Die Verfassung der Deutschen Evangelischen Kirche ist zerschlagen. Ihre rechtmäßigen Organe bestehen nicht mehr. Die Männer, die sich der Kirchenleitung im Reich und in den Ländern bemächtigten, haben sich durch ihr Handeln von der christlichen Kirche geschieden.
2. Auf Grund des kirchlichen Notrechts der an Schriften und Bekenntnis gebundenen Kirchen, Gemeinden und Träger des geistlichen Amtes schafft die Bekenntnissynode der DEK. neue Organe der Leitung. Sie beruft zur Leitung und Vertretung der DEK. als eines Bundes bekenntnisbestimmter Kirchen den Bruderrat der DEK. und aus seiner Mitte den Rat der DEK. zur Führung der Geschäfte. Beide Organe sind den Bekenntnissen entsprechend zusammengesetzt und gegliedert.

136 *Eine geschickte Karikatur auf der Titelseite der satirischen Zeitschrift «Kladderadatsch». Sie entsprach aber durchaus der Einstellung der Mehrheit des deutschen Volkes. Hitler und das Regime waren wählbar.*

möller und die Bischöfe von Bayern und Württemberg, Meiser und Wurm, eine Opposition die «Bekennende Kirche», die sich die Verteidigung der Reinheit des Evangeliums gegen alle Übergriffe des Staates zur Aufgabe machte.
Hitler schaltete sich persönlich in den Streit zwischen «Bekennende Kirche» und «Deutsche Christen» ein und bemühte sich, die Stellung des Reichsbischofs zu stärken. Aber vergebens. Die Situation verhärtete sich, die Gemeindemitglieder rückten in Scharen von den «Deutschen Christen» ab. Als Müller dazu überging, Pfarrer zu entlassen und Gleichschaltungspraktiken in den Landeskirchen einzuleiten, sagte sich die zweite Bekenntnissynode von dem Kirchenregiment der «Deutschen Christen» los und erkannte die eigenen «Bruderräte» als legitimes Organ der Kirche an.

Amtliche Mitteilung über den Prozeß Niemöller

Berlin, den 2. März 1938

Am 7 . Februar begann vor dem Berliner Sondergericht ein Prozeß gegen den Pfarrer Martin Niemöller aus Berlin-Dahlem wegen Gefährdung des öffentlichen Friedens, Kanzelmißbrauchs und Anreiz zur Aufforderung zu Zuwiderhandlungen gegen Anordnungen der Reichsregierung.
Der Angeklagte wurde am 2. März wegen fortgesetzten Vergehens gegen § 130a Abs. 1 StGB zu sieben Monaten Festungshaft und eines Vergehens gegen § 4 der Verordnung vom 28. Februar 1933 zu einer Geldstrafe von 500,– Mark sowie eines weiteren gleichen Vergehens, teilweise in Tateinheit mit Vergehen gegen § 130a Abs. 2 StGBB. zu einer Geldstrafe von 1500,– Mark, im Nichtbeitreibungsfalle zu einer Gefängnisstrafe von drei Monaten verurteilt.

Diesen Widerstand hatten die Nationalsozialisten nicht erwartet, und sie zogen ihre schützende Hand über Müller zurück. An einem Kulturkampf war ihnen zu diesem Zeitpunkt nicht gelegen. Sie distanzierten sich von Müller, der zwar nicht zurücktrat, aber den Titel eines Reichsbischofs nur noch ohne Amtsbefugnisse weiterführte. Er «vermoderte in vollem Ornat», wie man es damals nannte. Die Dissidenten hatten einen vorübergehenden Sieg errungen, die Bewegung der «Deutschen Christen» zerfiel.
Hitler verlor das Interesse an der evangelischen Kirche, und der ursprüngliche Plan einer gleichgeschalteten nationalen Reichskirche wurde fallengelassen. 1935 schuf das Regime ein neues Staatsamt, das unter Reichsminister Kerrl für kirchliche Angelegenheiten zuständig war. Mit dem neuen Mann wurde eine neue Richtung eingeschlagen. Die Nationalsozialisten gingen dazu über, die im protestantischen Lager bestehenden Meinungsverschiedenheiten für ihre Zwecke auszunutzen. Der neuerliche Kampf um Posten, Positionen und Papiere spielte sich größtenteils unter Ausschluß der Öffentlichkeit ab.

In vielen Gemeinden ergibt sich wenigstens äußerlich im großen und ganzen kein anderes Bild christlichen und kirchlichen Lebens als in früheren Jahren. Für die Stammgemeinden kann man sogar teilweise von innerer Vertiefung reden. Die Arbeit der Geistlichen darf Erfolge sehen und es ist zu hoffen, daß auch heute echte Frucht wachsen darf, die bleibt.
Aber über diesen erfreulichen Erfahrungen darf nicht vergessen werden, daß die Entwicklung eine Erschwerung des geistlichen Dienstes und einen gewissen Rückgang kirchlichen Lebens mit sich gebracht hat, der in den meisten Gebieten der Landeskirche nicht übersehen werden kann. Die Zeitverhältnisse der Jahre 1936–1939 haben auf das innere Leben der Einzelgemeinde weit stärker eingewirkt, als es selbst in den Jahren 1932–1935 der Fall war. Während damals die großen Kämpfe innerhalb der Kirche in der Mehrzahl der bayerischen Dorfgemeinden nicht jedermann augenfällig werden konnten, fallen heute die Entscheidungen selbst im kleinsten Dorf. Es wird daher immer wieder betont, wie sehr sich die Lage in allgemeiner und kirchlicher Hinsicht gerade in den letzten vier Jahren verändert hat, und daß diese Zeitspanne für das kirchliche Leben eine viel stärkere Belastungsprobe bedeutet, als etwa das ereignisreiche Jahr 1934. Vor allem scheint das Jahr 1938 eine Reihe von Schwierigkeiten gebracht zu haben, die sich auf die Gesamthaltung der Gemeinde ungünstig auswirkten. Ein Dekan glaubt von seinen Eindrücken anläßlich der Visitation im Frühjahr 1939 sagen zu müssen: «Der Gesamteindruck war in allen Gemeinden stark bestimmt durch die katastrophalen Änderungen auf dem Gebiet der Schule und des Religionsunterrichtes» ... Die Arbeit der Pfarrer ist ungleich schwieriger geworden als früher und stellt an Charakter und seelsorgerliche Weisheit erhöhte Anforderungen.

Aus dem Bericht der Landeskirchenleitung über die Kirchenvisitation in Bayern 1937/38

Montag, der 30. Januar 1939. Durch die Wilhelmstraße in Berlin zog um Mitternacht ein Fackelzug. An der Spitze marschierte die SA-Standarte «Feldherrenhalle» mit geschultertem Gewehr. Es folgten die einzelnen Parteiorganisationen und der Reichsarbeitsdienst. Den Abschluß bildete ein Bataillon der Leibstandarte SS «Adolf Hitler» mit Stahlhelm und Gewehr. Auf dem Balkon der Reichskanzlei standen Adolf Hitler, sein Stellvertreter Rudolf Heß und Generalfeldmarschall Hermann Göring, die mit erhobenem Arm die vorbeimarschierenden Kolonen grüßten.
Sechs Jahre war es nun her, seit Hitler und die Nationalsozialisten die Macht in Deutschland übernommen hatten. Am Morgen hatte Hitler in einer Rede vor dem Reichstag an dieses Ereignis erinnert:

«Am 30. Januar 1933 zog ich in die Wilhelmstraße ein, erfüllt von tiefster Sorge für die Zukunft meines Volkes. Heute – sechs Jahre später – kann ich zu dem ersten Reichstag Großdeutschlands sprechen. Wahrlich, wir vermögen vielleicht mehr als eine andere Generation den frommen Sinn des Ausspruches zu ermessen: ‹Welch eine Wendung in Gottes Fügung›».

Welch eine Wendung! Deutschland hatte sich in den sechs Jahren von Grund auf verändert. Aus einer Demokratie, die auf wackeligen Beinen stand, war eine Diktatur geworden, die fest im Sattel saß und das nicht nur, weil sie die Macht und die Bajonette hatte: Sie besaß das Vertrauen weiter Bevölkerungskreise.
Die Nationalsozialisten hatten es verstanden, das Vertrauen der meisten Deutschen mit Zuckerbrot und Peitsche zu gewinnen. Die Behebung der Arbeitslosigkeit und außenpolitische Erfolge hatten ein nationales Selbstbewußtsein geschaffen. Der Durchschnittsbürger stellte mit Genugtuung fest, daß es in Deutschland «wieder aufwärts ging» und daß man in der Welt «wieder jemand war». Bereitwillig nahm er deshalb die Opfer auf sich, die das Regime ihm aufbürdete.
Der Gedanke der Volksgemeinschaft hatte, besonders bei der Jugend, nichts an seiner Faszination

eingebüßt. Die Unterdrückung der freien Meinungsäußerung nahm man in Kauf, auch die Verfolgung der politischen Gegner, zumal wenn diese weit links standen. Dem braven, pflichtbewußten Volksgenossen, der sich in die Volksgemeinschaft einfügte, geschah ja nichts. Er durfte sogar mit Belobigungen rechnen und Reisen ins Ausland machen. Die Diskriminierung der Juden fand man schlimm, aber auch nicht so schlimm, daß man nicht hätte ruhig schlafen können. Nur wenige brachten den Mut auf, gegen staatliche Willkürmaßnahmen zu protestieren, die Freunde, Nachbarn oder Juden trafen.

Adolf Hitler war der Mann der Stunde. Ihm, glaubten die Deutschen, hätten sie ihr neues Selbstvertrauen zu verdanken. Ihn verehrten und fürchteten sie zugleich. 1938 kürte ihn das amerikanische Nachrichtenmagazin «Time» zum «Mann des Jahres». Aber das war sarkastisch gemeint. Das Titelbild zeigte Hitler als Organisten, wie er in einer geschändeten Kathedrale seine Hymne des Hasses spielt, während seine Opfer an einem Feuerrad

... Beeinträchtigt wird die Volksstimmung auf dem Lande durch wirtschaftliche Sorgen, wie sie die Realsteuerreform, der Dienstbotenmangel, die Absatzstockung auf dem Getreidemarkt und das immer weitere Klaffen der Preisschere mit sich bringen ...
Die katholischen Geistlichen hielten sich im großen und ganzen zurück. Wenn sie auch in ihrer Mehrzahl ihre gegnerische Einstellung nicht offen bekennen, so bleibt doch die bedauerliche Wahrnehmung, daß viele von ihnen für den nationalen Staat nichts oder nicht viel übrig haben. Daraus ist wohl auch die immer noch zurückhaltende Einstellung eines großen Teils der Bevölkerung zu Partei und Staat zu erklären ...

Aus dem Monatsbericht des Regierungspräsidenten von Oberbayern vom 9. Januar 1939

Die Beobachtungen der Reaktion des Volkes auf die außenpolitischen Erfolge des Regimes läßt eine bemerkenswerte Entwicklung erkennen. Die Rückgliederung des Saargebiets und die Wiedereinführung der allgemeinen Wehrpflicht im Jahre 1935 brachten dem Regime zwar nicht in der Arbeiterschaft, aber bei den Kleinbürgern und den Bauern große und nachhaltige propagandistische Erfolge. Die Annexion Österreichs und des Sudetenlandes hat – soviel kann schon heute festgestellt werden – solche Wirkung nicht gezeitigt. Wie nach dem Anschluß Österreichs stimmen auch jetzt wieder die Berichte aus dem Reich darin überein, daß der Alltag im Reich überraschend schnell wieder seinen Einzug gehalten hat. Der Mann auf der Straße sagt sich: Hitler hat Österreich genommen, und es ist nicht besser geworden, sondern wir haben noch für die «armen Österreicher» sammeln müssen. Jetzt hat er das Sudetenland genommen, und wieder wird es nicht besser, und wieder müssen wir für die «armen Sudeten» sammeln.
Daß die große Masse aus dieser Perspektive die außenpolitischen Erfolge der Diktatur beurteilt, zeigt, daß das Volk trotz aller Propaganda kein Verständnis für die imperialistische Politik des Regimes aufbringt. Die Gründe dafür sind in der wachsenden Entpolitisierung der Masse, in der zunehmenden Abstumpfung gegenüber der offiziellen Propaganda, aber auch in einer allgemeinen psychischen Ermüdung zu suchen, die infolge der jahrelangen Überbeanspruchung aller gesellschaftlichen Energien nicht ausbleiben kann. Außerdem spielt natürlich eine Rolle, daß die breite Masse die wirkliche Tragweite der letzten außenpolitischen Erfolge Hitlers nicht entfernt zu übersehen vermag.

Deutschlandberichte der SPD vom November 1938

hängen und Göring, Goebbels & Co. zuschauen. Schon eher stimmten die Deutschen mit dem Titelbild des satirischen Blattes «Kladderadatsch» überein, auf dem der eiserne Kanzler Otto von Bismarck seine Stimme für Hitler abgibt. Sie glaubten Hitler, daß es ihm einzig und allein um das Wohl Deutschlands ging. Wenn manches schiefging, so war daran in den Augen vieler Deutscher nicht er schuld, sondern hier waren «die kleinen Hitler», die Parteibonzen, am Werk.

Aber es war nicht so, daß die Deutschen mit allem zufrieden waren. Die Mißstimmung unter den Arbeitern und der Landbevölkerung hatte vornehmlich ihre Ursachen in dem niedrigen Lebensstandard. Die Arbeiter klagten über niedrige Löhne und hohe Preise, die Bauern über Arbeitskräftemangel und geringe Preise für ihre Erzeugnisse. Die antikirchlichen Maßnahmen verstimmten die Gläubigen. Die Parforceritte in der Außenpolitik lösten Angstpsychosen aus.

Das Unbehagen über die zunehmenden außenpolitischen Spannungen und die enormen Rüstungsanstrengungen war in weiten Kreisen verbreitet; es machte selbst vor Parteigenossen der ersten Stunde nicht halt. Denn die überwältigende Mehrheit wünschte sich nichts sehnlicher, als die Erhaltung des Friedens. Das Grauen und das unermeßliche Leid, das der Erste Weltkrieg der Front und der Heimat beschert hatte, waren noch nicht vergessen.

137 *«Ein Volk – ein Reich – ein Führer». Die Hirschstraße in Ulm. Innerhalb von sechs Jahren hatte sich das Regime etabliert und genoß das Vertrauen weiter Kreise. Es gab einiges, was den Deutschen mißfiel, aber auch manches, das ihnen ein Leben im «Dritten Reich» angenehm machte. Hätte man die Deutschen gefragt, was sie sich wünschten, dann wäre wohl der Wunsch nach Frieden an erster Stelle genannt worden.*

Literaturüberblick

Einen ungemein plastischen Eindruck vom Alltag im «Dritten Reich» vermitteln die «Deutschland-Berichte der Sozialdemokratischen Partei Deutschlands 1934–1940» (Frankfurt 1980). Es handelt sich dabei um Materialsammlungen der Exil-SPD über die Vorgänge in Deutschland. Wie die Nationalsozialisten das Leben der Deutschen veränderten und wie sie mit ihren Gegnern umgingen, das wird in den von Harald Focke und Uwe Reimer herausgegebenen Taschenbüchern «Alltag unterm Hakenkreuz» (Reinbek 1979) und «Alltag der Entrechteten» (Reinbek 1980) dokumentiert.

Einen allgemeinen Überblick über die Innen- und Außenpolitik der Nationalsozialisten bietet «Die deutsche Diktatur» (Köln 1980) von Karl Dietrich Bracher, während Martin Broszat die Innenpolitik in den Mittelpunkt seiner Darstellung «Der Staat Hitlers» (München 1978) stellt. Broszat ist auch mit Elke Fröhlich Herausgeber der Reihe «Bayern in der NS-Zeit I-IV» (München 1977/79/81), die in Aufsätzen und Dokumenten den Alltag im «Dritten Reich» rekonstruiert. Für Württemberg liegt die Untersuchung «Württemberg in der Zeit des Nationalsozialismus» (Ulm 1975) von Paul Sauer vor.

Nach wie vor das Standardwerk über die Anfänge der nationalsozialistischen Herrschaft ist «Die nationalsozialistische Machtergreifung» (in unveränderter Neuauflage Berlin 1978) von Karl Dietrich Bracher, Wolfgang Sauer und Gerhard Schulz. Die Machtergreifung in den Städten und auf dem flachen Land ist in mehreren Publikationen dargestellt. Bernd Burckhardt: «Eine Stadt wird braun» (Hamburg 1980) beschäftigt sich mit dem schwäbischen Mühlacker, William Allen: «Das haben wir nicht gewollt!» (Gütersloh 1966) mit dem niedersächsischen Northeim und Ernst-August Roloff: «Bürgertum und Nationalsozialismus 1930-1933» (Hannover 1978) mit Braunschweig. Der von Erich Matthias und Rudolf Morsey herausgegebene Sammelband «Das Ende der Parteien 1933» (in unveränderter Neuauflage Düsseldorf 1979) analysiert und dokumentiert das Parteiensterben. Über die Haltung der evangelischen und katholischen Kirchen gegenüber dem Nationalsozialismus unterrichten Günther van Norden: «Der deutsche Protestantismus im Jahre der nationalsozialistischen Machtergreifung» (Gütersloh 1979) und Klaus Scholder: «Die Kirchen und das Dritte Reich» (Berlin 1977). Die wirtschaftspolitischen Maßnahmen des Regimes erläutert Wolfram Fischer: «Deutsche Wirtschaftspolitik 1918–1945» (Opladen 1968).

Die Hitlerjugend ist zuletzt von Hansjoachim Koch: «Geschichte der Hitlerjugend» (Percha 1975) untersucht worden, der «Bund der deutschen Mädel» von Martin Klaus: «Mädchen in der Hitlerjugend» (Köln 1980). Die von Manfred Heinemann herausgegebene zweibändige Aufsatzsammlung «Erziehung und Schulung im Dritten Reich» (Stuttgart 1980) orientiert über die verschiedenen Formen und Einrichtungen der nationalsozialistischen Pädagogik. Die nationalsozialistischen Lehrpläne und Schulbücher hat Kurt-Ingo Flessau: «Schule der Diktatur» (Frankfurt 1979) einer kritischen Bewertung unterzogen.

Die gesellschaftliche Stellung der Frau im «Dritten Reich» hat Margret Lück: «Die Frau im Männerstaat» (Frankfurt 1979) durchleuchtet, während Hans Peter Bleuel: «Das saubere Reich» (Bergisch Gladbach 1979) Anspruch und Wirklichkeit der nationalsozialistischen Frauenpolitik beschrieben hat.

Die nationalsozialistische Bauernpolitik stellt Friedrich Grundmann: «Agrarpolitik im Dritten Reich» (Hamburg 1979) am Beispiel der Erbhofgesetzgebung dar. Timothy Mason: «Sozialpolitik im Dritten Reich» (Opladen 1977) verdeutlicht die Haltung der Nationalsozialisten gegenüber der Arbeiterschaft. Die besondere Situation der Beamten dokumentiert Hans Mommsen: «Beamtentum im Dritten Reich» (Stuttgart 1966). Die Einstellung der Hochschullehrer gegenüber der Diktatur findet in dem von Wolfgang Abendroth und Hans Heiber herausgegebenen Sammelband «Nationalsozialismus und die deutsche Universität» (Berlin 1966) ihre Erklärung. Der Fall «Physik» wurde von Alan Beyerchen: «Wissenschaftler unter Hitler» (Köln 1980) untersucht.

Die Olympischen Spiele in Berlin 1936 hat Richard Mandell: «Hitlers Olympiade» (München 1980) beschrieben. Erschöpfende Auskunft über Aufbau und Arbeitsweise der Organisation «Kraft durch Freude» gibt Wolfhard Buchholz in seiner unveröffentlichten Dissertation «Die nationalsozialistische Gemeinschaft ‹Kraft durch Freude›» (München 1976).

Der Frankfurter Kunstverein ist Herausgeber des Sammelbandes «Kunst im 3. Reich» (Frankfurt 1980), der Aufsätze zur Architektur und Malerei vereint. Mit der nationalsozialistischen Architektur beschäftigt sich auch Anna Teut: «Architektur im Dritten Reich» (Berlin 1967). Zur Publizistik liegt Dieter Strothmanns: «Nationalsozialistische Literaturpolitik» (Berlin 1960) vor, zur dramatischen Kunst Uwe-Karsten Ketelsens: «Heroisches Theater» (München 1968). Joseph Wulf hat das nationalsozialistische Kulturleben in den Bänden «Literatur und Dichtung im Dritten Reich» (Gütersloh 1963), «Kunst und Kultur im Dritten Reich» (Gütersloh 1962), «Musik im Dritten Reich» (Gütersloh 1965) und «Theater und Film im Dritten Reich» (Gütersloh 1964) dokumentiert.

Die Judenverfolgung wird in zahlreichen Darstellungen, Erlebnisberichten und Dokumentationen behandelt. Die staatlichen Maßnahmen gegen die Juden hat Uwe Dietrich Adam: «Judenpolitik im Dritten Reich» (in unveränderter Neuauflage Düsseldorf 1979) untersucht. Über die Konzentrationslager gibt Falk Pingel: «Häftlinge unter SS-Herrschaft» (Hamburg 1978) Auskunft. Das dreibändige Werk «Die deutsche Justiz und der Nationalsozialismus» (Stuttgart 1968–74) zeigt den Verfall der Rechtsstaatlichkeit. Der Kirchenkampf der Katholiken wird in dem von Klaus Gotto und Konrad Repgen herausgegebenen Band «Kirche, Katholiken und Nationalsozialismus» (Mainz 1980) gewürdigt. In den Dokumentenbänden der Kommission für Zeitgeschichte werden verschiedene Aspekte des katholischen Widerstandes beleuchtet. Der evangelische Widerstand hat in Kurt Meier: «Der evangelische Kirchenkampf» (Göttingen 1976) seinen Chronisten.

Zeittafel

1933

30. 1. Reichspräsident Hindenburg beauftragt Hitler mit der Regierungsbildung
2. 2. Demonstrationsverbot für die KPD in ganz Preußen
4. 2. Hindenburg erläßt «Verordnung zum Schutz des deutschen Volkes» mit drastischen Einschränkungen der Versammlungs-, Rede- und Pressefreiheit
27. 2. Reichstagsbrand in Berlin löst Massenverhaftungen von Kommunisten aus
28. 2. Hindenburg setzt mit der «Verordnung zum Schutz von Volk und Staat» die demokratischen Grundrechte außer Kraft
5. 3. Reichstagswahlen
20. 3. Errichtung des Konzentrationslagers Dachau
21. 3. Feierliche Reichstagseröffnung: «Tag von Potsdam»
23. 3. Reichstag beschließt das «Gesetz zur Behebung der Not von Volk und Staat» (Ermächtigungsgesetz). Regierung wird ermächtigt, ohne den Reichstag Gesetze zu erlassen
31. 3. Das Gesetz zur Gleichschaltung der Länder mit dem Reich wird erlassen
1. 4. Boykottaktion gegen jüdische Geschäfte
7. 4. «Gesetz zur Wiederherstellung des Berufsbeamtentums» und Entlassung von «Politisch unzuverlässigen und nicht-arischen» Beamten
1. 5. «Tag der nationalen Arbeit»
2. 5. Verbot der freien Gewerkschaften
10. 5. Bücherverbrennungen
1. 6. « Gesetz zur Verminderung der Arbeitslosigkeit»
22. 6. Verbot der SPD (die bürgerlichen Parteien lösen sich in den Monaten Juni/Juli selbst auf)
3. 7. Hitler erklärt die «Revolution» für beendet
14. 7. «Gesetz zur Verhütung erbkranken Nachwuchses», «Gesetz gegen die Neubildung von Parteien»
20. 7. Reichskonkordat mit dem Vatikan abgeschlossen
31. 8. Reichs-«Parteitag des Sieges» in Nürnberg
13. 9. «Winterhilfswerk» (WHW) gegründet
22. 9. Reichskulturkammergesetz»: Gleichschaltung und staatliche Kontrolle des Kunst- und Literaturbetriebes
27. 9. Wehrkreispfarrer Ludwig Müller wird Reichsbischof der Deutschen Evangelischen Kirche
29. 9. «Reichserbhofgesetz»: Regelt Erbfolge und Erbteilung
4. 10. «Schriftleitergesetz»
12. 11. Volksabstimmung über Hitlers neue Außenpolitik (nach dem Austritt aus dem Völkerbund)
27. 11. Gründung der nationalsozialistischen Freizeitorganisation «Kraft durch Freude» (KdF)

1934

20. 1. «Gesetz zur Ordnung der nationalen Arbeit» schafft Weimarer Arbeitsrecht und Betriebsräte ab
27. 1. Treuebekenntnis evangelischer Bischöfe für Hitler
30. 1. «Gesetz über den Neuaufbau des Reiches»: Die Länderparlamente werden aufgelöst
29. 3. Gesetz über ein «Pflichtjahr» der Stadtjugend auf dem Lande
20. 4. Reichsführer SS Heinrich Himmer übernimmt auch in Preußen die Geheime Staatspolizei (Gestapo)
24. 4. Errichtung des Volksgerichtshofes zur «Aburteilung von Hoch- und Landesverratssachen»
15. 5. «Gesetz zur Regelung des Arbeitseinsatzes» verbietet Landflucht
29. 5. Zuspitzung innerkirchlicher Auseinandersetzungen zwischen Bekennender Kirche und Deutschen Christen anläßlich der Barmer Bekenntnissynode
7. 6. Katholischer Hirtenbrief gegen nationalsozialistische Ideologie
17. 6. Vizekanzler von Papen kritisiert bei einer Rede in Marburg die «Verwilderung der politischen Sitten» in Deutschland
30. 6. Niederschlagung einer angeblichen Revolte der obersten SA Führung unter Stabschef Röhm
2. 8. Reichspräsident Hindenburg stirbt. Hitler wird Staatsoberhaupt
10. 8. «Verordnung über die Verteilung von Arbeitskräften» beseitigt das Recht auf freie Arbeitsplatzwahl
4. 9. Reichs-«Parteitag Triumpf des Willens» in Nürnberg eröffnet
20. 12. Verschärfung des politischen Strafrechts durch Gesetz «gegen heimtückische Angriffe auf Staat und Partei und zum Schutz der Parteiuniform»

1935

1. 1. Reichsjugendführer Baldur von Schirach erklärt 1935 zum «Jahr der Ertüchtigung»
13. 1. Volksabstimmung im Saargebiet. 90,8 Prozent sprechen sich für die Rückgliederung an das Deutsche Reich aus
18. 1. Reichsinnenminister Frick erläßt zehn Grundsätze für die Polizei (»rücksichtslos im Kampfe gegen alle Feinde des Volkes und Staates»)
30. 1. Gemeindeordnung und Reichsstatthaltergesetz; Beseitigung der Gemeindeautonomie
26. 2. «Gesetz über die Einführung eines Arbeitsbuches» zur Steuerung des Arbeitkräftebedarfs für die Wiederaufrüstung
16. 3. Einführung der allgemeinen Wehrpflicht
12. 6. Hoch- und Landesverrätern wird die deutsche Staatsangehörigkeit aberkannt, darunter Bert Brecht und Rudolf Hilferding
26. 6. Der bisher freiwillige Arbeitsdienst wird durch Reichsgesetz zur Pflicht für «alle jungen Deutschen beiderlei Geschlechts»

28. 6. Änderung des Strafgesetzbuches. Bestraft wird in Zukunft «nach gesunder Volksanschauung»
18. 7. Erlaß des preußischen Ministerpräsidenten Göring gegen den politischen Katholizismus
2. 8. Hitler erklärt München zur «Hauptstadt der Bewegung»
10. 9. Reichs-«Parteitag der Freiheit» eröffnet
15. 9. Reichstag beschließt 1. Reichsflaggengesetz, 2. Reichsbürgergesetz, 3. Gesetz zum Schutze des deutschen Blutes und der deutschen Ehre
18. 10. Erzwungene Selbstauflösung der Deutschen Burschenschaften. «Gesetz zum Schutz der Erbgesundheit des deutschen Volkes», Arier-Nachweis und Heiratsverbot

1936

7. 3. Deutsche Truppen marschieren in das entmilitarisierte Rheinland ein
29. 3. Reichstagswahl. 98,8 Prozent der Wähler stimmen Hitlers Politik zu
18. 4. Der Volksgerichtshof wird durch Gesetz zum Ordentlichen Gericht erklärt
17. 6. Reichsführer SS Heinrich Himmler zum Chef der Deutschen Polizei ernannt
1. 8. Hitler eröffnet im Berliner Olympiastadion die XI. Olympischen Spiele
8. 9. Reichs-«Parteitag der Ehre» eröffnet
29. 10. Gesetz zur Durchführung des Vierjahresplanes
1. 12. Durch Reichsgesetz wird die gesamte deutsche Jugend in der Hitler-Jugend zusammengefaßt

1937

14. 3. Enzyklika «Mit brennender Sorge». Papst Pius XI. «über die Lage der katholischen Kirche im deutschen Reich»
1. 7. Martin Niemöller von der Bekennenden Kirche verhaftet
19. 7. Eröffnung der Ausstellung «Entartete Kunst»
6. 9. Reichs-«Parteitag der Arbeit» eröffnet
14. 12. Runderlaß des Reichs- und Preußischen Ministers des Innern über die «Vorbeugende Verbrecherbekämpfung durch die Polizei»

1938

12. 3. Einmarsch deutscher Truppen in Österreich
10. 4. Volksabstimmung und Wahl des neuen Großdeutschen Reichstags
26. 4. «Verordnung über die Anmeldung des Vermögens von Juden»
22. 6. «Verordnung zur Sicherstellung des Kräftebedarfs für Aufgaben von besonderer staatspolitischer Bedeutung»: Deutsche können verpflichtet werden, «auf einem ihnen zugewiesenen Arbeitsplatz Dienst zu leisten»
5. 9. Reichs-«Parteitag Großdeutschland» eröffnet
5. 10. «Verordnung über Reisepässe von Juden»
9. 11. Reichskristallnacht
12. 11. «Verordnung über eine Sühneleistung der Juden deutscher Staatsangehörigkeit»

1939

10. 4. Etwa 300000 politische Häftlinge in Konzentrationslagern oder Zuchthäusern
15. 5. Errichtung des Frauen-Konzentrationslagers Ravensbrück
17. 5. Volkszählung im Großdeutschen Reich ergibt 86,6 Millionen Menschen